课程治理新范式丛书

杨四耕 丛书主编

陈文芳◎主编

实践型学科课程设计与实施

华东师范大学出版社
·上海·

图书在版编目（CIP）数据

实践型学科课程设计与实施/陈文芳主编. —上海：华东师范大学出版社，2023
（课程治理新范式丛书）
ISBN 978-7-5760-4161-3

Ⅰ.①实… Ⅱ.①陈… Ⅲ.①小学—课程建设—研究 Ⅳ.①G622.3

中国国家版本馆 CIP 数据核字（2023）第 174700 号

课程治理新范式丛书

实践型学科课程设计与实施

丛书主编　杨四耕
主　　编　陈文芳
责任编辑　刘　佳
项目与审读编辑　林青荻
责任校对　廖钰娴　时东明
装帧设计　卢晓红

出版发行　华东师范大学出版社
社　　址　上海市中山北路 3663 号　邮编 200062
网　　址　www.ecnupress.com.cn
电　　话　021-60821666　行政传真 021-62572105
客服电话　021-62865537　门市（邮购）电话 021-62869887
地　　址　上海市中山北路 3663 号华东师范大学校内先锋路口
网　　店　http://hdsdcbs.tmall.com

印 刷 者　上海商务联西印刷有限公司
开　　本　787 毫米×1092 毫米　1/16
印　　张　18
字　　数　162 千字
版　　次　2023 年 10 月第 1 版
印　　次　2023 年 10 月第 1 次
书　　号　ISBN 978-7-5760-4161-3
定　　价　58.00 元

出 版 人　王　焰

（如发现本版图书有印订质量问题,请寄回本社客服中心调换或电话 021-62865537 联系）

编 委 会

主　编： 陈文芳

副主编： 陈春苗　姚玉佩

成　员： 韩萍萍　杨丽玲　王　忆　钱莹莹　顾心怡
　　　　　姚沉起　刘艳萍　李雯洁　周燏玫　钱程婧
　　　　　李　钰　吴秋菊　邹戈辉　刘　娣

丛书总序

当前，基础教育高质量发展面临着内部要素和外部关系协同治理不足的挑战。面对复杂多变的环境，区域课程改革要推动职能创新，全面提高治理能力。

从空间社会学角度看，区域是物质空间、精神空间和社会空间的合体，内含关系、权力、情感、价值等诸多空间形态。区域课程改革是以特定区域为空间，由教育主管部门统筹组织实施的，以课程改革推动区域内学校发展，促进区域教育高质量发展的关系、权力、情感和价值运作体系；协同治理是强调治理主体多元化、治理方式协作化、治理目标一致化和治理行为一体化的治理体制。因此，区域课程改革协同治理是立足特定区域范围，由区域教育主管部门组织多元治理主体，依据相关价值理念和制度规范，通过多种方式对区域课程改革进行统筹治理、达到一体化治理要求的任务组合与要素协同。

区域课程改革基于区域发展需求，在区域内通过政策推动、专业引领、机制保障，落实国家课程治理体制，促使区域内各校推进国家课程方案落实。从纵向来看，有利于构建多层协同治理机制，形成区域课程改革合力；从横向来看，有利于构建多元协同工作机制，形成分工合理的协同育人格局。区域课程改革是强化课程改革国家意志的重要方法，是课程治理国家体制的场域实践。为此，"课程治理新范式丛书"聚焦以下基本问题。

一是区域课程改革协同治理的现实问题研究。区域课程改革协同治理水平决定着区域教育质量的高低。当前，国家、地方、学校三级课程管理更多地指向三类课程设置，国家、地方、学校在课程治理中的地位、权限及逻辑关系还不够明晰。伴随着《义务教育课程方案（2022年版）》和各学科课程标准（2022年版）落地，课程改革出现理念言说对标化、形态门类丰富化、主体介入多元化、技术运用智能化之格局，但不少区域课程治理还存在着理念理解失偏、系统设计失察、方法运用失当、主体参与失律、部门协同失调、行动推进失效等问题，未能建立一体化区域课程改革治理体系和专业规范，这不仅制约着义务教育课程方案和课程标准的落地，还影响了区域教育高质量发展。

二是区域课程改革协同治理的价值定位研究。在新课程背景下，区域课程改革是国家课程改革赋权的结果，是国家主导与统筹、多级分工与协同、标准规约与多样特色相结合的课程协同治理实践。区域课程改革是强化课程治理国家体制的重要方法，是课程的政治治理与专业治理协同共进的价值定位和场域选择。构建多元协同治理体制，是区域课程改革的基本立场，是落实新时代国家课程治理体制的基本路径，是区域课程改革协同治理的价值定位。换言之，区域课程改革是在政府统筹基础上多层参与治理体系的重要环节，是彰显国家课程治理主导地位的重要场域。

三是区域课程改革协同治理的路径设计研究。区域课程改革是融合"区域—学校—教研组—教师—学生"等课程治理主体、事件和活动的系统运作过程。区域课程改革协同治理有"自上而下""自下而上""平行共治"三种基本路径。不管是哪一种治理路径都有其优缺点。取长补短、聚焦质量，是区域课程改革协同治理路径设计的实践智慧。作为区域课程改革的主要参与力量，国家、区域、学校、教师和学生是课程协同治理的在场者，政府、学校、社会和家庭共同构成了区域课程改革协同治理主体。课程治理要素的合理组合，可以形成聚焦高质量发展的区域课程改革协同治理模式。

四是区域课程改革协同治理的机制建构研究。多主体参与课程治理，包含基于统筹协调的行政主体、基于民主协商的教师主体、基于家校合作的家长主体、基于社会发展的多方主体和基于智力资源的专家主体。多主体适时、合理、有序介入课程改革，是区域课程改革协同治理的标志。在新课程背景下，聚焦教育高质量发展的区域课程改革协同治理，需要借助决策机制，建立共同协商的课程治理文化；需要完善动力机制，赋予可持续发展的课程治理动能；需要建立协同机制，建设多主体合作的课程治理架构；需要巧用监控机制，制订高质量运行的课程治理标准；需要运用迭代机制，落实转换性进阶的课程治理创新；需要设计研修机制，建立跟踪性指导的课程治理系统。

五是区域课程改革协同治理的策略凝练研究。区域课程改革协同治理可采取以德治理与依法治理协同、民主治理与集中统一治理协同、内部治理与外部治理协同、全面治理与专项治理协同、横向治理与纵向治理协同等方式。在区域课程改革治理过程中，可根据治理的问题难度、治理的主体组合、治理的过程复杂性等，采取灵活多样的协同治理策略，实现课程治理方式的优化组合与功能互补，推进教育高质量发展。

总之，区域课程改革是一种理念、路径、机制和方法，是从区域层面强化课程改革国家意志、落实课程治理国家体制的价值理念、关键路径与重要方法，对于基础教育高质量发展有重要意义。

杨四耕

2023 年 7 月 21 日于上海市教育科学研究院

目 录

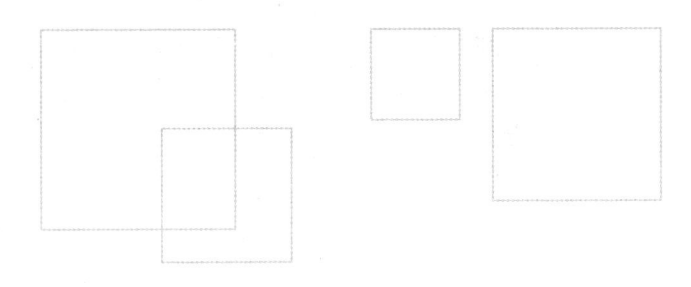

前　言　　让儿童与一百个世界相遇　/ 1

第一章　　醇美语文：焕发光彩的语文　/ 1

　　　　夯实儿童博大精深、醇厚优美的母语底蕴，在儿童心中播种下热爱母语的种子，是语文课程的核心价值，也是每位语文教师的责任和担当。在学习语文的过程中，我们需要慢慢地品味语文的内涵美、人文美，让深厚的文化精髓、丰富的情感和浓郁的语文味沁入人心，散发无穷的文化魅力。我们应当沉到语言知识的底子上，关注个体语言能力的发展与人格素养的提升，才能使儿童的语言进入较高层次的真实发展。

　　第一节　品味语文的醇美　/ 3
　　第二节　丰富儿童的精神世界　/ 6
　　第三节　设计丰富的语文审美体验　/ 14
　　第四节　让儿童充分感受语文的醇美　/ 18

　　□ 学科实践创意　领略祖国美丽的风光　/ 29

第二章　　智慧数学：让思维灵活生动　/ 39

　　　　数学是思维的体操，它为儿童的未来生活、工作和学习奠定重要基础。数学教育应通过立体丰盈的课程内容和丰富多彩的活动形式，让儿童与数学的世界灿烂相遇，与数字对话、与图形共舞、与符号合唱……培养儿童用数学的眼光观察世界，用数学的思维思考世界，用数学的语言表达世界。淬炼理性与逻辑，释放天赋与潜能，让每一个灵动的生命更加精彩地绽放。

第一节　让生命呈现理性之光　/ 41
第二节　让数学开启思维之门　/ 43
第三节　构建丰富的数学学习图景　/ 45
第四节　与数学的世界灿烂相遇　/ 47

□ 学科实践创意　发展儿童数据观念　/ 56

第三章　原味英语：做自信的文化传播者　/ 63

英语作为一门语言，是承载文明的工具。思想的交流在抑扬顿挫的韵律之间娓娓道来，文化的传播在流畅的线条之间晕染开来。学习和运用英语有助于学生了解不同文化，比较文化异同，汲取文化精华，从而逐步形成跨文化沟通与交流的意识和能力。然而，英语教材和课堂并不能承载学生所有的英语语言学习和实践，我们力求通过建构完善的"原味英语"课程体系，来实现学生英语学科核心素养的培育，让学生成为自信的文化传播者。

第一节　探寻英语语言生长的原点　/ 65
第二节　发现英语语言学习的纯粹　/ 67
第三节　满足儿童多元的发展需求　/ 71
第四节　开启原味英语的学习之旅　/ 74

□ 学科实践创意　Feelings 情绪与感觉　/ 82

第四章　至善德法：在至善世界里茁壮成长　／ 107

道德与法治是道德教育与法治教育的融合，它培养儿童的思想政治素质、道德修养、法治素养和人格素养，发挥着育人铸魂的作用。道德与法治课程与儿童的社会生活经验相联系，让儿童的课程学习与生活融为一体。在生动有趣的课程内容和丰富多彩的活动中，实现对儿童学科核心素养的培育，让儿童和道德与法治的世界灿烂相遇。

第一节　满足儿童发展需求　／ 109
第二节　丰富儿童精神世界　／ 111
第三节　贴近儿童生活　／ 115
第四节　让儿童茁壮成长　／ 118

□　学科实践创意　让心灵开出灿烂之花　／ 127

第五章　情美音乐：在拨动心弦中成长　／ 135

音乐是对思想和情感的表达，是对美的感知和理解；音乐蕴含着丰富的文化和历史内涵，是审美教育的核心。"情美音乐"让儿童在"情美合一"的理念中徜徉于多彩音乐中，感悟音乐、表现音乐、探索音乐、创造音乐，在婉转的歌声、曼妙的舞步中与缤纷世界相遇，从而获得智慧的启示、愉快的合作，滋养心灵，收获成长。

第一节　与多彩艺术的世界相遇　／ 137
第二节　建立儿童对音乐的持久兴趣　／ 141
第三节　在情美世界中载歌载舞　／ 147
第四节　在情美活动中收获成长　／ 155

□ 学科实践创意　变奏曲的音乐魔法　/ 165

第六章　趣味体育：玩转多彩童年　/ 179

　　健康快乐地成长，让每一个生命都含花怒放。遵循生命成长的规律，用爱心和耐心关注生命的点滴，让儿童快乐健康地成长。遵循儿童个体发展的规律，重视儿童生命成长的特征，在其生长的关键时期给予所需的必备品格和运动能力，让其在童年时光充分展现精彩的生活。

第一节　让体育变得有趣　/ 181
第二节　让运动收获身心健康　/ 184
第三节　设计丰富多彩的体育课程　/ 187
第四节　在"趣味体育"中茁壮成长　/ 190

□ 学科实践创意　投掷超人联盟队　/ 197

第七章　斑斓美术：绘就五彩缤纷的童年　/ 207

　　"生活中不是缺少美，而是缺少发现美的眼睛。"美是春天初绽的鲜花，是微雨轻拂的脸颊；美是夏夜渐浓的晚霞，是稚童斑斓的涂鸦；美是恣意欢快的笑颜，是五彩缤纷的童年。让儿童在纯良的心性中，用真心去感受美，用慧心去欣赏美，用潜心去表现美，用匠心去创造美。

第一节　在斑斓的艺术世界里发现自己　/ 209
第二节　让艺术为梦想插上翅膀　/ 212
第三节　用巧手和匠心绘就五彩童年　/ 215
第四节　在这里与最美的自己灿烂相遇　/ 218

▢ 学科实践创意　我和电脑交朋友　/ 230

第八章　奇趣自然：在探究中感受自然的奥秘　/ 239

  自然的奥秘在于不断探索，自然的有趣在于不断创造。自然现象庞杂微妙，实验原理精彩纷呈，科学就隐藏在我们的日常生活中，它可以是碳酸饮料和曼妥思之间发生的奇妙反应，也可以是袋鼠妈妈辛苦哺育自己的孩子，更可以是悬崖峭壁上的小草倔强生长……它驻足在我们每一次对知识的渴求，让我们去发现和探索大自然的奇妙。自然科学是有趣的，认识科学本质，树立科学思想，崇尚科学精神，让我们一起爱上自然。

第一节　体验自然奇妙　/ 241
第二节　在探究中感受自然的奥秘　/ 244
第三节　设计丰富的自然探究实践体验　/ 248
第四节　充分参与自然的探索与实践　/ 251

▢ 学科实践创意　陪你走过二十四节气　/ 255

后记　/ 259

前言

让儿童与一百个世界相遇

沿着上海母亲河黄浦江上溯，在长三角鼎立之地，有一只翩然水云间的彩蝶，自烟波浩渺的淀山湖展翅而起，沿环城水系，飞向一城两翼。青浦，因水而生，缘水而灵，依水而兴；沉淀着崧泽六千年的历史文脉，孕育着千桥卧碧波的自然谦和，具有向上向善、独具特色的古韵今风，奏响了"绿色青浦 上善之城"的城市新乐章。

2017年9月，在青浦区教育局的精心筹谋下，青浦区教师进修学院附属小学诞生了！五年来，学校先后获得上海市依法治校示范校、上海市安全文明校园、上海市家庭教育示范校、上海市绿色学校、上海市健康促进校园、上海市中小学心理健康教育达标校、2019—2020年度区示范性文明校园、区四星级行为规范示范校等40余项市、区级集体荣誉。

一、学校课程哲学

上海市青浦区教师进修学院附属小学紧紧抓住"明理"这条主线，传播先进文化，提升教育境界，为生命成长积蓄力量。作为进修学院附属小学，我们秉承学院"进德修业、明理至善"之理念，建构学校课程哲学。

"明理笃行"是我们的校训，语出《中庸》："博学之，审问之，慎思之，明辨之，笃行之。"其意思是要广泛地学习，详细地询问，慎重地思考，明确地分辨，踏实地践行。

学校秉持"明理"文化，致力让儿童明自然神韵之理，明生命蓬勃之理，明为人处世之理，明智慧启迪之理，明创新探索之理，明圆融通达之理，由此衍生出了我校的教育哲学——"明理教育"。

我们认为，教育是澄澈明亮的对话，"明理教育"是以明晰、明朗的方式培育明亮的人的教育，是让思路清晰起来、精神明亮起来的教育，是学校发展素质教育的个性化实践样态，是我校的教育价值观和内涵发展方法论。"明理教育"让学生在学习真理、坚持真理的同时，形成理性的思维方式，待人处事理智而不盲目，成为明事理、讲道理、循法理的人；理解所学的知识，能对所学的知识进行梳理，形成自己的知识体系；真正做到明德理、明事理、明学理、明情理，格物致知，学以致用，自知自明，善思自省。为此，我们秉持如下教育信条：

我们坚信，
教育是澄澈明亮的对话；
我们坚信，
学校是澄澈明亮的精神空间；
我们坚信，
让生命澄澈明亮是教育最舒展的姿态；
我们坚信，
做精神澄澈明亮的教育是教师的崇高境界；
我们坚信，
让每一个孩子经历一百个世界是教育的神圣使命。

我们提出办学理念：让每一个生命澄澈明亮。在我们看来，教育是澄澈明亮的对话，学校是澄澈明亮的精神空间，澄澈明亮是生命的姿态，每一个孩子都有澄澈明亮的世界，让每一个生命澄澈明亮是教育最美的追求。

依据"明理教育"之哲学，我校确定的课程理念是：在这里，与一百个世界灿烂相遇。"一百个世界"寓意着我们要让每个孩子在附小的校园里，走近100位名人、欣赏100幅名画、阅读100本书、学唱100首歌曲、讲述100个故事、过上100个校园节日……通过孩子与老师的相遇、孩子与课程的相遇、课程与课程的相遇，逐步生成更加丰富的世界，使孩子经历更加丰富的课程学习，放飞心灵，张扬个性，饱享童趣。体现儿童立场的课程，在价值追求上，是理解差异、尊重差异、包容个性、呵护童心、引导发展的。我们认为，课程要倾听来自儿童的声音，让儿童在课程中展现个性的生长、灵性的神韵、缤纷的色彩、多样的经历和本真的境界；而学校要以课程为载体，促进自己的个性发展。基于此，我校开设丰富的特色课程，为孩子的成长与发展提供多样选择，形成孩子自己的课程配方。

总之，我们要给予儿童灿烂生长的力量，让每一个孩子向着活泼泼的生命状态迈进。我们希望，每一个孩子都能拥有多彩绚丽的童年：书海畅游、诗情飞扬、黑白对弈、弦歌不断、管乐铿锵……这是我们对学校课程建设的美好期待。我们借助"青教"之谐音，将学校课程模式命名为"小青椒课程"，喻指儿童生动活泼的生长状态。"小青椒"是我们的吉祥物，"青青"代表男生，"椒椒"代表女生，在我们每一个人的心中，它既是一份精神象征，也是一份美好期许。

二、学校课程目标

学校课程要基于儿童的发展需要，为实现学校的育人目标服务。确定课程目标，首先要明确学校的育人目标。

我校倡导每一个孩子都做澄澈明亮的人，努力培养"品行正、知能真、身心健"的"明理少年"。这一育人目标与全面发展的教育方针要求一致，具有丰富的内涵。

品行正：爱家国，明事理。立心立德，追逐梦想。热爱祖国，热爱家乡，热爱学校，具有良好品德、坚忍意志，明事理，有梦想，为了梦想努力奋斗。

知能真：爱学习，会探究。热爱学习，善于思考，主动探究。养成良好的学习习惯，爱阅读，会合作，掌握一定的学习方法，遇到难题乐于深入探究，不放过学习疑点，积极向上。

身心健：爱生活，喜运动。热爱生活，志趣高雅；热爱劳动，强健体魄。积极参加文艺活动，兴趣广泛，有很好的审美鉴赏能力。有良好的生活习惯、科学的生活方式，掌握基本劳动本领，有自己爱好的体育项目，坚持锻炼。

为了实现育人目标，我们将其进行了细化，形成了各年级课程目标。（见表1）

表1　上海市青浦区教师进修学院附属小学课程目标表

	品行正 (爱家国，明事理)	知能真 (爱学习，会探究)	身心健 (爱生活，喜运动)
一年级	• 认识国旗、国徽，知道自己是中国人，了解中国少年先锋队。 • 喜欢自己的班级和学校，熟知校名、班级的班名和口号。 • 初步认识自我，说出自己的性格特征，清楚地表达自己的想法。 • 尊敬父母长辈，体贴家人，承担力所能及的家务劳动。	• 学会倾听，善于观察身边的事物，对学习抱有积极乐观的态度。 • 喜欢阅读绘本等图文书。 • 尝试与他人合作，共同完成任务。 • 遇到不懂的地方，知道向老师、同学提问或寻求帮助。 • 对生活中的现象感到好奇，通过观察和比较，提出问题，做出猜想，具有初步的探究意识。	• 有自己的兴趣爱好。 • 初步感知律动，学唱国歌、队歌（校歌）。 • 养成基本的良好生活习惯，保持自身衣着整洁、干净，学会整理书包与文具。 • 积极参与体育锻炼活动，喜欢1—2项体育运动，了解一些运动中的自我保护方法。 • 初步感知空间美，喜爱艺术类活动，积极参加校内外组织的活动。
二年级	• 知道国旗、国徽上五星的含义，了解祖国的版图，了解家乡的地理位置。 • 喜欢学校，爱护校园环境，初步了解校园文化。 • 初步认识自己的情绪，说出自己的优缺点和爱好。 • 流利地表达自己心中的想法，遇到问题不逃避，积极想办法解决。	• 认真听讲，积极举手发言，按时完成作业。 • 喜欢阅读书籍。 • 有比较明确的学习目标，学会简单的整理归纳知识点的方法。 • 主动与他人合作，利用多种感官或简单的工具进行观察学习，并运用简单的比较、分类等方法进行探究。	• 有广泛的兴趣爱好，说出自己的特长。 • 初步感知律动，学唱多首儿童歌曲。 • 树立正确的劳动观念，认识到劳动最光荣，学会整理自己的书桌，不乱扔垃圾，见到垃圾主动捡起。 • 乐于参加体育锻炼活动，初步掌握简单的动作，掌握一些运动中的自我保护方法。 • 喜欢参加艺术活动，用自己的方式表达，感受艺术活动给自己带来的愉悦情绪。
三年级	• 了解中国梦的含义，会准确表述对某件事情的看法，树立正确的价值观。 • 热爱祖国，热爱学校，热爱班级，愿意为它们增光添彩。 • 了解自己家乡的风土人情等。 • 了解自己的性格特点，知道怎样与同学相处，欣赏他人的长处。	• 对学习较有兴趣，积极参与课堂活动并独立完成作业，认真检查，及时纠错。 • 自觉主动地阅读课外书籍。 • 善于倾听，勤于思考，在小组合作中提出自己的见解，大胆发表自己的看法。 • 用思维导图等方法整理每周、每单元学习的知识，提高归纳整理的能力，巩固学习内容。	• 形成较为固定的兴趣和爱好。 • 喜欢美的旋律，会唱国歌、队歌（校歌）。 • 养成良好的生活习惯，自己清洗红领巾，整理自己的房间；积极参加大扫除，认真完成自己的劳动任务，主动帮助其他同学，不怕脏、不怕累。 • 培养参与体育运动的兴趣和爱好，找到自己感兴趣的体育项目，并坚持练习。 • 对空间有一定认识，并描摹出它的美；欣赏名家作品，感悟经典，有一定的欣赏美、鉴赏美的能力。

续 表

	品行正 （爱家国，明事理）	知能真 （爱学习，会探究）	身心健 （爱生活，喜运动）
四年级	• 热爱祖国，热爱学校，热爱班级，自觉维护班级、学校荣誉。 • 通过书籍、网络等了解各省会城市的风土人情，了解不同城市的特点。 • 通过向各行业优秀人物学习，向身边榜样学习，汲取精神的力量，逐步明晰自己的梦想，并有具体的行动。 • 调节和管理自己的情绪，有自制力和抗挫折能力等。	• 乐于学习，提前预习、定期复习，对知识有探究欲。 • 养成自觉主动阅读课外书籍的习惯。 • 在小组合作中，初步具有交流、反思以及评价探究过程和结果的意识。 • 搜集整理与学习有关的资料，拓宽自己的知识面，积极参加学校拓展性及研究性课程。 • 有明确的学习目标，制定比较合理的学习计划。	• 形成较为固定的兴趣爱好，培养优良的兴趣品质。 • 喜欢美的旋律，会唱国歌、队歌（校歌）和儿童歌曲。 • 保持良好的生活习惯和行为习惯，分门别类整理自己的书柜，主动帮父母做力所能及的家务；爱护环境，劝阻破坏环境的不文明行为。 • 养成坚持锻炼的习惯，会做较复杂的体育活动，基本掌握1—2项体育技能，逐步形成健康的生活方式。 • 深入了解空间美，创造性地表达美；欣赏名家作品，感悟经典，有一定的欣赏美、鉴赏美的能力，形成积极审美的人生态度。
五年级	• 热爱祖国，关心国家大事，对社会事件或学校事件做出准确的表述并详细地表达自己的观点。 • 深入了解自己的家乡及风土人情，并向同学介绍；向父母、老师表达爱，珍惜同学间的友情。 • 深入了解自己，努力做最好的自己，懂得"我的梦想我担当"，遇到挫折不放弃。	• 热爱学习，积极主动完成作业，安排自己的学习生活。 • 自主读书并写读书笔记。 • 积极与人合作完成学习任务，听取别人的意见和观点，敢于质疑。 • 在成人的帮助下上网或查阅书籍，搜集整理资料。 • 通过观察和比较，初步具有根据具体现象与事物提出探究问题的能力。	• 坚持自己的兴趣爱好，并使自己受益一生。 • 演唱多种歌曲，并把自己的感情融入歌曲中。 • 热爱劳动，积极参加班级、学校的各项活动；尊重各行各业的劳动者，珍惜劳动成果。 • 积极参加体育活动，动作协调，体魄强健；掌握1—2项体育运动技能，学习和运用运动技能。 • 对空间事物有很强的感知力，通过色彩、图形等美术的表现手段表达自己的感受，积累艺术文化底蕴，激发对艺术的热爱之情。

三、学校课程体系

育人目标和课程目标的实现需要课程体系的支撑。为进一步加强课程规划顶层设计的科学性和先导性，厘清课程元素间的内部逻辑关系，使课程内蕴教育哲学、外连育人目标，学校基于教育哲学构建有逻辑的课程体系。

根据多元智能理论，我们把"小青椒课程"分为"社会之志、语言之雅、思维之活、健康之乐、艺术之美、科学之真"六类课程，支持育人目标的实现。（见图1）

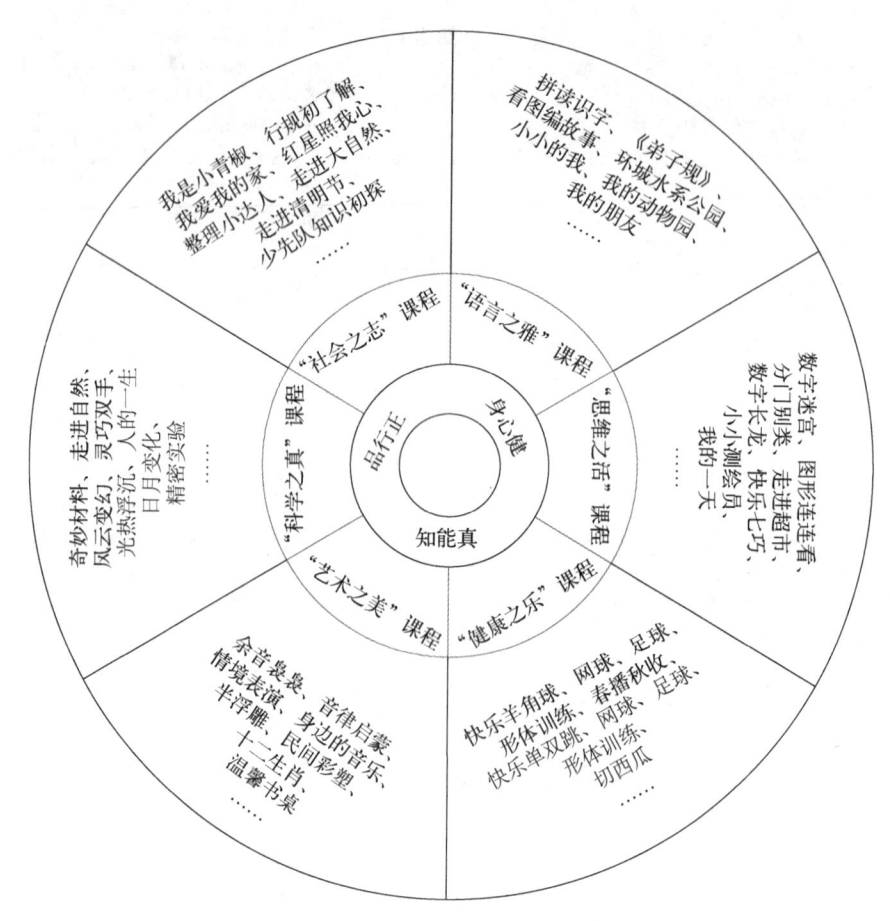

图1 上海市青浦区教师进修学院附属小学"小青椒课程"结构图

图1中，各板块课程意涵如下。

（1）"社会之志"课程：自我与修养课程。此类课程注重学生品格和意志品质的培养，符合立德树人的根本要求，是学生安身立命、适应社会的核心课程。主要涉及道德与法治、红色革命教育、德育活动、开学课程、入队课程、十岁成长礼、国旗下主题课程、节日课程、仪式课程等大类。

（2）"语言之雅"课程：语言与人文课程。此类课程关注学生的语言表达素养的培育，有"拼读识字、看图编故事、小小的我"等课程。

（3）"思维之活"课程：逻辑与思维课程。此类课程关注学生的逻辑思维能力的培育，有"数字迷宫、分门别类"等课程。

（4）"健康之乐"课程：运动与健康课程。此类课程注重给予学生有关健康的知识、技能，发展学生的身心素养，培养学生热爱生活的情感。课程重心指向学生核心素养中的健康生活。有"形体训练、篮球操"等课程。

（5）"艺术之美"课程：艺术与审美课程。此类课程培养学生的优雅气质，提升学生的文明素养，课程重心指向学生核心素养中的人文底蕴，涉及音乐、美术、绘画、书法、舞蹈、合唱等。

（6）"科学之真"课程：科学与探索课程。此类课程是促进学生创新能力发展的重要载体，涉及建构类课程、编程类课程、航模设计、绿色能源车课程等。

六大课程板块内容按照年级和学期进行系统设计，形成学校课程设置体系；除了基础课程之外，我校"小青椒课程"设置如表2所示。

表2　"小青椒课程"设置表

	社会之志	语言之雅	思维之活	健康之乐	艺术之美	科学之真
一上	• 我是小青椒 • 行规初了解 • 我爱我的家 • 红星照我心	• 拼读识字 •《弟子规》 • 看图编故事 • 环城水系公园 • 小小的我 • 我的动物园 • 我的朋友	• 数字迷宫 • 图形连连看 • 分门别类 • 走进超市	• 快乐羊角球 • 网球、足球 • 形体训练 • 春播秋收	• 余音袅袅 • 音律启蒙 • 情境表演 • 身边的音乐 • 半浮雕 • 民间彩塑 • 十二生肖 • 温馨书桌	• 奇妙材料 • 走进自然 • 风云变幻 • 灵巧双手
一下	• 整理小达人 • 走进大自然 • 走进清明节 • 少先队知识初探	• 规范写字 •《弟子规》 • 看图编故事 • 福泉山遗址 • 我的饮食爱好 • 我的穿着 • 我的公园	• 数字长龙 • 快乐七巧 • 小小测绘员 • 我的一天	• 快乐单双跳 • 网球、足球 • 形体训练 • 切西瓜	• 绘声绘色 • 美妙歌声 • 情境表演 • 身边的音乐 • 立体装饰 • 雕塑艺术 • 多维空间 • 瓶罐换新衣 • 创意植物角	

续 表

	社会之志	语言之雅	思维之活	健康之乐	艺术之美	科学之真
二上	• 班级一分子 • 大家守秩序 • 家乡探秘行 • 红旗在心中	• 汉字起源 •《三字经》 • 创编童话故事 • 环城水系公园 • 我的自画像 • 我喜欢的动物 • 我的游乐场	• 乘胜追击 • 边边角角 • 统计高手 • 多彩搭配	• 动物模仿秀 • 篮球、武术 • 安全游戏 • 拔河	• 世界之声 • 趣味唱游 • 情境表演 • 身边的音乐 • 基础临摹 • 中国动画 • 动漫基础 • 我们的家园 • 中国经典	• 光热浮沉 • 人的一生 • 日月变化 • 精密实验
二下	• 游戏有规则 • 环保小卫士 • 欢乐中国年 • 加入少先队	• 文化启蒙 •《千字文》 • 创编童话故事 • 福泉山遗址 • 我的五官 • 我的运动日历 • 我的社区	• 认数识算 • 角的世界 • 班级小管家 • 我心目中的校园	• 篮球操 • 篮球、武术 • 安全游戏 • 毛毛虫	• 交响音画 • 身势国韵 • 即兴创编 • 民族舞蹈 • 创意描绘 • 国外动漫 • 四季更迭 • 未来城市 • 世界经典	
三上	• 学习巧安排 • 安全自护行 • 感恩父母心 • 争做小雷锋	• 归类识字 •《增广贤文》 • 儿童诗创作 • 青西郊野公园 • 我家人 • 我爱自然 • 我爱学校	• 算24点 • 积少成多 • 店长手账 • 创意年历	• 排山倒海 • 羽毛球、武术 • 运动损伤的预防 • 运球小达人	• 听赏评述 • 音乐达人 • 欢乐音符 • 世界之声 • 综合创作 • 现代创作 • 旧物换新颜 • 四季之美 • 温馨教室	• 水和空气 • 生物世界 • 岩石矿物 • 慧心制作
三下	• 好友成长营 • 多样的交通 • 月圆人团圆 • 向烈士致敬	• 巧识音字 •《增广贤文》 • 儿童诗创作 • 东方绿舟 • 我爱自己 • 我爱四季 • 我爱节日	• 超市数学 • 巧数图形 • 小小裁判员 • 叶子的周长	• 障碍接力赛 • 羽毛球、武术 • 运动损伤的预防 • 拦截导弹	• 民族之声 • 杯子声势 • 趣味音响 • 立体装置 • 装置艺术 • 超级变变变 • 闪亮PBL点亮校园	

续表

	社会之志	语言之雅	思维之活	健康之乐	艺术之美	科学之真
四上	• 共同订班规 • 禁毒小使者 • 家风小故事 • 陈云的故事	• 趣辨字形 • 《道德经》 • 奇人趣事 • 青西郊野公园 • 我会生活 • 我会观察 • 我会交友	• 数与巧算 • 斗转形移 • 小小采购员 • 最佳方案	• 旋风跑 • 足球、武术 • 健康科普 • 双人跳绳	• 中西合璧 • 身体打击乐 • 悠扬旋律 • 中国戏曲 • 国画大家 • 山水花鸟 • 二十四节气 • 水乡古韵	• 食物秘密 • 生物生存 • 无垠宇宙 • 创新设计
四下	• 青椒蜕变记 • 网络你我他 • 浓浓端午情 • 百年共青团	• 了解结构 • 《道德经》 • 奇人趣事 • 东方绿舟 • 我会规划 • 我会记录 • 我会设计	• 点的奥秘 • 我形我秀 • 小小气象员 • 我在哪里	• 勇闯难关 • 足球、武术 • 人体解读 • 多人"8"字跳	• 南腔北调 • 美妙歌声 • 创意库乐队 • 小小音乐家 • 书法大师 • 笔墨传情 • 百家姓 • 闲情偶寄	
五上	• 和平守护者 • 一起学宪法 • 家乡的风俗 • 百年追梦路	• 汉字故事 • 《千字文》 • 身边的美景与新鲜事 • 崧泽遗址公园 • 我是梦想家 • 我是研究员 • 我是小记者	• 计算达人 • 形中探律 • 估测距离 • "空中农场"设计师	• 趣味接力 • 健康小卫士 • 五人足球赛	• 中西合璧 • 星光舞台 • 悠扬旋律 • 曼妙舞蹈 • 电脑绘画 • 科技艺术 • 速写速绘 • 校园海报 • 家乡剪映	• 物质生活 • 生命密码 • 地球家园 • 巧作工坊
五下	• 争做志愿者 • 初识民法典 • 二十四节气 • 复兴中国梦	• 初识书法 • 《千字文》 • 身边的美景与新鲜事 • 青浦博物馆 • 我是小主播 • 我是科学家 • 我是旅行者	• 心中有数 • 图形之美 • 抽奖大转盘 • 设计精美包装盒	• 你追我赶 • 健康教育 • 五人足球赛	• 中外乐器 • 情景表演 • 多彩音乐 • 艺术人生 • 电脑设计 • 未来世界 • 创意标识 • 校园文创 • 未来探索	

四、学校课程实施

课程实施是课程理念落地的过程，也是育人目标逐步实现的过程。学校从"明理课堂""明理学科""明理社团""明理节日""明理仪式""明理之旅""明理联盟""明理探究""明理田园""明理之星""明理校园"等途径实施"小青椒课程"，践行学校课程理念，推进学校课程变革。

最值得一提的是，我们致力于学科课程群建设的探索，推进实践型学科课程设计与实施，取得很好的成效。在我们看来，"明理学科"是在基于课程目标的前提下，根据学生的兴趣爱好、个性特长，对基础型课程相关内容的有效拓展。学校根据学科师资力量，倡导教师在国家课程校本化实施的基础上总结经验，以学科为原点，设计学科特色"1+X"课程群。"1"是教师所教授的国家基础型课程；"X"是指教师根据国家课程开展的拓展型课程，是基础型课程的延伸。"明理学科"依据学科课程，研发丰富的学科延伸课程，形成具有特色的学科课程群。

1. 醇美语文

"醇美语文"饱含语文的美感，除却应用语言的准确和优美之外，还有着文章内蕴之美、外延之美，这便是人文之美。"醇美语文"课堂追求的不是执拗于内容的"过知识化"、表现的"过情感化"，而是沉到语言知识的底子上，关注个体语言能力的发展与人格素养的提升，使其语言发展进入较高层次的真实发展。基于这样的理念，我们在国家课程语文学科的基础上，开发了具有我校特色的语文学科拓展课程，即"1+X"课程体系，其中的"X"包含"拼读识字、汉字起源、故事会、儿童诗创作"等课程。我们打破传统语文课程的壁垒，实现"1+X"课程体系，把语文主体和儿童发展融为一体；从国学启蒙、课本剧演绎、诗文诵读到儿童诗创作，遵循儿童各阶段的年龄特点，尝试着使教育教学评价从单纯的考查学生的基本知识和基本技能转向考查学生的语文综合素质，使语文教学的习得与养成具有整体性、综合性和系统性。

2. 智慧数学

数学学习不仅仅是数学知识与技能的掌握，更需要"学会用数学的眼光观察世界，用数学的思维方式分析解决现实问题。在掌握知识技能的同时，感悟数学的基本思想，积累数学思维的经验，形成适应个人终身发展和社会发展需要的、具有数学特征的关键能力与思维品质"。基于以上认识，我们提出数学学科课程理念——"智慧数学"，由智生慧，为学生的终身发展奠基。"智慧数学"饱满而丰富：教材内容与知识延展融合，学科学习与实践探究相辉映；生动多样的教学样态，激发学生的学习兴趣，点燃学生的思考火花；学生在愉悦的氛围中、在预设与生成中，拓展思维的空间，彰显生命的力量。"学而不思则罔，思而不学则殆。""智慧数学"沟通数学新知与学生已有知识和生活经验的联系，深入挖掘知识的生长点，疏通知识间的关联点，让学生在将真实的生活实际问题抽象为数学模型并进行理解与应用的过程中，合作探究交流，释放学习潜能，完善认知结构，获得思想方法，形成核心素养，生成智慧能力，提升思维水平。"智慧数学"关注儿童创新实践与个性发展，注重创设自由开放的时空，开展丰富多彩的实践活动，引导儿童敏于观察、勤于思考、善于综合、勇于创新，在做中学、玩中用，释放天赋潜能，促进多元发展，成就生命精彩。

3. 原味英语

英语语言的本质即人文性与工具性的统一，"原味英语"追根溯源，保持英语学习的初心，回归语言学习的纯粹，让英语真真正正成为思想交流与思维碰撞的工具，成为提高学生人文素养、培养学生形成正确价值观的媒介。我们希望学生掌握地道的发音、英语式的思维方式与表达，能够自觉、自如、自信地使用英语。基于以上理念，为打造"音准调美，能说会演"的附小学子，我们英语学科团队创建了"原味英语""1+X"课程群。"1"为基础型课程，"X"为兴趣课程、社团课程以及活动课程，旨在提供给学生原汁原味的英语学习资源、多种学习途径、丰富的活动平台，使学生在学习与实践中扎实语言知识的学习，培养英语语言思维，为逐步形成英语语言的综合运用能力奠定坚实的基础。

4. 至善德法

"至善德法"是道德教育与法治教育的融合，它培养儿童的思想政治素质、道德修养、法治素养和人格素养，发挥着育人铸魂的作用。道德与法治课程与儿童的社会生活经验相联系，让儿童的课程学习与生活融为一体，在生动有趣的课程内容和丰富多彩的活动中，实现学科核心素养的培育，让儿童和道德与法治的世界灿烂相遇。基于这样的理念，我们在实施国家课程的基础上，融合校本课程，从"生活育德、明法修德、文以至德、学史崇德"四个方面进行课程构建，与学校德育课程相结合，形成"至善德法"课程群。如，"生活育德"在一到五年级分别开设的课程是"我是小青椒、整理小达人、班级一分子、游戏有规则、学习巧安排、好友成长营、共同订班规、青椒蜕变记、和平守护者、争做志愿者"。丰富的活动和实践将道德教育与法治教育相融合，提高学生的道德水平和法律素养，培育学生的核心素养。

5. 情美音乐

音乐是人文学科的一个重要领域，是实施美育的主要途径之一，是基础教育阶段的一门必修课，主要体现了审美体验、创造发展、社会交往、文化传承等价值。我们希望通过音乐课程及各种生动的音乐实践活动，培养学生爱好音乐的情趣，发展其音乐感受与鉴赏能力、表现能力和创造能力，提高其音乐文化素养，丰富其情感体验，陶冶其高尚情操。基于这样的理念，我们在国家课程音乐学科的基础上，开发了具有学校特色的学科拓展课程即"1+X"课程体系，其中的"X"包含电子钢琴、中国鼓、合唱、音乐剧、舞蹈等课程大类。通过以倾听音乐、表现音乐和创造音乐为主的活动，学生充分体验蕴涵于音乐中的美和丰富的情感，为音乐表达的真善美理想境界所吸引、所陶醉，与之产生强烈的情感共鸣。"情美音乐"使音乐艺术净化心灵、陶冶情操、启迪智慧、情智互补的作用和功能得到有效的发挥，有利于学生养成健康、高尚的审美情趣和积极乐观的生活态度，为其终身热爱音乐、热爱艺术、热爱生活打下良好的基础。

6. 趣味体育

"趣味体育"包含学生对体育的直觉，那一定是快乐的。当然，只有真正走进体育，你才能了解除了欢乐，还有伤痛、挫折、沮丧等失败的体验。因此，在小学阶段，我们一定要培养孩子的体育习惯和兴趣，用阳光明媚、开心快乐吸引住孩子。我们希望体育课堂不会过分追求运动技术的一板一眼，而是兴趣化地让学生有多样的体验，使学生在身体活动的同时，思维活动得到有效参与，心智得到发展。基于这样的理念，我们在国家课程体育与健康学科的基础上，挖掘社会以及专业体育教师资源，开发了具有我校特色的学科拓展课程即"1+X"课程体系，其中的"X"包含网球、篮球操、踢跳活动、羽毛球等课程大类；从我区首推的网球课程到普及程度较高的足、篮、排三大球课程，涵盖了韵律、民间、大球类、小球类等运动项目，课程比较丰富。"趣味体育"在年级与课程相对应的设置上，遵循儿童各阶段的注意力、身体机能、运动能力等方面的特点，使每个年龄段的儿童都有适合的体育课程可以学习。

7. 斑斓美术

"斑斓美术"课程群，让学生以个人或集体合作的方式参与各种美术活动，尝试各种工具、材料和制作过程，学习美术欣赏和评述的方法，丰富视觉、触觉和审美经验，体验美术活动的乐趣，获得对美术学习的持久兴趣；学习基本美术语言的表达方式和方法，并以此表达自己的情感和思想，美化环境与生活。我们希望学生在美术学习的过程中，激发创造精神，发展美术实践能力，形成基本的美术素养，陶冶高尚的审美情操，完善人格。基于这样的理念，我们在国家课程美术学科的基础上，开发了具有学校特色的学科拓展课程即"1+X"课程体系，其中的"X"包含"半浮雕、立体装饰、旧物换新颜、国画大家、创意标识"等课程。"斑斓美术"加强美术学习活动的综合性与探索性，注重美术课程与学生生活经验的紧密关联，使学生在积极的情感体验中提高想像力和创造力，提高审美意识和审美能力，增强对大自然和人类社会的热爱及责任感，发展创造美好生活的愿望与能力。

8. 奇趣自然

"奇趣科学"，从培养学生的基本科学素养出发，着眼学生的未来发展。"奇趣"的含义是丰富的，既指科学的趣味性深深地引起学生探究的欲望，也表明我们在课程设置中充分挖掘资源、丰富学生的科目体验。当前，学生科技素养能力的提升是我们基础教育的重要课题，要教会学生用积极的态度理性地、实事求是地对待生活，解决实际生活中遇到的各种问题，培养学生勇于探索的精神。基于以上的科学认知，我们在科学类基础型课程的基础上，以深化课改、服务学生、快乐体验为宗旨，以"一起来玩水""小小科学家""二十四节气""一米菜园"等科技特色项目，丰富学生的学习经历，提升学生的学习品质和核心素养，夯实学科基础、发展学生兴趣、形成学生特长，培养附小"明理笃行"的优秀学子，实现附小所期许的让每个孩子"在这里，与一百个世界灿烂相遇"的愿景。

综上所述,课程是给予儿童最好的礼物,教育是一种良知,是走向成熟的道路。我们坚信,每一个孩子都有澄澈明亮的世界,学校是澄澈明亮的精神空间,让每一个生命澄澈明亮是教育最美的追求,为每一个孩子点燃一盏灯是教育的神圣使命。

第一章
醇美语文：焕发光彩的语文

夯实儿童博大精深、醇厚优美的母语底蕴，在儿童心中播种下热爱母语的种子，是语文课程的核心价值，也是每位语文教师的责任和担当。在学习语文的过程中，我们需要慢慢地品味语文的内涵美、人文美，让深厚的文化精髓、丰富的情感和浓郁的语文味沁入人心，散发无穷的文化魅力。我们应当沉到语言知识的底子上，关注个体语言能力的发展与人格素养的提升，才能使儿童的语言进入较高层次的真实发展。

上海市青浦区教师进修学院附属小学语文学科组是一个朝气蓬勃、求真务实的集体，现有教师28人，其中硕士研究生5人，本科学历23人；小学一级教师4人，二级教师16人。学科组师资结构合理，有青浦区学科带头人1人，区学科骨干教师2人。语文学科组以《义务教育语文课程标准（2022年版）》为依据，构建"醇美语文"，使儿童传承汉语言文化的醇厚之美、浸润语文学习的醇真之美，在区域范围内起到很好的引领示范作用。

第一节　品味语文的醇美

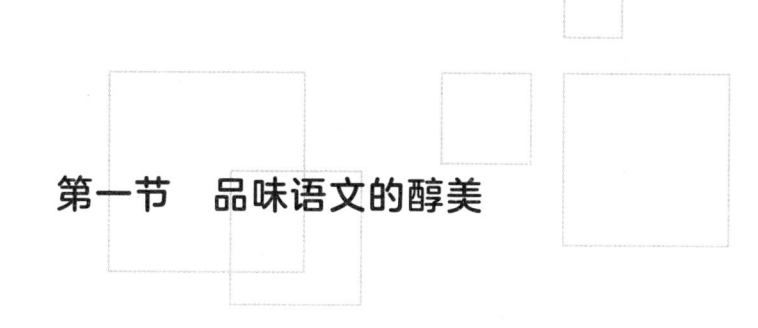

语文课程是母语课程，是最重要的基础课程，它为儿童的其他学习奠定了基础；对语文学科课程哲学的认识，体现了我校语文教育工作者对语文价值的认同。

一、学科价值观

《义务教育语文课程标准（2022年版）》指出："语文课程是一门学习国家通用语言文字运用的综合性、实践性课程。工具性与人文性的统一，是语文课程的基本特点。语文课程应引导学生热爱国家通用语言文字，在真实的语言运用情境中，通过积极的语言实践，积累语言经验，体会语言文字的特点和运用规律，培养语言文字运用能力；同时，发展思维能力，提升思维品质，形成自觉的审美意识，培养高雅的审美情趣，积淀丰厚的文化底蕴，继承和弘扬中华优秀传统文化、革命文化、社会主义先进文化，增强对习近平新时代中国特色社会主义思想的理解和认识，全面提升核心素养。"[1]

我们认为，语文课程的核心价值是：在实践中学习语言运用，提高儿童的语文核心素养。义务教育阶段的语文课程，应使儿童初步学会运用祖国语言文字进行交流沟通，吸收古今中外优秀文化，提高思想文化修养，促进自身精神成长。因此，我们以"焕发醇真文化的语文"为课程追求，实施校本化的语文课程，在真实的语言运用情境中，通过积极的语言实践，激发儿童对母语的热爱之情，使其掌握语言运用能力，发展核心素养，塑造良好健全的人格。

---

[1] 中华人民共和国教育部. 义务教育语文课程标准（2022年版）[S]. 北京：北京师范大学出版社，2022：1.

小学语文是一门具有扎实文化底蕴和包容性的学科，它融情、融理、融境，涉及天文地理等各个方面的学科知识。我们要把人类最美好的情感融入语文课程中，让儿童在美中研读语文、在美中吃透语文、在美中运用语文，把自身带入美的环境中，让自己变成美丽的发现者和传承者。

我们发现课改之后，语文教师的教学理念更先进了，语文课堂教学形式更灵活了，儿童的学习方式更科学了，但是也出现了许多问题：儿童阅读量增加的同时，写作水平的提高却不明显；儿童课堂上交流沟通的机会多了，对文章的理解感悟却并不深。原因就在于，我们忽视了语文学科应该是生动活泼、美轮美奂的，语文课本上用的不是刻板的印刷字，而是一篇篇生动活泼的文学作品，那里有个性不同的人物，有丰富多彩的感情，有五彩缤纷的自然界……

二、学科课程理念

我们寻求语文的本色，遵循语言的学习规律以及儿童年龄、心智的特点，结合学校历史、文化以及语文学科实际情况，提出"醇美语文"学科课程理念：品味文化的底蕴，感悟语文的醇真，享受文学的醇美，散发文化的自信。我们把品味语文的醇美作为语文课程的核心目标，由此，我们看到了文字美、语言美、形象美、文化美和意境美。

文字美。从在殷墟发现的甲骨文，到今天多种多样的字体，无不体现了中国文字之美。在漫长的发展演变过程中，我国文字由象形到篆、隶，再到草、楷、行诸体，通过对用笔、结体、造型等的不断衍生和美化，形成了汉字的形式美。汉字线条流畅、形态对称，灵动中充满沉稳和谐，"横竖撇捺折点"中蕴含着变化万千的空间，每一个汉字都显露着历史韵味。因此，文字是我们学习语文知识的开端，发现文字之美是必不可少的。

语言美。中国的语言不但历史悠长、文化深厚、内容丰富，而且具有独特的魅力。通过阅读语文经典，儿童能从语言中想象课文描写的美丽景色，可以拓宽眼界、愉悦心情；也可以从语言中，知道很多可歌可泣的感人故事，从主人公的身上感受到优秀的人物品质，从而受益匪浅；还可以品读科普作品的语言，从简单的语言中读懂复杂的科学知识，推动科学学习和创造的积极性。总之，让儿童感受语文中的语言美，体会语言的艺术魅力，是语文课堂的着力点。

形象美。每一门学科都有自己的优势，语文的优势之一就是具有形象美，因此，语文课要把形象美进行充分挖掘，在教学时还要把握节奏，呈现节奏美。语文课堂教学应遵循儿童的身心发展规律，设计高低起伏、强弱相间、抑扬顿挫的教学环节，这样才能牢牢吸引儿童的注意力，激发儿童学习语文的兴趣，使其化被动为主动，提高教学效率，呈现良好的课堂效果。因此，把握语文的形象美，激发儿童的学习兴趣，是语文课堂的生长点。

文化美。语文的文化之美是语言文字所蕴含的情感和深厚的文化积淀。语文课堂不但要传授语文知识，更要注重渗透传统文化，创设必要的情境，给儿童提供接触、感受传统文化的渠道，让儿童在特定的文化环境中进行甄别、汲取，使他们在活动中感悟文化、体验文化，规范自己的言行举止。这样，儿童在语文课堂上得到的不仅仅是语文知识，更重要的是传统文化的熏陶、滋养。体现语文的文化美，是语文课堂的关键点。

意境美。语文学科的意境美是它的内在品质，不仅需要我们的感官去察觉，还需要通过联想、感悟、想象等方式伴随情感、思绪的活动来意会。语文的意境美是儿童人文精神成长的重要基础。体会语文的意境美，是语文课堂的突破点。

总之，"醇美语文"着力挖掘语言文字的深厚底蕴，遵循母语学习的规律，遵循儿童身心发展的特点，让儿童品味文化的底蕴，感悟语文的醇真，享受文学的醇美，散发文化的自信；在语言实践运用中让儿童形成运用语言的能力，塑造健全的人格，提升语文综合素养。

第二节　丰富儿童的精神世界

精神文化是人的精神食粮，它孕育人的精神家园，决定人的精神状态、精神生活、精神本质。

一、学科课程总体目标

《义务教育语文课程标准（2022年版）》指出："核心素养是学生通过课程学习逐步形成的正确价值观、必备品格和关键能力，是课程育人价值的集中体现。义务教育语文课程培养的核心素养，是学生在积极的语文实践活动中积累、建构并在真实的语言运用情境中表现出来的，是文化自信和语言运用、思维能力、审美创造的综合体现。"[1]语文学科课程目标的设计应着眼于学生语文核心素养的整体提高。关于语文学科课程总目标，《义务教育语文课程标准（2022年版）》是这样阐述的：[2]

1. 在语文学习过程中，培养爱国主义、集体主义、社会主义思想道德，逐步形成正确的世界观、人生观、价值观。

2. 热爱国家通用语言文字，感受语言文字及作品的独特价值，认识中华文化的丰厚博大，汲取智慧，弘扬社会主义先进文化、革命文化、中华优秀传统文化，建立文化自信。

3. 关心社会文化生活，积极参与和组织校园、社区等文化活动，发展交流、合

---

[1] 中华人民共和国教育部. 义务教育语文课程标准（2022年版）[S]. 北京：北京师范大学出版社，2022：4.
[2] 中华人民共和国教育部. 义务教育语文课程标准（2022年版）[S]. 北京：北京师范大学出版社，2022：6—7.

作、探究等实践能力,增强社会责任意识。感受多样文化,吸收人类优秀文化的精华。

4. 认识和书写常用汉字,学会汉语拼音,能说普通话。主动积累、梳理基本的语言材料和语言经验,逐步形成良好的语感,初步领悟语言文字运用规律。学会使用常用的语文工具书,运用多种媒介学习语文,初步掌握基本的语文学习方法,养成良好的学习习惯。

5. 学会运用多种阅读方法,具有独立阅读能力。能阅读日常的书报杂志,初步鉴赏文学作品,能借助工具书阅读浅易文言文。学会倾听与表达,初步学会用口头语言文明地进行人际沟通和社会交往。能根据需要,用书面语言具体明确、文从字顺地表达自己的见闻、体验和想法。

6. 积极观察、感知生活,发展联想和想象,激发创造潜能,丰富语言经验,培养语言直觉,提高语言表现力和创造力,提高形象思维能力。

7. 乐于探索,勤于思考,初步掌握比较、分析、概括、推理等思维方法,辩证地思考问题,有理有据、负责任地表达自己的观点,养成实事求是、崇尚真知的态度。

8. 感受语言文字的美,感悟作品的思想内涵和艺术价值,能结合自己的经验、理解、欣赏和初步评价语言文字作品,丰富自己的情感体验和精神世界。

9. 能借助不同媒介表达自己的见闻和感受,学习发现美、表现美和创造美,形成健康的审美情趣。

二、学科课程年段目标

结合"醇美语文"课程理念,我们将"丰富儿童的精神世界"学科课程目标进行了细化,形成了语文学科课程的具体目标。这里以二年级语文学科单元教学目标为例,如表1-1所示。

表1-1 二年级语文单元教学目标

单元 学期	上 学 期	下 学 期
第一单元	1. 认识41个生字,读准4个多音字,会写30个字,会写27个词语。	1. 认识52个生字,读准1个多音字,会写38个字,会写36个词语。

续 表

单元\学期	上 学 期	下 学 期
	2. 能正确、流利地朗读课文，分角色朗读《小蝌蚪找妈妈》，背诵《植物妈妈有办法》。 3. 积累并运用表示动作的词语。 4. 能借助图片或关键词，了解课文内容。 5. 能借助图片或关键词，用自己的话讲故事或描述自然界的现象。 6. 增强阅读科普类短文和探索大自然奥秘的兴趣。 7. 联系生活经验，清楚地介绍一种动物。 8. 认真听别人介绍，对不明白的地方能有礼貌地提问。 9. 联系生活，额外学习与野外活动有关的8个词语、认识11个生字。 10. 通过演一演的方式，理解动词的意思，感受动词的准确运用。 11. 能联系日常生活，用"有时候……有时候……""在……在……在……在……"说句子。 12. 写好左右结构的字，注意有的字左边窄、右边宽，有的字左边宽、右边窄，养成良好的写字习惯。 13. 背诵古诗《梅花》。 14. 阅读《企鹅寄冰》，明白故事中的科学常识，体会阅读的乐趣。 15. 产生阅读童话故事的兴趣，能自主阅读喜欢的故事，能了解故事的主要内容。 16. 认识书的封面，了解书名、作者等基本信息，初步养成爱护图书的好习惯。 17. 感受课外阅读的快乐，乐于与大家分享课外阅读的成果。 ★ 收集自己喜欢的故事，有感情地朗读。 ★ 诵读《千字文》。	2. 正确、流利地朗读课文，能注意语气和重音。背诵《古诗二首》。 3. 能用自己的话说出诗句描述的春天美景；了解课文内容，能说出孩子们找到的春天是什么样的；能借助插图，说出邓爷爷植树的情景。 4. 感受春天的美好，能用自己喜欢的方式表达对春天的喜爱。 5. 懂得与人交流时，语气不同会有不同的效果；能用恰当的语气说话。 6. 借助公园导览图额外认读6个词语，会认"亭、咨"等10个生字；有生活中主动识字的意识，养成生活中识字的习惯。 7. 能根据语境补充合适的词语，仿照例句说出自己在春天里的发现和感受。 8. 能根据提问正确读出句子的重音。 9. 能根据提示，写好左上包围和左下包围的字。 10. 能背诵古诗《赋得古原草送别（节选）》。 11. 自主阅读《笋芽儿》，能发挥想象理解内容，了解笋芽儿的成长过程。 12. 产生阅读儿童故事的兴趣，能自主阅读喜欢的故事，了解故事的主要内容。 13. 初步学会看书的目录，能从目录中大致了解书里主要写了什么，知道要读的内容从哪一页开始。 14. 感受课外阅读的快乐，乐于与大家分享课外阅读的成果。 ★ 选择自己喜欢的几个故事，加上自己设计的目录，编一本自己的迷你书。 ★ 说一说《千字文》第一部分的意思。
第二单元	1. 认识54个生字，读准2个多音字，会写40个字；认识隹字旁，知道它与鸟类有关；能用部件归类法识字，会写25个词语。 2. 能结合图画识字学文，了解形声字形旁表义、声旁表音的特点。 3. 了解量词的不同用法，能在生活情境中恰当运用量词。 4. 背诵《树之歌》《田家四季歌》。	1. 认识43个生字，读准1个多音字，会写30个字，会写34个词语。 2. 能正确、流利地朗读《雷锋叔叔，你在哪里》，能默读《千人糕》，能试着有感情地朗读《一匹出色的马》。 3. 能用多种方法猜测词语的意思，并说出了解词语意思的方法。能拓展积累词语。 4. 读句子，想画面，能用自己的话说出画面内容。

续 表

单元\学期	上 学 期	下 学 期
	5. 初步了解不同树木的基本特点和四季农事，懂得动物是人类的朋友，感受农民的辛勤劳作和丰收的喜悦，体会大自然的丰富美妙，激发对大自然的喜爱之情。 6. 懂得阅读时遇到不认识的字可以用部首查字法查字典，初步建立部首的概念，学会用部首查字法查字典，额外认识7个生字。 7. 背诵名言，初步了解大意，懂得与人交往等方面的道理，传承诚信、友善等中华传统美德。 8. 阅读《十二月花名歌》，初步了解正月至腊月中每月开的花的花名和特点。 ★ 演一演自己喜欢的一则故事。 ★ 诵读《千字文》。	5. 懂得关心帮助他人、珍爱劳动成果、与家人相亲相爱。 6. 额外认识"程、魔"等11个生字；认读表示职业名称的词语，能发现这类词语的特点；会选择词语说句子。 7. 仿照例句，展开想象，把自己喜欢的景物写下来。 8. 能发现同一个词语在不同的语境里有不同的意思。 9. 能根据提示写一写自己的好朋友，写出他的样子和一起做的事。 10. 展示书写成果，能交流书写的经验和体会。 11. 能积累关爱他人的谚语。 12. 能正确、流利地朗读《一株紫丁香》，感受师生间的关爱之情。 ★ 将自己喜欢的故事做成读书小报，和同学进行分享。 ★ 说一说《千字文》第二部分的意思。
第三单元	1. 认识58个生字，读准4个多音字，会写39个字，会写32个词语。 2. 能正确、流利地朗读课文。 3. 了解关键词句的意思，能用指定的词语说句子。 4. 能借助关键词句，试着讲讲故事。 5. 能针对问题，说出自己的感受或想法。 6. 能按照顺序说说手工作品的制作过程。 7. 养成专心听、静心听的好习惯，能一边听一边记住主要信息。 8. 额外认识12个生字，了解词组的结构特点。 9. 能正确辨析与运用同音字。 10. 学习用"一边……一边……"说句子。 11. 写写自己喜欢的玩具。学习"写在方格纸上""标点符号占一格"等基本写话格式要求。 12. 学习制作积累卡，交流课内外积累的词句，初步养成积累的好习惯。 13. 背诵古诗《小儿垂钓》。 14. 阅读《王二小》，感受王二小的机智勇敢。	1. 认识59个生字，读准2个多音字，会写40个字，会写39个词语。 2. 能利用韵语、形旁与字义的联系以及图片识字。 3. 能在语言环境中初步感受"奔、涌""长、耸"的表达效果；能说出用"炒、烤、烧"等方法制作的美食。 4. 积累"华夏儿女、炎黄子孙"等词语。 5. 朗读《神州谣》，能背诵《传统节日》，初步感受祖国山河的壮美和文化的悠久。 6. 能讲汉字"贝"的故事，初步感受汉字的魅力。 7. 能把自己长大后想干什么说清楚，简单说明理由。 8. 能听明白同学说的内容，对感兴趣的内容提出疑问。 9. 额外认识"津、溜"等9个生字；额外认读"甜津津、酸溜溜"等词语，能联系生活说说想到的食物，理解词语的大致意思。 10. 能借助形旁猜测字义；猜测出示的形声字的字义并查字典验证。

第一章 醇美语文：焕发光彩的语文

续 表

单元\学期	上 学 期	下 学 期
	★ 和同伴一起演一演课本剧《王二小》。 ★ 诵读《千字文》。	11. 知道"鹿、金"等字可以作为部首，能用这些部首查字典。 12. 能发现"火"与"灬"等偏旁之间及其与字义的联系。 13. 能按顺序背诵十二生肖，初步了解生肖文化。 14. 自主阅读《小柳树和小枣树》，了解小柳树想法的变化，明白事物各有长处的道理。 ★ 结合自己所读的故事说一说明白的道理。 ★ 说一说《千字文》第三部分意思。
第四单元	1. 认识55个生字，读准4个多音字，会写39个字，会写33个词语。 2. 能联系上下文和生活经验，理解词句的意思。 3. 展开想象，用自己的话说说诗句描绘的画面，初步感受大自然的神奇、壮丽。 4. 能正确、流利地朗读课文，理解课文内容，背诵古诗和指定的课文段落。 5. 仿写句子，提升写话能力。 6. 积累词语，并能够运用。 7. 增强认识家乡、赞美家乡的情感。 8. 借助火车票上的信息额外认识8个生字，增强在生活中主动识字的意识。 9. 能展开想象，用"像"说生活中的事物。 10. 能联系上下文理解词句的意思。 11. 了解留言条的基本内容与格式，并能根据实际情况写留言条。 12. 发现描写颜色的词语的构词规律，并积累相关的词语。 13. 背诵风景名句，初步感受祖国山河的壮美。 14. 阅读《画家乡》，感受家乡的美。 ★ 诵读诗歌。 ★ 诵读《千字文》。	1. 认识49个生字，读准2个多音字，会写38个字，会写45个词语。 2. 能正确、流利地朗读课文。默读课文《枫树上的喜鹊》。 3. 能用自己的话说出《彩色的梦》中彩色铅笔画出的梦；能说出《枫树上的喜鹊》中"我"喜欢的是什么；能就《我是一只小虫子》中自己感兴趣的内容与同学交流。 4. 能根据情境展开想象，仿照课文相关段落或语句把想到的内容写下来；能根据提示，用教师提供的词语编故事。 5. 额外认识"陀、螺"等11个生字；认读有关玩具名称的词语，能说出自己玩过的玩具。 6. 能把自己积累的描述心情的词语分类写下来。 7. 能仿照例句，用"一会儿……一会儿……一会儿……"说句子。 8. 能根据提示看图发挥想象，借助词语按时间顺序为小动物们一天的经历写下来。 9. 能根据提示，写好三面包围、全包围结构的字。 10. 能背诵与诚信有关的名言。 11. 自主阅读《手影戏》，能了解内容，感受手影戏的有趣。 ★ 仿造诗歌，创编小诗。 ★ 说一说《千字文》第四部分的意思。

10　　　　实践型学科课程设计与实施

续 表

单元 学期	上 学 期	下 学 期
第五单元	1. 认识35个生字，读准3个多音字，会写29个字，会写28个词语。 2. 能分角色朗读课文，读好对话，读出不同句子的语气。 3. 能联系生活实际，初步体会课文讲述的道理。 4. 能结合课后题，初步感受课文语言的表达效果，学习如何表达。 5. 能用商量的语气和别人商量事情，并把自己的想法说清楚。 6. 额外认识9个生字，能根据字形特点猜出汉字的意思。 7. 积累带"言、语"的四字词语，能猜测词语的意思。 8. 能仿照例句，把句子写具体。 9. 了解"左短右长""左长右短"的字的书写特点。 10. 背诵古诗《江雪》。 11. 阅读《刻舟求剑》，体会故事的寓意。 ★ 诵读寓言故事。 ★ 诵读《千字文》。	1. 认识41个生字，读准2个多音字，会写28个字，会写30个词语。 2. 能正确、流利地朗读课文，读出恰当的语气。分角色朗读《小马过河》。 3. 能说出"亡羊补牢""揠苗助长"两个成语的意思；能用自己的话说出看到"我"画的杨桃，老师和同学们的做法有什么不同；能用教师提供的词语，复述《小马过河》的故事。 4. 能根据课文内容，说出自己的简单看法。 5. 比较句子的不同，能体会句子加上"赶紧""焦急地"等修饰词语后的好处。 6. 能主动发表关于图书角管理方法的意见。 7. 交流时，能做到等别人说完再发表自己的意见。 8. 了解厂字旁、穴宝盖所代表的意义；能借助形声字的构字规律认识"厨、穴"等9个生字。 9. 能理解并积累含"笑"字的词语，并选词演一演。 10. 能根据提示语读出句子恰当的语气。 11. 能发现"教诲、寻找"这类词语的特点，了解这些词语的意思。 12. 能背诵从《弟子规》中节选的内容。 13. 自主阅读《好天气和坏天气》，能联系生活经验，理解老爷爷说的话。 ★ 结合《千字文》说说自己的理解。 ★ 小组合作表演诵读《千字文》。
第六单元	1. 认识49个生字，读准2个多音字，会写32个字，会写33个词语。 2. 正确、流利地朗读课文。能借助课文插图和联系上下文理解词句意思，从而理解课文内容。 3. 感受革命领袖和革命先烈的精神，并由衷产生敬意。 4. 学习动词和名词的搭配。 5. 能按顺序讲清楚图意。 6. 能认真听，知道别人讲的是哪幅图的内容。	1. 认识43个生字，读准1个多音字，会写38个字，会写36个词语。 2. 能说说诗句描绘的画面；能在语境中体会"压、垂、挂"等词语运用的好处；能拓展积累词语，抄写句子。 3. 读课文，能提取主要信息，说出雷雨前后景色的变化、"天然的指南针"怎样帮助人们辨别方向和太空生活中的趣事。 4. 能背诵《古诗二首》《雷雨》。 5. 额外认识"博、馆"等9个生字；认读有关场所名称的词语，学习利用场所名称识字。

续 表

单元 学期	上 学 期	下 学 期
	7. 额外认识10个生字，认识常见的交通工具。 8. 根据语境读准多音字的读音，学习多音字据义定音的方法。 9. 正确使用逗号、句号、问号、感叹号。 10. 发现形声字"声旁表音"的特点。 11. 背诵一组与立志有关的名句。 12. 阅读《大禹治水》，体会大禹心系百姓、无私奉献的精神。 ★ 制作大禹的人物卡。 ★ 参加中外寓言故事会。	6. 能正确书写"含、迎"等容易多写或少写笔画的字，以及"荡、满"等结构易错的字。 7. 能运用学过的方法猜测词语的意思，并能说出理解词语的方法。 8. 能仿照例子，把自己对大自然的疑问写下来。 9. 能展示如何参与建立和管理班级图书角，养成喜欢读书的习惯。 10. 能背诵古诗《悯农（其一）》。 11. 自主阅读《最大的"书"》，感受川川的勤学好问，激发探索大自然的兴趣。 ★ 布置班级图书角和家庭图书角。 ★ 亲子诵读《千字文》。
第七单元	1. 认识39个生字，读准1个多音字，会写30个字，会写24个词语。 2. 能正确、流利地朗读课文；背诵古诗《夜宿山寺》《敕勒歌》；熟练掌握默读，做到不出声。 3. 图文对照，想象画面，大致理解古诗的意思；能发挥想象说话，体会雾的淘气；能发挥想象续编故事，感受雪孩子和小白兔的友谊。 4. 能朗读比较两组句子，抄写其中优美的语句。 5. 额外认识9个生字，学习与自然风光有关的4组词语。 6. 学习用部首查字法查独体字。 7. 积累并运用描写天气的8个四字词语。 8. 从语言、动作中体会表达的有趣。 9. 能观察图画，展开想象，把故事写完整。 10. 展示、交流改正错别字的方法，复习巩固易错字和易混淆的字。 11. 背诵民谣《数九歌》。 12. 阅读绕口令《分不清是鸭还是霞》，感受说绕口令的乐趣。 ★ 参加趣味绕口令比赛。	1. 认识51个生字，读准4个多音字，会写38个字，会写41个词语。 2. 正确、流利地朗读课文，能读好问句，能分角色表演《青蛙卖泥塘》。 3. 能画出大象的话，说出大象的想法是怎么改变的；能借助提示讲《蜘蛛开店》《小毛虫》的故事；能说出青蛙为卖泥塘做了哪些事，最后为什么又不卖泥塘了。 4. 能结合生活，说出对"人家是人家，我是我"的理解；能根据课文内容，展开想象。 5. 额外认识"帚、抹"等9个生字，读准多音字"扫"；认读有关清洁工具和清洁活动的词语。 6. 用多种方法猜字的读音和意思，并查字典验证。 7. 学习含有"好像""像……似的""像……一样"的比喻句。 8. 能写清楚自己想养小动物的理由。 9. 能发现"又、土"等字作偏旁时的笔画变化，发现"车、牛"等字作偏旁时的笔画及笔顺变化，写好"劝、转"等字。 10. 能背诵《二十四节气歌》。 11. 自主阅读《月亮姑娘做衣裳》，能发挥想象，理解故事内容，感受故事的有趣。 ★ 和家长一起读一则红色故事，并向大家介绍这个故事。

续 表

单元学期	上 学 期	下 学 期
第八单元	1. 认识41个生字，读准2个多音字，会写31个字，会写29个词语。 2. 综合运用多种方法自主识字、自主阅读，读懂课文。 3. 能借助提示讲故事。 4. 继续学习默读，做到不出声。 5. 通过故事内容，感受应该怎样与人相处。 6. 额外认识12个生字；能根据动物的不同特点，尝试不同的分类方法。 7. 能借助形声字的构字特点猜读拟声词的读音，并根据语境恰当运用拟声词。 8. 了解左右宽窄大致相等的字的书写要点，养成先看后写、减少修改次数的书写习惯。 9. 背诵含有动物名称的四字成语。 10. 阅读《称赞》，感受称赞带来的美好与快乐。 ★ 参加趣味多音字绕口令比赛。	1. 认识34个生字，会写30个字，会写40个词语。 2. 能结合语境体会表示动作的词语并恰当运用。 3. 能根据课文内容，展开想象。仿照《祖先的摇篮》第二、三小节说出人们还会在祖先的摇篮里做些什么。能感受《当世界年纪还小的时候》中奇妙的想象，并根据提示说出自己想象的内容。 4. 默读课文，能根据表格的提示讲《羿射九日》的故事，能就自己觉得神奇的内容和同学交流。 5. 能把自己感兴趣的内容说清楚。 6. 能注意说话的速度，让别人听清楚讲的内容。 7. 能认真听，了解别人讲的主要内容。 8. 能借助形声字构字规律，认识"钩、铲"等10个生字。 9. 积累与快慢有关的近义词语，能选用词语说句子。 10. 能根据提示想象画面，仿照例句写句子。 11. 了解示字旁和衣字旁、两点水和三点水所代表的不同意义，能区分这些偏旁相似的汉字表示的意思。 12. 背诵古诗《舟夜书所见》。 13. 自主阅读《李时珍》，了解李时珍和他编写《本草纲目》的艰辛历程。 ★ 和同伴一起演一演红色故事，评选出"故事大王"。 ★ 和全班同学一起演绎《千字文》。

第三节　设计丰富的语文审美体验

课程目标的实现需要有具体的课程框架来支持，为此，我们建构学校语文课程框架。

一、学科课程结构

义务教育语文课程按照内容整合程度不断提升，分三个层面设置学习任务群，其中第一层设"语言文字积累与梳理"1个基础型学习任务群，第二层设"实用性阅读与交流""文学阅读与创意表达""思辨性阅读与表达"3个发展型学习任务群，第三层设"整本书阅读""跨学科学习"2个拓展型学习任务群。根据学段特点，学习任务群安排可有所侧重。[①] 结合我校语文学科课程理念，我们为儿童设计了丰富的语文审美体验，建构"醇美识写""醇美阅读""醇美表达""醇美探究"四个课程板块，形成"醇美语文"课程群。（见图1-1）

图中各板块课程内涵如下。

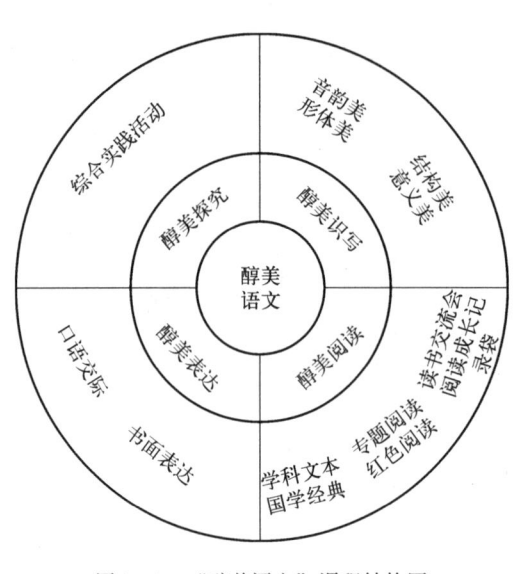

图1-1　"醇美语文"课程结构图

---

① 中华人民共和国教育部. 义务教育语文课程标准（2022年版）[S]. 北京：北京师范大学出版社，2022：20.

1. 醇美识写

"醇美识写"是识字、写字的结合。识字是写字的基础,儿童掌握了汉字的音、形、义,才能把字写正确、写端正;而识字、写字是阅读与写作的基础。这一板块中,我们通过形象生动的图片、视频,活泼有趣的游戏,朗朗上口的儿歌、顺口溜等多样的识字形式,激发儿童识字的兴趣,进而激发儿童写字的愿望。儿童通过了解汉字的深厚文化,感受汉字的音韵、形体、结构、意义之美,从而提升自主识字的能动性,进一步掌握识字、写字的规律及方法,激发对汉字的热爱、对祖国文化的热爱。

2. 醇美阅读

阅读是语文学习的重要内容,《义务教育语文课程标准(2022年版)》指出:语文课程致力于全体学生核心素养的形成与发展,为学生学好其他课程打下基础。[①] 语文课程不仅要培养儿童的语文基本能力,更要注重阅读对儿童的熏陶,在阅读中培养儿童的情感、态度、价值观,使儿童的道德修养、审美情趣能够提升。良好的阅读习惯能够使儿童增加人文积淀、培养人文情怀、提高审美情趣,有助于语文核心素养发展,是儿童实现终身学习的基础,也是儿童形成基本素养的重要途径。由此,我们结合学校与儿童的实际情况,将"学科文本、国学经典、专题阅读、红色阅读、读书交流会、阅读成长记录袋"这六大模块融入"醇美阅读"中。

3. 醇美表达

"醇美表达"包括口语交际和书面表达两个模块。语言技能是儿童在教师指导下获得的基本技能之一,表达能力则是儿童通过日常经验学习和掌握的。无论是口语表达还是书面表达,都是所有现代公民必须具备的基本技能之一。在小学语文课程中,教师应为儿童创造语言表达与合理交流的条件,提升儿童倾听的能力,培养儿童的自我表达能力和反应能力,积极培养儿童的语言表达意识,引导儿童表达自己,让儿童通过交流、学习、实践的积累最终获得扎实的语言技能,发现醇美的语言。

---

① 中华人民共和国教育部. 义务教育语文课程标准(2022年版)[S]. 北京:北京师范大学出版社,2022:1.

4. 醇美探究

"醇美探究"依托语文学科开展多种多样的语文综合实践活动，通过营造浓郁的语文学习氛围，激发儿童积极自觉的学习主动性，丰盈校园文化的内涵，促进儿童的个性兴趣发展，塑造全面发展的人，让儿童在发现问题、解决问题中学到知识、体验快乐、提高语文素养，使儿童将语文知识和能力融会贯通、学以致用。

二、学科课程设置

基于上述课程分类，除了基础课程外，我校一至五年级分学期设置了拓展课程。（见表1-2）

表1-2 "醇美语文"课程设置表

	醇美识写	醇美阅读			醇美表达		醇美探究		
一上	拼读识字	《弟子规》	畅游绘本王国	·区必读书目 ·学科阅读书目	儿歌、童谣每日一诵	看图编故事	阅读节	环城水系公园	PBL项目亲子红色阅读
一下	规范写字						童话节	福泉山遗址	
二上	汉字起源	《三字经》	探寻童话乐园	·区必读书目 ·学科阅读书目	故事会	创编童话故事	阅读节	环城水系公园	PBL项目亲子红色阅读
二下	文化启蒙	《千字文》					童话节	福泉山遗址	
三上	归类识字	《增广贤文》	欣赏古诗词之美	·区必读书目 ·学科阅读书目	古诗词大赛	儿童诗创作	阅读节	青西郊野公园	PBL项目红色阅读卡
三下	巧识音字						童话节	东方绿舟	
四上	趣辨字形	《道德经》	探秘动物小说	·区必读书目 ·学科阅读书目	新闻播报	我们班的奇人趣事	阅读节	青西郊野公园	PBL项目红色阅读卡
四下	了解结构						童话节	东方绿舟	

续表

	醇美识写	醇美阅读		醇美表达		醇美探究		
五上	汉字故事	《千字文》	畅想科幻小说	你我评时事	身边的美景与新鲜事	阅读节	崧泽遗址公园	PBL 项目红色阅读墙
五下	初识书法		·区必读书目 ·学科阅读书目			童话节	青浦博物馆	

第一章　醇美语文：焕发光彩的语文

第四节　让儿童充分感受语文的醇美

《义务教育语文课程标准（2022年版）》指出：教师要准确理解义务教育语文课程的基本理念，把握学生核心素养发展的基本规律，根据课程目标、课程内容和学业质量的要求，创造性地开展语文教学，充分发挥语文学科独特的育人功能。[①]"醇美语文"就是根据学段特点，通过每一堂语文课，每一季语文节，每一次研学活动、社团活动、主题活动、探究活动等让儿童感受语文的醇美，从而培养儿童的文化自信，进而提升其语文学科素养。

一、落实"醇美课堂"，筑牢语文基础

"醇美课堂"的实践研究，有效推进课堂教学变革，提升教师的课程执行力，促进学校"健康自信、诚信感恩、笃学好问、合作友善"培养目标的达成。

（一）"醇美课堂"的实施与操作

"醇美课堂"是以深厚的文化知识为基础的全方位的融合性课堂。教师首先展开全员学习，达成共识：认真制定学校教育质量保障体系。制定前听取群体意见和建议，明确预警的价值；制定中加强教学及相关信息管理系统的建立；制定后加强实施力度，抓住学校教学质量中的问题进行有效突破，并通过正面激励来扩大引导和转化效果。

"醇美课堂"是基于规范管理的高质量课堂。其加强教学质量、保障动态管理，通过"跟班调研""校长有约""一线传真"等反馈途径完善管理机制，形

---

① 中华人民共和国教育部. 义务教育语文课程标准（2022年版）[S]. 北京：北京师范大学出版社，2022：44.

成自主运转、自我调节、自我监控的良好循环系统。

"醇美课堂"是把握核心、找准主题的课堂。教研组针对历年来学校"绿色指标"反馈报告及教学五环节中的问题进行分析梳理，根据"醇美课堂"的核心要素，确定研究重点，制定研究方案。

"醇美课堂"是由拥有扎实教学技能的教师引领的课堂。以"一组一品"的形式开展"'醇美课堂'我出招——教学微技能"实践研究。通过"师徒结对"、"骨干新秀"展示、"一组一品"小主题研究展示等形式分享交流成果，促进教师共同发展。

"醇美课堂"是聚焦改进作业、减负增效的课堂。教研组通过开展"学科作业"的设计研究，着力激发儿童的学习兴趣，促进儿童的思维发展；完成"基于目标"的语文学科主题作业的设计文稿；初步开展学科探究作业设计研究，形成学校特色作业设计荟萃集。通过实践不断改进作业设计，帮助儿童提升自主学习的能力，促进儿童的思维发展。

(二)"醇美课堂"的评价标准

"醇美课堂"以儿童为本，以学科核心素养为基准，坚持全面评价的原则，改进和完善学校等第制评价方案的设计，加强方案的实施管理，根据评价实施细则落实日常评价、阶段评价、期终评价和活动评价等方面的评价工作，促进儿童全面发展与个性发展。(见表1-3)

表1-3 "醇美课堂"评价表

评价维度		评价要素	等第			
			A	B	C	D
目标内容精准		教学目标基于课程标准，凸显学段目标，贴合学情，重、难点恰当。				
教学方法适切		教学方法和教学策略的运用有利于激发学生参与学习的积极性，并注重方法指导。				
学习过程智慧	语言美	教学语言规范准确，表达生动优美。				
	形象美	教学过程具有感染力，课堂教学深刻、生动、形象美。				

续　表

评价维度		评价要素	等　第			
			A	B	C	D
学习过程智慧	文化美	注重渗透传统文化，创设必要情境，学生有一定的文化感悟和体验。				
	意境美	教学着力挖掘语言文字的内在美，使学生通过丰富多样的感悟方式体会意境美。				
学习成果扎实		学生扎实掌握所学知识，学会解决问题的方法，及时反馈练习情况；教学目标达成率高。				
学习评价多元		采用发展性多元评价，评价适时、适当，激励性、指导性强。				
总评						

请围绕"醇美课堂"核心要素进行具体说明。

亮点：

建议：

二、打造"醇美课程"，升级语文"1+X"课程

"醇美课程"不应该局限在课本上的知识，它应是打通过去、现在和未来的，因此，课程需要立足核心素养，全面把握语文教学的育人价值，联系深厚的文化底蕴，将流传下来的经典著作与面向未来的知识进行有机组合。融合中华文化的精华而创设的课程，它既为儿童提供了探索文化底蕴的机会，也为儿童建立文化自信创造条件。

（一）"醇美课程"的实施与操作

联系生活。我们的课程应该从儿童的生活实际出发，与其生活建立联系，并根据儿童的学段特点、学习情况而匹配合适的读物来展开学习和研究。

巧用资源。课程中不仅要深入挖掘教材，还应当把中华优秀传统文化、革命文化、社会主义先进文化融合起来；不仅如此，我们还应面向世界和未来，汲取优秀的文化，建立一个丰富的语文学习资源体系，让儿童在文化的海洋中徜徉。

完善结构。在实施的过程中，不断完善课程的结构能进一步提升课程的品

质,丰富课程的形式,加深课程的内涵。

主体参与。课程应激发儿童参与的兴趣、好奇和热情,这是主体参与的前提和基础。让儿童成为参与的主体,设计参与的活动,享受参与的全程,分析参与的结果,这是实现教学效果的必然性要求,是培养核心素养的内在条件。我们还应鼓励儿童创造性参与,培养儿童的创造性精神和创造性能力,使儿童的潜能得到突破性的发挥。

我们设计并推出口号为"悦读、思考、成长",以语文学科为主打,融合英语、美术、音乐等课程的"书香满园""1+X"高品质课程。(见表1-4、表1-5)

表1-4 "书香满园""1+X"课程架构(一、二年级)

	一年级	二年级
"1+X"课程学习能力	1. 在学科学习及活动中,能借助拼音或者图片读故事、古诗或简短的美文,逐渐积累。 2. 初步懂得所读内容的意思或道理,有所理解。 3. 积极参与各项活动,并能把所读内容讲给大家听,乐于分享。 4. 在音乐、美术学科中,在老师指导下用简单的艺术手法进行表演和展示。	
课程内容	语文:《坐井观天》《望梅止渴》	语文:《自相矛盾》《掩耳盗铃》
拓展内容	• 语文:《守株待兔》《狐假虎威》《画蛇添足》《亡羊补牢》《叶公好龙》《成竹在胸》 • 英语:Food in Your Tummy • 音乐:不同情绪的音乐作品 • 美术:阅读成语故事连环画 • 伟人故事:《总理带头遵守交通规则》《礼貌之间见真情》	• 语文:《拔苗助长》《盲人摸象》《百步穿杨》《取长补短》《滥竽充数》《惊弓之鸟》 • 英语:What I like • 音乐:不同情绪的音乐作品 • 美术:阅读成语故事连环画 • 伟人故事:《给警卫员买药》《手捧衬衫想总理》
学习活动	• 活动1:看成语短片猜成语 • 活动2:我是成语故事王 • 活动3:Happy reading(英语) • 活动4:《十面埋伏》(音乐)(音乐小百科:认识中国的民族音乐和民族乐器琵琶) • 活动5:成语连连看(美术)	• 活动1:成语大比拼 • 活动2:我是成语小牛人 • 活动3:Happy reading(英语) • 活动4:《百鸟朝凤》(音乐)(音乐小百科:认识中国的民族音乐和民族乐器唢呐)
学习途径	• 阅读课 • 英语课 • 美术课 • 午会课 • 音乐课 • 广播	
评价与展示	学科评价 活动评价 专栏展示	

表1-5 "书香满园""1+X"课程架构(三、四、五年级)

	三年级	四年级	五年级
"1+X"课程学习能力	1. 在学科学习及活动中,能积累相关的故事、美文、诗歌。 2. 懂得所读内容蕴含的意思或道理,有自己的理解。 3. 主动、积极参与各项活动,并乐于交流、分享。 4. 在各项活动中,有主动表演和展示的欲望,并积极参加。		
课程内容	语文:《起死回生》《完璧归赵》	语文:《晏子使楚》、《将相和》(包含"负荆请罪、完璧归赵、渑池之会")	语文:《高山流水》
拓展内容	• 语文:《胸有成竹》《千里送鹅毛》《围魏救赵》《千钧一发》《夏日心情》《一字至七字诗·茶》 • 英语:Energy From the Sun • 音乐:不同情绪的音乐作品 • 美术:阅读成语故事连环画 • 伟人故事:《省下钱买书》《学业读书不虚度》	• 语文:《置之度外》《莫逆之交》《狼吞虎咽》《一技之长》《美轮美奂》《和爸爸在一起》 • 英语:Colours • 音乐:不同情绪的音乐作品 • 美术:阅读成语故事连环画 • 伟人故事:《总理的一顿午餐》《我是总理,更应遵守制度》	• 语文:《杯弓蛇影》《自相矛盾》《塞翁失马》《叶公好龙》《长江之歌》《少年中国说》 • 英语:The Star • 音乐:不同情绪的音乐作品 • 美术:阅读成语故事连环画 • 伟人故事:《两颗子弹》《为中华之崛起而读书》
学习活动	• 活动1:复述成语故事 • 活动2:看图猜成语竞赛 • 活动3:Happy drawing(英语) • 活动4:《梅花三弄》(音乐)(音乐小百科:认识中国的民族音乐和民族乐器古筝) • 活动5:成语故事我来画(美术)	• 活动1:成语故事改编课本剧 • 活动2:慧眼识错 • 活动3:Happy acting(英语) • 活动4:《阳关三叠》(音乐)(音乐成语一箩筐:认识民族乐器古琴、搜集关于音乐的成语) • 活动5:成语故事我来画(美术) • 活动6:"阅读好声音"微朗读比赛	• 活动1:古为今用 • 活动2:指手画脚 • 活动3:Happy matching(英语) • 活动4:《高山流水》(音乐)(中国民族音乐小探究、音乐成语故事分享) • 活动5:诗歌朗诵会 • 活动6:成语故事我来画(美术)
学习途径	• 阅读课 • 英语课 • 美术课 • 午会课 • 音乐课 • 广播		
评价与展示	学科评价 活动评价 专栏展示		

(二)"醇美课程"的评价要求

课程通过设计和实施,为全体师生营造良好的书香校园氛围,积极调动教师的积极性，促使教师养成良好的读书习惯和思考习惯，启发教师的教育智慧，建设一支学习型、快乐型、拥有丰厚文学底蕴的附小教师队伍。同时，进一步培养我校儿童爱读书、多读书、读好书、会读书的良好习惯，让儿童从读书中汲取民族文化和世界文化的精华，积累知识，丰富精神生活，提高阅读写作以及运用祖国语言的能力，增强文学素养和综合素质；推出一批热爱阅读、特色鲜明、学有成果的儿童，发挥榜样引领的作用。在活动中发扬附小师生勤奋读书、热爱知识、崇尚科学的良好风尚，积极构建和谐校园、书香校园，打造内涵丰富、特色鲜明的校园文化，提高学校的办学品位，全面提高教师与儿童的综合素质，扎扎实实地提高学校素质教育的质量。

根据课程实施情况，我们采用等第制学科评价、学科日常评价、各项活动评价等评价形式。（见表 1－6）

表 1－6 "1+X"高品质课程评价标准

评价等级	学科评价	活动评价	相关活动评价	评价等级
悦读新星	积极参与6个学科的内容及活动，学习及表现良好。（语文、英语、美术、音乐、图书室等）	参与各年级指定数量的活动并表现良好。	参与相关活动，能代表学校进行演出。	综合三方面表现，由各个学科评选出"悦读新星"。
悦读能手	各班中获得五个及以上学科"悦读新星"的儿童，自动升级成"悦读能手"。			

三、融入"醇美之旅"，拓宽语文视野

"醇美之旅"就是观察美、触摸美、感受美的研学旅行，这里的"美"指的是美好的思想、优美的语言、醇美的文化。研学旅行，不是旅而不研、行而不学，需要我们从不同的角度认真思考、不断探索。就语文学科而言，可以与研学旅行进行深度融合的课程开发。

学校在充分考虑本校儿童的个人情况和整体素养的前提下，结合本校的办学追求，依据社会及家长对孩子的期待，依托课题组教师的能力，以时间为序，围绕区域资源，对课程进行了系统的设计，提出了研学课程理念，逐步构建了本校

研学校本课程。

(一)"醇美之旅"的课程设计

1. 研学旅行与语文课文篇目

研学旅行与语文篇目的融合,可以使儿童更深刻地理解文章。阅读,你无论如何去想象永远没有身临其境时的感受深刻。通过研学旅行感受作者之用心,那将是一种阅读之彻悟。以这样的学习方式来感受文章的魅力,也许是语文学习的最高境界。

2. 研学旅行与写作

写作应该与研学旅行进行深度融合。毫不夸张地说,无论什么主题的研学旅行,研学成果呈现形式都可以写作这一途径来完成。介绍、游记、笔记、报告、记录、说明……都是一种写作。而写作质量的高低,直接影响研学旅行成果的高低。写作与研学旅行结合,儿童的写作能得到极大的释放,对儿童写作能力的训练会收到极好的效果。与研学旅行相关的写作形式与写作内容,都是最真实的。

3. 研学旅行与中华文化

中华文化博大精深,研学旅行是感受中华文化的重要途径。无论是遍布于全国的博物馆,还是各个风景名胜、研学基地,中华博大的文化都蕴含其中,而研学旅行带给我们的体验就是中华文化的传承。这些都是我们研学旅行中最博大精深的课程,是我们学习语文极好的课本,用好这样的课本,就是在用中华文化的精髓培育儿童。

(二)"醇美之旅"的评价要求

课程的评价既有向内的评价又有向外的评价,除对儿童学习情况的评价外,还有教师、儿童、家长对该课程实施效果的测评。向内评价儿童的学习全过程,包括纪律、礼仪、研学习惯、学习效果和团队意识等,通过评价量表,以小组为单位完成考评,确保研学活动有效开展。研学结束之后,儿童、家长通过网络、研学手册等渠道,沉淀研学成果,提出评价和建议。

四、设计"醇美嘉年华",畅游语文的海洋

"醇美嘉年华"就是学校结合"春播"活动,开展一系列有声、有色、有趣

的语文综合活动,让大家激发语文学习的兴趣,收获语文学习的自信,提升语文学习的能力。

(一)"醇美嘉年华"的活动安排

"醇美嘉年华"每年根据"春播"活动的时间实施。活动中儿童从多方面触摸文学美,散播文化美。我们将"醇美嘉年华"设计为三个板块的活动,每年在此基础上进行调整和升级。

1. 走进经典

开展全校范围的集体比赛,分年级进行两分钟预备铃的经典诵读比赛,活动分年级设一、二、三等奖若干。

2. 日积月累

全校分年级开展语文趣味性游戏比赛,活动分年级设一、二、三等奖若干。具体活动见表1-7。

表1-7 "醇美嘉年华"之"日积月累"活动

年级	内容	要求
一年级	开心"词"典	在规定的时间内看拼音写词语,比赛谁的正确率高、书写端正。各班初赛选出3人,进入年级决赛。
二年级	我和汉字有个约会	出题老师选取相关汉字,儿童按照要求形成新字,如给"日"加一笔组新字。各班初赛选出3人,进入年级决赛。以抢答形式开展多轮竞赛,答对最多的班级获胜。
三年级	仓颉造字	出题老师选择相关汉字,儿童将其拆成不同部件。每班3名儿童组成一队,各队抢答,累计得分最多的小队获胜。
四年级	接来接"趣"	每班3名儿童组成一队,由出题老师说出第一个成语,队员抢答,说出的答案需与上一个成语的最后一个字读音相同(可以音调不同)。最后答出最多的队员成为"成语接龙小达人",团队总计得分最多的成为"成语接龙冠军队"。
五年级	心有灵犀	每班选出3名代表,1人看提示板上的成语,用肢体动作演出来(不能说话),另外2名同学猜,在规定的时间里,答对最多的班级获胜。

3. 诗情画意

全校分年级以个人为单位完成阅读任务。(见表1-8)

表1-8 "醇美嘉年华"之"诗情画意"活动

年级	内容	要求
一年级	诗中有画	在已学的古诗中选择一首,在16K纸上进行诗配画。各班选出5幅优秀作品进行展示。
二年级	我和春天有个约会	摘抄一首关于"春"的古诗,以扇面的形式写下来,在扇面上发挥自己的创意,围绕诗意添加插图、装饰等。年级将最终成果进行年级评比,设若干奖项。
三年级	"绘"质兰心	自由选择一本书进行阅读,并设计书本封面,需包括书名、作者、出版社、主人公形象图和绘者个人信息,可适当加入装饰。
四年级	未来播报员	选择感兴趣的新闻进行分享。规则:1. 说明新闻的来源;2. 把新闻讲清楚,不随意更改内容;3. 说说自己对这则新闻的看法;4. 口齿清楚,语句连贯、通顺,落落大方。(树立正确看待世界的观念)
五年级	阅读山形图	选择感兴趣的古典名著,以山形图的形式绘制阅读路径。

五、推进"醇美项目",点亮阅读梦想

"醇美项目"是我校重点打造的项目之一,其围绕统编语文学科教材增加的一些与新中国发展、革命精神、伟人事迹有关的篇目,引导儿童去发现语文教材的变化,关注变化后的课文篇目,采用项目化学习要素让儿童学习感受这些课文所蕴含的弘扬革命精神、培植爱国主义的深切涵义。

(一)"醇美项目"的实施与操作

1. 单元重组阅读材料

子项目"阅读点亮校园"依据现有语文教材单元的特点,提炼单元关键概念,设计单元情境任务,融入项目化学习要素开展教学,并根据项目化学习主题,从语文教材中选择合适的文本重组为新的学习单元,作为项目化学习的阅读材料。

2. 依据内容统筹课时

此项目以"入项—实践探索—出项—其他"为实施路径,以班队会、语文阅读课、语文习作课、语文写字课等为实施阵地,通过内在的概念引领,以项目化

学习单元作为课程的逻辑组织结构，依据学习内容，在基础型课程的学习时间内，统筹分配好各个项目阶段所需课时，融入项目化学习要素。

3. 深入课堂行动路径

在语文课堂中，我们首先关注并建立初级课堂，关注孩子在课堂上呈现的社会性，引导孩子协作学习，形成稳定的伙伴关系，从而提升孩子在课堂上的安全感，使孩子获得与同伴交往的归属感。在此基础上，我们探索中级课堂，即引导儿童进行长时间的横向对话、质疑与讨论，让儿童产生思维碰撞，产生有质量的对话。最后是生成深度课堂，通过问题的互动引导儿童深度学习，用高阶思维引领儿童解决深度问题。

4. 展示成果多元转化

我们进一步梳理项目过程，以多种形式进行项目展示，比如：课本剧、英雄墙、英雄故事宣讲、红色电影配音、《我心中的英雄》作文展示……此外，我们还根据项目成果，进一步探索与其他学科的联系，进行多种形式的成果转化，无论是音乐还是美术，都可以兼容并蓄，展现出多彩而独特的成果韵味。

（二）"醇美项目"的评价要求

"醇美项目"的评价要求详见表1-9。

表1-9 "醇美项目"评价表

项目	具体内容	师评	自评	互评
参与性	A. 态度主动、积极。符合教学各阶段的进度及要求。能认真解决学习过程中遇到的困难。 B. 态度尚认真。大部分时间能按照教学进度完成任务。对学习中遇到的困难未能积极寻找解决方法。 C. 未能适当分配时间，以致未能符合教学各阶段的进度。 D. 态度散漫，需由教师催促才能完成任务。			
准备工作	A. 准备好学习所需的材料、工具，积极准备小组成果的各种证明、支撑材料。 B. 基本能准备所需材料和各种证明、支撑材料。 C. 准备少量所需材料及证明、支撑材料。 D. 不准备或只准备少量零散材料。			

续 表

项　目	具 体 内 容	师评	自评	互评
日常表现	A. 能够积极、按时参加各种讨论、交流汇报。 B. 基本能按时参加各项活动。 C. 能参加活动但迟到次数较多。 D. 基本不参加或不能按时参加活动。			

总之,"醇美语文"是遵循母语学习规律,立足语文核心素养,传承中华民族深厚文化的课程。课程旨在让儿童挖掘深厚的文化之美、品味语言之美、传承精神之美、塑造人格之美,激发儿童学习母语的热情,唤醒儿童的文化自信,实现师生共成长。

(撰稿人:王忆)

学科实践创意 | 领略祖国美丽的风光

——小学语文学科统编教材第五册第六单元

标准要求与内容结构

一、标准要求

《义务教育语文课程标准（2022年版）》指出："教师应理解核心素养的内涵，全面把握语文教学的育人价值，突出文以载道、以文化人。把立德树人作为语文教学的根本任务，清晰、明确地体现教学目标的育人立意。引导学生在学习语言文字运用的过程中，逐步树立正确的世界观、人生观、价值观，体认和传承中华优秀传统文化、革命文化、社会主义先进文化，积淀深厚的文化底蕴，增强文化自信。"[①] 下面，以小学语文学科统编教材第五册第六单元为例，该单元的教学设计旨在让学生领略祖国各地的美丽的风光，激发学生热爱祖国大好河山的思想感情。

二、内容结构

本单元围绕"祖国河山"这一主题编排了4篇课文：有描写山水美景的古诗《望天门山》《饮湖上初晴后雨》和《望洞庭》；有表现海疆风景优美、物产丰富的《富饶的西沙群岛》；有描绘南国美丽风光的《海滨小城》；还有展现北国四季迷人景色的《美丽的小兴安岭》。（见图1-2）

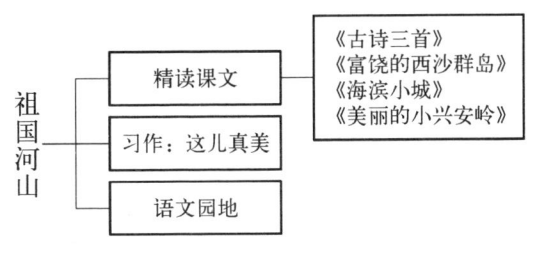

图1-2 "祖国山河"单元内容构成图

---

① 中华人民共和国教育部. 义务教育语文课程标准（2022年版）[S]. 北京：北京师范大学出版社，2022：44.

学情分析与单元目标

一、学情分析

1. 能在课前预习时读准生字字音，认清生字字形，但对易读错的字音、易混淆的字形还需在学习过程中加强辨析。

2. 能正确、流利地朗读课文，但有情感地朗读还有待加强。

3. 能够借助关键词理解一句句子的意思，但是理解段落意思的能力需要进一步夯实。

4. 能在老师的指导下观察一处景物，写作时能尝试调用平时积累的描写景物的词语，但还未曾有过围绕一个意思写一段话的经历；自我改正错别字的意识与习惯还要继续培养。

二、单元目标

1. 在语境中认识本单元的42个生字，读准6个多音字，会写64个字，会写54个词语；运用合适的方法理解词语的意思。

2. 正确、流利、有感情地朗读课文，背诵四首古诗。

3. 找到段落中的关键语句，并借助关键语句理解一段话的意思；能围绕给出的关键语句说一段话。

4. 在阅读中感受祖国各地的美丽风光，激发热爱祖国大好河山的思想感情。

目标分解与教学设计

一、目标分解

表1-10 "祖国山河"单元内容简说和教学要点

内容	课时	内 容 简 说	教 学 要 点
古诗三首	3	《望天门山》描绘天门山夹江对峙、长江波澜壮阔的景色；《饮湖上初晴后雨》描绘西湖在不同天气下呈现出的不同风姿；《望洞庭》选择月夜遥望的角度，把千里洞庭尽收眼底。	1. 认识36个生字，读准6个多音字，会写51个生字，会写46个词语。 2. 能结合注释，想象古诗中描绘的景色，能用自己的话说出诗句的意思。背诵3首古诗，默写《望天门山》。 3. 能用自己的话介绍文中的景物或场景。

续 表

内容	课时	内容简说	教学要点
富饶的西沙群岛	2	通过介绍西沙群岛的地理位置和它的美丽富饶,作者表达了对西沙群岛的热爱之情。	4. 摘抄课文中写得好的句子,并与同学交流阅读体会。 5. 能借助关键语句理解一段话的意思。
海滨小城	2	描写了海滨小城既美丽又整洁的特点,作者表达出热爱家乡的情感。	
美丽的小兴安岭	2	描写了我国东北小兴安岭一年四季的美丽景色和丰富物产,作者表达了热爱祖国大好河山的感情。	
习作	1	主题:这儿真美。	能仔细观察一处景物,围绕一个意思写一段话,并能主动运用平时积累的描写景物的词语。
语文园地	2	环节:交流平台、识字加油站、词句段运用、日积月累。	1. 能交流、总结一段话中关键语句可能所处的位置,以及关键语句的作用。 2. 认识6个生字,能说出"蝌、鲤"等字声旁表音、形旁表义的特点。 3. 能说出由"懒洋洋、慢腾腾"等词语想象到的画面,并能选择一两个词语写句子。 4. 能围绕给出的关键语句说一段话。 5. 朗读、背诵古诗《早发白帝城》。

二、教学设计

结合单元整体解读,根据细化的阅读和表达学习目标,规划整个单元的主要学习活动如下。

板块一:创设学习境遇,领略壮美山河

出示中国地图,引导学生:回顾二年级上册学习第四单元时,我们曾跟着课文游历了哪些景点,在地图中找到这些课文所描写的地方;出示本单元目录,看看这个单元我们又将跟随课文去到哪些地方旅行,了解这些地方在祖国的什么位置。

引导学生阅读单元导语页。先读读左上角的三行字,可以知道本单元的主题——祖国河山。再读读右下角的两句话,明确学习目标:借助关键语句理解一

第一章 醇美语文:焕发光彩的语文

段话的意思；习作的时候，试着围绕一个意思写。一个告诉我们该如何阅读，一个告诉我们该如何写作。

出示单元课文的题目，引导学生发现这些题目之间的共同点：都有一个地方的名称。再对比《富饶的西沙群岛》和《美丽的小兴安岭》这两个题目，引导学生发现题目中都用一个形容词写出了这个地方的特点，由此让学生思考：如果让你写一篇介绍北京或者家乡的文章，你的题目会是什么样的？

板块二：诵读写景古诗，想象山水美景

让学生分享自己积累的描写祖国山水的古诗句，回顾学习过的写景古诗；通读三首古诗，初步感知课文，正音识字。

首先精学《望天门山》，找出诗中描写了哪些景物、是什么样子的，用抓住重要的字词、串联景物、借助插图、借助注释、结合生活经验等方法，想象诗中描绘的景色，用自己的话说一说；了解诗人的创作背景，体会诗人的豪情壮志。总结第一首古诗的学习方法，对比鉴赏，学习《望洞庭》，思考同样是写"望"到的景色，有什么不同。最后运用所学方法自主学习《饮湖上初晴后雨》。拓展积累"日积月累"中的《早发白帝城》。

板块三：品味现代美文，理解关键语句

学习《富饶的西沙群岛》，首先聚焦内容结构，整体领会"富饶"。读读开头和结尾，发现文章"总—分—总"结构。找一找课文写了哪些风景和物产，边读边圈画，填写在表格中，整体感知课文结构和内容。细读第2—5自然段，学习语言，认识关键语句。选择喜欢的部分介绍西沙群岛，把课文语言转化为自己的语言。选择一幅图仔细观察，运用学到的句式、段式，围绕一个意思把特点写清楚。

学习《海滨小城》，与同伴交流课文写了哪几个场景，整体把握课文内容和结构。通过描写景物的词句，体会海上、海滩两个场景的美丽。借助关键语句理解段落的意思，体会庭院、公园、街道的美。交流自己认为写得好的句子，抄写下来，养成主动积累的好习惯。

学习《美丽的小兴安岭》，通过边读边想象画面、品味关键词句，体会小兴安岭一年四季的美丽和富饶，有感情地朗读课文，积累自己喜欢的部分。联系上下文和生活实际，同时借助换词对比的方法，体会作者描写景物时用词的准确、生动和巧妙。学习作者抓住小兴安岭四季不同景色的特点进行观察的方法。

聚焦语文要素，丰富学习体验。回顾课文中围绕关键语句来写的典型段落，交流自己怎样借助关键语句理解段落的意思。利用"语文园地"的"交流平台"，总结、梳理一段话关键语句可能的位置及关键语句的作用，再进行实践迁移。结合"词句段运用"的第二题，围绕给出的关键语句说一段话。

板块四：观察身边美景，围绕中心练笔

习作之前，在校园里开展"这儿真美——找美景"活动，运用第五单元学会的观察方法细致观察校园一角，做好观察记录，绘制思维导图。运用教材中提供的或自己积累的词语，对景物进行简单描述，互相交流观察所得。

回顾本单元课文中典型段落的写法，抓住特点，尝试围绕一个意思把观察的景物写具体。回顾课文篇章结构，尝试采用"总—分—总"结构进行谋篇布局。完善思维导图，完成习作。写好后自己读一读，运用学过的修改符号，把发现的错别字改正确，把不通顺的句子改通顺。开展"谁笔下的校园最美"评选活动，分享交流自己发现的美景。互相点评，指出同学习作中的亮点和需要改进的地方。根据同学的建议，再次修改自己的习作并誊抄。

作业创意与单元评价

一、作业创意

17 古诗三首

1. 有感情地朗读古诗，背诵三首古诗。默写《望天门山》。
2. 根据古诗内容填表。

古　诗	描写的地方	写到的景物
《望天门山》	天门山	
《饮湖上初晴后雨》		
《望洞庭》		湖光、秋月、湖面

3. 用自己的话写一写下面诗句的意思。

◇ 两岸青山相对出，孤帆一片日边来。

◇ 湖光秋月两相和，潭面无风镜未磨。

4. 读《望天门山》，完成练习。

诗的第一句中_____一词写出了天门山的山势奇险；第一、二句中_____、_____两个字写出了长江冲决一切、奔腾向前的水势；第二、三句中_____、_____写出了水和山的颜色美。

5. 按要求写诗句。

（1）诗中写西湖晴天景色优美的句子是：_____。

（2）诗中写西湖雨天景色美好的句子是：_____。

18　富饶的西沙群岛

1. 读读课文第三自然段，说说这些海底生物各有什么特点？

（珊瑚）的特点：（　　　　）

（　　　）的特点：（　　　　）

（　　　）的特点：（　　　　）

2. 根据课文内容，判断下列说法是否正确。（正确的画"√"，错误的画"×"）

（1）西沙群岛一带海水五光十色，瑰丽无比，是因为海底高低不平，海水有深有浅。（　　　）

（2）"西沙群岛的海里一半是水，一半是鱼。"这句话告诉我们西沙群岛海里的水和鱼各占一半。（　　　）

（3）作者围绕"富饶"，先写西沙群岛风景优美，再写西沙群岛物产丰富。（　　　）

3. 根据要求摘抄课文中的句子。

（1）课文第4自然段是围绕这两句话写的：_____

_____

_____

(2) 课文第 5 自然段是围绕这句话写的：＿＿＿＿＿＿＿＿

＿＿＿＿＿＿＿＿＿＿＿＿＿＿＿＿＿＿＿＿＿＿＿＿＿＿＿＿＿＿

4. 正确、流利、有感情地朗读课文。

5. 完成小练笔（教材 P78）：选择一幅图，把你看到的景象用几句话写下来。

＿＿＿＿＿＿＿＿＿＿＿＿＿＿＿＿＿＿＿＿＿＿＿＿＿＿＿＿＿＿

＿＿＿＿＿＿＿＿＿＿＿＿＿＿＿＿＿＿＿＿＿＿＿＿＿＿＿＿＿＿

＿＿＿＿＿＿＿＿＿＿＿＿＿＿＿＿＿＿＿＿＿＿＿＿＿＿＿＿＿＿

19 海滨小城

1. 有感情地朗读课文。

2. 根据课文内容填空。

课文先写"海滨"，具体介绍了＿＿＿＿和＿＿＿＿这两个地方；后写"小城"，具体介绍了＿＿＿＿、＿＿＿＿和＿＿＿＿这三个地方。整座海滨小城又＿＿＿＿又＿＿＿＿。

3. 阅读课文，完成下列各题。

(1) 对"这里的孩子见得多了，都不去理睬这些贝壳，贝壳只好寂寞地躺在那里"理解正确的是（　　）

A. 小城的孩子们更喜欢鱼、虾、蟹和海螺，所以不理睬贝壳。

B. 小城的孩子们见多了美丽的贝壳，感到不稀奇了。

C. 小城的孩子们不喜欢这些贝壳，因为贝壳不好看。

(2) 对"凤凰树开了花，开得那么热闹，小城好像笼罩在一片片红云中"理解正确的是（　　）

A. 初夏时节，小城家家户户的庭院里，红色的凤凰花开得特别多，非常美丽。

B. 小城的云霞特别美，一片片红色的云霞把小城笼罩了。

C. 初夏时节，小城的庭院里红色的凤凰花开得特别大，非常美丽。

4. 根据要求摘抄课文中的句子。

(1) 第5自然段中能帮助我们读懂这段话意思的句子是：
_____

(2) 第6自然段中能帮助我们读懂这段话意思的句子是：
_____

5. 从课文中摘抄一句你认为写得好的句子，和同伴交流。
_____

6. 仿照第1、2自然段的写法，描写校园在平时和某个特定时间不同的美。
校园的景色很美。_____
_____
_____

（时间）的校园更美。
_____
_____
_____

20　美丽的小兴安岭

1. 有感情地朗读课文。

2. 抄写课后词语。

3. 阅读课文，完成下列各题。

(1)《美丽的小兴安岭》这篇课文主要写了(　　　)

A. 我国东北的小兴安岭，有数不清的红松、白桦、栎树……

B. 小兴安岭一年四季景色诱人。

C. 小兴安岭一年四季景色诱人，是一座美丽的大花园，也是一座巨大的宝库。

(2) 春、夏、秋、冬的小兴安岭，依次可以用这组词语来形容(　　　)

A. 欣欣向荣　　生机勃勃　　多姿多彩　　寒冷

B. 生机勃勃　　欣欣向荣　　多姿多彩　　寒冷

C. 生机勃勃　　多姿多彩　　欣欣向荣　　寒冷

4. 读下面的句子，说说用上加点的词语好在哪里。

(1) 春天，树木抽出新的枝条，长出嫩绿的叶子。

(2) 夏天，树木长得葱葱茏茏，密密层层的枝叶把森林封得严严实实的，挡住了人们的视线，遮住了蓝蓝的天空。

(3) 早晨，雾从山谷里升起来，整个森林浸在乳白色的浓雾里。

5. 小练笔：你觉得家乡哪个季节最美？仿照课文写一段话。（不少于50字）

_____
_____
_____
_____

习作：这儿真美

把观察到的美景写到观察单上，可以写一种景物，也可以写几种景物。完成习作。

观察的地方	有哪些景物	景物的样子

语文园地

1. 看到下面的词语，你的眼前会浮现怎样的画面？选择一两个词语写句子。

懒洋洋　慢腾腾　颤巍巍　兴冲冲　静悄悄　空荡荡　乱糟糟　闹哄哄

_____
_____

2. 用下面的句子开头，关注加点字，写一段话。（二选一）

(1) 车站的人可真多……

_____

(2) 我喜欢夏天的夜晚……

_____

3. 背诵古诗《早发白帝城》。

二、单元评价

表1-11 "祖国山河"单元评价表

评价维度	评 价 要 点	评价方式
学习兴趣	1. 正确流利、有感情地朗读课文。 2. 与他人交流阅读体会、讲述阅读内容。	日常观察 问卷调查 学生访谈
学习习惯	1. 在阅读中自主扩大识字的情况,遇到不认识或不理解的汉字主动查字典或询问他人。 2. 根据课后练习的提示进行阅读思考。	日常观察 课堂练习 作业分析 书面考查
学业成果	1. 能找到段落中的关键语句,并借助关键语句理解一段话的意思;能围绕给出的关键语句说一段话。 2. 能在阅读中感受祖国各地的美丽风光,激发热爱祖国大好河山的思想感情。	日常观察 课堂练习 作业分析 口头或书面考查

(撰稿人:李雯洁)

第二章

智慧数学：让思维灵活生动

数学是思维的体操，它为儿童的未来生活、工作和学习奠定重要基础。数学教育应通过立体丰盈的课程内容和丰富多彩的活动形式，让儿童与数学的世界灿烂相遇，与数字对话、与图形共舞、与符号合唱……培养儿童用数学的眼光观察世界，用数学的思维思考世界，用数学的语言表达世界。淬炼理性与逻辑，释放天赋与潜能，让每一个灵动的生命更加精彩地绽放。

上海市青浦区教师进修学院附属小学数学学科组共有16位教师，均为本科以上学历。其中，高级教师2名，一级教师4名；上海市"双名"工程培养教师1名，区学科领军1名，区学科兼职教研员1名，区学科中心组成员1名，区学科带头人1名，区示范教师1名，区教学能手1名，区学科骨干教师1名。数学学科组于2020年荣获青浦区"先进教研组"光荣称号。数学学科组教师精诚合作，以《义务教育数学课程标准（2022年版）》为依据，立足数学学科核心素养的培育，积极推进"智慧数学"学科课程群建设，取得了可喜的成效。

第一节　让生命呈现理性之光

数学是小学阶段重要的课程之一，和其他学科一样，它的基本出发点是促进儿童全面、持续、健康的发展。

一、学科价值观

《义务教育数学课程标准（2022年版）》中指出："数学是研究数量关系和空间形式的科学。数学源于对现实世界的抽象，通过对数量和数量关系、图形和图形关系的抽象，得到数学的研究对象及其关系；基于抽象结构，通过对研究对象的符号运算、形式推理、模型构建等，形成数学的结论和方法，帮助人们认识、理解和表达现实世界的本质、关系和规律。数学不仅是运算和推理的工具，还是表达和交流的语言。数学承载着思想和文化，是人类文明的重要组成部分。"[1] 由此可见，数学课程的学习不仅是学习基础知识、掌握基本技能、形成知识体系，更要在学习的过程中，使儿童产生学习的兴趣与愿望，通过观察、发现、操作、归纳等一系列探究活动，巩固基础，锻炼思维，养成习惯，形成能力，感悟数学的基本思想，积累基本的活动经验，形成适应个人终身发展和社会发展需要的、具有数学特征的关键能力与思维品质，最终培养适合未来社会需求的人才。总之，数学让人的生命呈现理性之光。

---

[1] 中华人民共和国教育部. 义务教育数学课程标准（2022年版）[S]. 北京：北京师范大学出版社，2022：1.

二、学科课程理念

基于对数学学科价值的认识，我们提出"智慧数学"的学科课程理念——让思维灵活生动，志在让学生立足现实世界，着眼未来发展，提升思维品质，解决实际问题，增强实践能力。

"智慧数学"是灵动的数学。在愉悦、灵活而生动的学习状态中，学生经历实践与创造，不断探寻适合自身的学习方法，构建完善的个人知识体系，逐步促进理性与逻辑的发展，提升数学核心素养，形成灵动的数学思维，由智生慧，为终身发展奠基。

"智慧数学"是生动的数学。在基础型课程的基础上拓展延伸、增加实践体验，通过解决真实情境中的具体问题，注重培养儿童的探究能力、实践能力与合作能力，提升儿童的数学思维品质与关键能力。

"智慧数学"是能动的数学。学生能主动地将自身已有的知识技能与新知建立联系，不断通过转化、顺应等方式理解、掌握新知，以此扩大自己的知识网络。同时，学生自觉地将自己的所思、所感、所悟灵活地运用到现实生活中，发展应用意识，提高应用能力。

第二节　让数学开启思维之门

数学是激活儿童思维的一门科学，更是学习、运用其他科学的重要基础。它不但具有真理，而且具有至高的美。

一、学科课程总体目标

根据《义务教育数学课程标准（2022年版）》的要求，通过义务教育阶段的数学学习，学生逐步会用数学的眼光观察现实世界，会用数学的思维思考现实世界，会用数学的语言表达现实世界。[①] 按照《义务教育数学课程标准（2022年版）》，"智慧数学"课程的总体目标是：[②]

（1）获得适应未来生活和进一步发展所必需的数学基础知识、基本技能、基本思想、基本活动经验。

（2）体会数学知识之间、数学与其他学科之间、数学与生活之间的联系，在探索真实情境所蕴含的关系中，发现问题和提出问题，运用数学和其他学科的知识与方法分析问题和解决问题。

（3）对数学具有好奇心和求知欲，了解数学的价值，欣赏数学美，提高学习数学的兴趣，建立学好数学的信心，养成良好的学习习惯，形成质疑问难、自我反思和勇于探索的科学精神。

以上三个方面，不是相互独立和割裂的，而是一个密切联系、相互交融的有

[①] 中华人民共和国教育部. 义务教育数学课程标准（2022年版）[S]. 北京：北京师范大学出版社，2022：11.
[②] 中华人民共和国教育部. 义务教育数学课程标准（2022年版）[S]. 北京：北京师范大学出版社，2022：11.

机整体。我们在课程设计和教学活动组织中，要同时兼顾这三个方面的目标。这些目标的整体实现，是学生受到良好数学教育的标志，它对学生的全面、持续、和谐发展有着重要的意义。

二、学科课程年级目标

根据《义务教育数学课程标准（2022年版）》的要求，为体现义务教育数学课程的整体性与发展性，根据学生数学学习的心理特征和认知规律，描述总目标在各年级的表现和要求，将核心素养的表现体现在每个年级的具体目标之中。[①]

[①] 中华人民共和国教育部. 义务教育数学课程标准（2022年版）[S]. 北京：北京师范大学出版社，2022：12—14.

第三节 构建丰富的数学学习图景

依据"智慧数学"课程理念，在实施沪教版小学数学教材课程的基础上，为夯实儿童的数学学科知识与技能，开发儿童的潜能与特长，提升儿童深度思考问题和综合运用知识解决实际问题的能力，聚焦"智慧数学"课程目标，数学学科组教师在学科知识的深度、广度、厚度上进行二次开发，构建相互补充、相互促进的课程体系，旨在培养学生数学学科的核心素养，适应学生个性发展的需求。

一、学科课程结构

依据《义务教育数学课程标准（2022年版）》的要求，秉承学科课程哲学，结合学生的发展特点，"智慧数学"课程分为"智慧数感、智慧图形、智慧统计、智慧实践"四大领域，以拓展学生的学习时空，培养学生灵活生动的思维，发展学生的数学核心素养。（见图 2-1）

图 2-1 "智慧数学"课程结构图

二、各年级课程设置

"智慧数学"立足课程目标的达成和核心素养的落实，围绕"让思维灵活生

动"的课程理念,各年级在基础类课程之外还设置了丰富多彩的拓展延伸型课程。(见表2-1)

表2-1 "智慧数学"各年级课程设置

	智慧数感	智慧图形	智慧统计	智慧实践
一上	数字迷宫	图形连连看	分门别类	走进超市
一下	数字长龙	快乐七巧	小小测绘员	我的一天
二上	乘胜追击	边边角角	统计高手	多彩搭配
二下	认数识算	角的世界	班级小管家	我心目中的校园
三上	算24点	积少成多	店长手账	创意年历
三下	超市数学	巧数图形	小小裁判员	叶子的周长
四上	数与巧算	斗转形移	小小采购员	最佳方案
四下	点的奥秘	我形我秀	小小气象员	我在哪里
五上	计算达人	形中探律	估测距离	"空中农场"设计师
五下	心中有数	图形之美	抽奖大转盘	设计精美包装盒

第四节　与数学的世界灿烂相遇

"智慧数学"课程依据学科课程价值观、课程目标、课程设置，结合学校现状、师生特点，从四个方面设计课程的实施与评价，即"智慧课堂""智慧社团""智慧探究"和"智慧嘉年华"，旨在践行"让思维灵活生动"的课程理念，让儿童与数学的世界灿烂相遇。

一、打造"智慧课堂"，让数学学习灵动

"智慧课堂"是实施"智慧数学"课程的基本途径。"智慧课堂"关注师生关系、情感体验、课堂价值取向；关注情境创设和问题设计，注重高效互动及拓展迁移；鼓励学生大胆质疑、创新求异，尊重学生独特的奇思妙想，催发学生的发散性、创造性思维；关注学生独立分析问题、解决问题的能力，支持学生创造性地解决实际问题。

（一）"智慧课堂"的主要特征

依据数学学科特点，我们确定"智慧课堂"的主要特征是目标联动、内容生动、过程灵动、评价能动、氛围悦动。

（1）"智慧课堂"的教学目标是联动的。课时教学目标与数学课程标准、学段目标、单元目标四级联动，基于学情分析，精准制定教学重、难点。

（2）"智慧课堂"的学习内容是生动的。课时学习内容立足单元整体规划、课时教学目标和学生学情分析结果，有效整合、丰富、拓展学习内容。

（3）"智慧课堂"的学习过程是灵动的。"智慧课堂"创设贯穿教学始终的真实生活情境，解决现实生活中的真实问题。依据教学目标和学习内容设计科学、系统、有序的学习活动，体现学生的主体性，符合逻辑结构。教学中提出有启发

性的问题，留给学生足够的时间和空间，鼓励学生在自主学习和合作学习中掌握核心知识及关键能力，形成良好的思维习惯和思维品质。

（4）"智慧课堂"的学习评价是能动的。"智慧课堂"发挥评价的激励和指导作用，鼓励多种评价方式综合运用，评价关注学生发现问题的能力、综合运用知识解决问题的能力、创新能力的提升和有效学习策略的获得。

（5）"智慧课堂"的学习氛围是悦动的。"智慧课堂"始终凸显学生学习的主体地位，教师的语言富有感染力和启发性，课堂充满人文关怀，气氛愉悦和谐、情趣共生。在课堂中，学生的个性、尊严得到充分尊重，自信心得到充分绽放，潜能得到充分挖掘。

（二）"智慧课堂"的评价标准

根据"智慧课堂"的教学实施内容、过程和学生学习特点，我们从目标、内容、过程、评价和课堂氛围等方面，制定了"智慧课堂"评价表。（见表2-2）

表2-2 "智慧课堂"评价表

评价维度		评价要素	得 分
目标联动（10分）		课时教学目标与课程标准、学段目标、单元目标四级联动，基于学情，重、难点精准。	
内容生动（10分）		立足单元整体、课时目标和学生学情，有效整合、丰富、拓展学习内容。	
过程灵动（40分）	情境真实	创设真实生活情境，解决现实生活中的真实问题，情境贯穿教学始终。	
	活动有序	设计科学、系统、有序的学习活动，体现学生的主体性，符合逻辑结构。	
	探究真切	提出有启发性的问题，留给学生足够的时间和空间，引导学生自主学习、独立思考、同伴合作，呈现真实的探究过程。	
	互动高效	注重师生、生生互动，鼓励学生交流与共享。教师及时反馈，适时、适度指导学生的学习活动，引导学习走向深度。	
评价能动（20分）		发挥评价的激励和指导作用，鼓励多种评价方式综合运用，评价关注学生各项能力的提升和有效学习策略的获得。	
氛围悦动（20分）		始终凸显学生的学习主体地位，教师的语言富有感染力和启发性，师生关系和谐愉悦，课堂充满人文关怀。	

续 表

评价维度	评 价 要 素	得 分
总评及建议		总分：
		等第：

说明：A级为85—100分；B级为75—84分；C级为60—74分；D级为60分以下。

课前教师根据评价表中的各项指标设计自己的课堂教学方案，课后再以此为标准反思自己的课堂实施情况。听课教师根据各项指标进行课堂教学评价，并写下自己的宝贵建议，以此促进整个数学教师团队专业素养的提升，以便更好地为学生的发展服务。

二、创设"智慧社团"，让思维发展加速

学生社团是学校课程实施的另一主要方式，也是实施素质教育的重要途径。"智慧社团"以"探究、实践"为核心，运用学生喜欢的活动形式、学习资源引导学生探究数学知识、解决实际问题、提升思维品质、体会数学价值。

（一）"智慧社团"的主要类型

根据"智慧数学"的课程目标和课程设置，基于学校的师资情况和学生的年龄特点，"智慧社团"提供丰富的社团类课程，在学生课后服务的第二时段供学有余力的学生自主选择。（见表2-3）

表2-3　"智慧社团"课程安排

活动时间	社团名称	招生年级	活动地点
周二下午	数之屋	一年级	一（1）班教室
周二下午	数星阁	二年级	二（1）班教室
周二下午	智多星	三年级	一（2）班教室
周二下午	数学之窗	四年级	二（2）班教室
周二下午	数模星空	五年级	二（3）班教室

(二)"智慧社团"的实施过程

社团课程是彰显学校特色的核心内容,"智慧社团"以其更大的活动空间、更丰富的活动内容、更灵活的活动方式,成为提升学生学科素养的一片"新天地"。

(1) 全面调研,确定内容。社团课程内容的开发不是盲目随意的,而是按照"智慧数学"的课程目标,各年级学生的发展水平、兴趣特点,以及师资配备、家校社资源等,在广泛调研、征求意见的基础之上甄选而出的。

(2) 公平公正,双向选择。因社团课程是面向部分学有余力的学生的选修内容,活动时间是在课后服务的第二时段,因此,我们利用校园公众号进行宣传,采用公开招募的形式,根据"双向选择"的原则来确定每个社团的学生名单。

(3) 精心准备,扎实活动。为了提升"智慧社团"的实施效果,各社团在成立之初便要建章立制,向学生广泛宣传活动章程、活动内容和具体活动要求。每次社团活动做到课上学习有记录、课后交流重反思。

(4) 梳理总结,交流展示。社团课程的开发建设旨在让学生张扬个性、发展特长,因此,我们在每学期期末安排一次社团活动总结展示,为学生提供交流平台,既拓宽了学生的视野,也使学生获得了自信和成长。

(三)"智慧社团"的评价标准

根据"智慧社团"的实施过程,我们从过程管理和成果展示两个维度进行评价。(见表2-4)

表2-4 "智慧社团"评价表

评价维度	评价要素	评价等第 A	评价等第 B	评价等第 C
过程管理	制定切实可行的社团管理制度和详细的活动计划			
过程管理	社团活动课程符合"智慧数学"的课程理念,确定适合学生特点与课程特点的活动目标,目标明确具体、可操作性强、符合学生实际			
过程管理	活动组织井然有序,学习氛围浓郁			
过程管理	社团名册及活动过程记录翔实			

续　表

评价维度	评价要素	评价等第		
		A	B	C
过程管理	活动照片及学生作品保存完整			
	每次活动结束后都有相应的总结、反馈、评价			
成果展示	展示形式丰富新颖			
	展示内容符合社团特点、全面完整			
	展示成果具有可借鉴的经验或反思			
总评与建议		总评等第：		

三、开启"智慧探究",让数学项目学习落实

《义务教育数学课程标准(2022年版)》将数学项目式学习列为"综合与实践"板块内容之一,并且强调:"项目式学习的设计以解决现实问题为重点,综合应用数学和其他学科知识解决问题,体会数学知识的价值,以及数学与其他学科的关联。"[①] 在项目式学习中,学生可根据学习主题发现、提出与项目有关的问题,分工协作完成计划,长周期深入探究、归纳并交流问题解决中的收获、感悟。

(一)"智慧探究"的关键要素

根据《义务教育数学课程标准(2022年版)》的要求,"智慧探究"的目标指向是数学学科核心知识及学生的关键素养和必备能力。鉴于数学学习具有整体性和系统性的特征,项目式学习应从素养目标出发,设计具有实践价值的驱动性问题,采用"课内+课外、校内+校外、集中+分散"等灵活方式,调动学生的自主性来开展持续探究,教师在学习过程中可指导学生综合运用知识,开展有目的、有设计、有步骤、有合作、有反思的实践活动,最终形成有价值的成果并进行公开展示,以此来培养学生解决实际问题的兴趣和能力。

[①] 中华人民共和国教育部. 义务教育数学课程标准(2022年版)[S]. 北京:北京师范大学出版社,2022:42.

(二)"智慧探究"的设计步骤

（1）设计驱动性问题。入项阶段，教师基于数学学科核心素养，立足大单元背景下的核心知识与技能，依据学生的学习水平和实际能力，通过访谈、问卷等方式归纳总结，设计出能促进学生思维发展和实现自我创新的问题，确定项目内容。

（2）明确研究思路与方法。教师和学生共同研究讨论，根据驱动性问题设计一个个问题链，制作过程性记录表，形成分解的子任务，学生通过查阅文献、调查分析、动手实验等多种方式寻求解决问题的方法。

（3）实施分组研究。根据子任务的研究内容和学生的爱好、特长，采用同质分组和异质分组两种形式，将学生组建成学习共同体，使学生在和同伴协作学习中互助、互促，形成良好的学习氛围。研究过程中，学生是研究的主体，学生及时记录研究收获，反思自己的学习方法和得失，教师在关键处适时介入指导，以推进项目研究走向更深、更远、更广。

（4）展示研究成果。出项阶段，通过小组交流，各成员在组内汇报自己的学习体会，每组推举一名代表进行研究成果集体展示。通过组内交流互评、组与组展示互评、教师总结点评等评价方式，对该项目学习进行归纳总结。

(三)"智慧探究"的评价标准

根据"智慧探究"的特征和研究步骤，我们从研究内容、研究过程、研究效果对项目化学习的课程进行评价。（见表2-5）

表2-5 "智慧探究"评价表

评价项目	评价内容	评价等级			
		A	B	C	D
研究内容	1. 项目主题源于现实生活，鲜明、新颖、有实践价值； 2. 研究目标紧扣数学课程标准和"智慧数学"课程理念； 3. 研究内容选择恰当，易于开展探究学习，可操作性强； 4. 研究内容注重数学学科与跨学科知识的综合运用。				

续 表

评价项目	评价内容	评价等级			
		A	B	C	D
研究过程	1. 学生充分发挥主体作用，通过团队合作共同研究学习； 2. 学生通过查阅文献资料、问卷调查、观察归纳、动手实验等多种方法进行研究； 3. 学生通过制作PPT、小报、实物等合适的方式呈现研究成果。				
研究效果	1. 学生兴趣盎然，参与度高，深度学习真正发生； 2. 学生在研究过程中团队合作意识和合作能力得到提升； 3. 学生综合运用数学知识和跨学科知识解决问题； 4. 形成有一定应用价值的研究成果、活动总结或实验报告。				

四、组织"智慧嘉年华"，让数学氛围浓郁

我们基于数学文化、数学专题知识、数学实践活动和数学学习经历，每学年开展一次数学的"智慧嘉年华"活动，通过专项比赛与成果展示等方式，丰富学生的数学学习体验，激发学生对数学学习的兴趣，同时培养学生认真、严谨的学习态度和学以致用的学习习惯。"智慧嘉年华"化枯燥为趣味、化抽象为神奇，将数学学习变为魅力十足的活动，营造浓郁的爱数学、学数学、用数学的氛围。

（一）"智慧嘉年华"活动设置

根据"智慧数学"的课程目标和课程内容，我们将"智慧嘉年华"的活动设计成"智慧数感""智慧图形""智慧实践"和"智慧展示"四大板块，各年级具体活动主题则根据该年级课程的具体内容和学生身心特点、能力水平设计。"智慧嘉年华"的活动内容不是固定不变的，教师可以根据各个板块主题和学生实际情况，重新创设有意义的活动内容。基本的活动设置框架见表2-6。

表2-6 "智慧嘉年华"活动设置框架

年级	智慧数感	智慧图形	智慧实践	智慧展示
一年级	"争分夺秒"速算比赛	观察明眼星	"数字＆符号的奥秘"之数学主题小报设计	"数字的故事"分享会
二年级	"叶子的速度"速算比赛	拼图巧手星	创意名片设计师	"数学家的故事"分享会
三年级	"24点大比拼"速算比赛	慧眼识图星	创意年历设计师	"我与数学的故事"分享会
四年级		测量探究星	"空中农场"设计师	几何创意画欣赏交流会
五年级		空间畅想星	长廊墙面设计师	嘉年华创意logo推介会

(二)"智慧嘉年华"评价标准

"智慧嘉年华"的活动设计要规范科学、富有童趣，注重拓宽学生的数学学习视野，培育学生的数学文化素养；注重学生思维品质的提升，引导学生综合利用所学的数学知识解决实际问题。因此，我们从活动内容、活动形式、活动过程和活动效果四个方面进行评价。（见表2-7）

表2-7 "智慧嘉年华"活动评价表

活动项目	评 价 标 准	评价结果
活动内容	难易适中，符合学生的年龄特征和认知水平。	☆☆☆☆☆
	有趣味性和神秘感，学生兴趣浓厚、好奇心强。	☆☆☆☆☆
	贴合生活实际，提高学生解决问题的实践能力。	☆☆☆☆☆
活动形式	生动活泼，吸引学生乐于参与。	☆☆☆☆☆
	小组合作，学生的思维能力与社交能力共同增长。	☆☆☆☆☆
	课内外相结合、校内外相结合、集中与分散相结合。	☆☆☆☆☆
活动过程	学生参与积极，发挥主体作用。	☆☆☆☆☆
	教师管理有方，学生活动有序。	☆☆☆☆☆
	过程性资料积累齐全。	☆☆☆☆☆

续 表

活动项目	评 价 标 准	评价结果
活动效果	拓展了学生的思维空间,培养了学生的创新意识和实践能力。	☆☆☆☆☆
评价等第		
主要亮点:	不足与建议:	

说明:A级为43—50颗星;B级为38—42颗星;C级为30—37颗星;D级为30颗星以下。

综上所述,"智慧数学"课程秉承"让思维灵活生动"的课程理念,通过"智慧课堂""智慧社团""智慧探究""智慧嘉年华"践行这一学科课程理念,不仅较好地达成了数学课程目标,而且丰富了课程内容的开发与实施,拓展了学生的视野,有利于学生数学核心素养的发展,使每位学生的思维灵活生动起来,成为具有数学学科素养的人。

(撰稿人:陈春苗)

学科实践创意 | 发展儿童数据观念

——小学数学五年级第一学期"统计"大单元教学实践

《义务教育数学课程标准（2022年版）》指出："义务教育数学课程应使学生通过数学的学习，形成和发展面向未来社会和个人发展所需要的核心素养。"[①] 同时强调"教学内容是落实教学目标、发展学生核心素养的载体。在教学中要重视对教学内容的整体分析，帮助学生建立能体现数学学科本质、对未来学习有支撑意义的结构化的数学知识体系"[②]。这就要求教师要提升教学设计的站位，要从关注单一知识点、单课时的教学转变为大单元的教学设计。这样才能改变学科知识的碎片化教学，真正实现教学设计与素养目标的有效对接。

大单元教学，从素养出发，厘清单元内知识之间的逻辑顺序和关系结构、结合学生的学习基础、认知规律和心理发展特点，整体规划单元学习活动，有助于学生系统地理解与掌握单元知识，并在学习过程中进行迁移、运用与转换，从而逐步养成用数学的眼光观察世界、用数学的思维思考世界、用数学的语言表达世界的习惯。下面以沪教版小学数学五年级上学期"统计"大单元为例，介绍指向核心素养的大单元教学设计的实践与研究。

一、研读相关文本，整体规划单元

课程标准根据学科的特点和性质，通过分模块架构课程内容，并对每个模块的内容与要求进行了阐述，是单元规划的重要依据。《上海市小学数学学科教学基本要求》是课程标准关键内容的明确化与具体化，也是单元规划的重要依据。

（一）研读标准

"统计"大单元属于小学数学"统计与概率"领域，是小学数学统计量中的一个重要单元，对应的学习领域主题是"数据的收集、整理与表达"，集中指向核心素养数据意识的培养。课标指出"数据的收集、整理与表达"包括数据的收

[①] 中华人民共和国教育部. 义务教育数学课程标准（2022年版）[S]. 北京：北京师范大学出版社，2022：2.

[②] 中华人民共和国教育部. 义务教育数学课程标准（2022年版）[S]. 北京：北京师范大学出版社，2022：85.

集，用统计图表、平均数表达数据。在学习过程中，学生初步感受现实生活中存在大量数据，其中蕴含着有价值的信息，利用统计图表和统计量可以呈现和刻画这些信息，形成初步的数据意识。

（二）钻研教材

钻研教材，要分析教材的编写意图和特点，解读单元内各课时内容之间的逻辑顺序与关系结构。本单元为了使学生理解统计量的意义，突出概念、公式和图表所蕴含的统计背景，强调统计量的应用，分了"平均数的概念""平均数的计算"和"平均数的应用"三个部分，主要内容及其关系见图2-2。

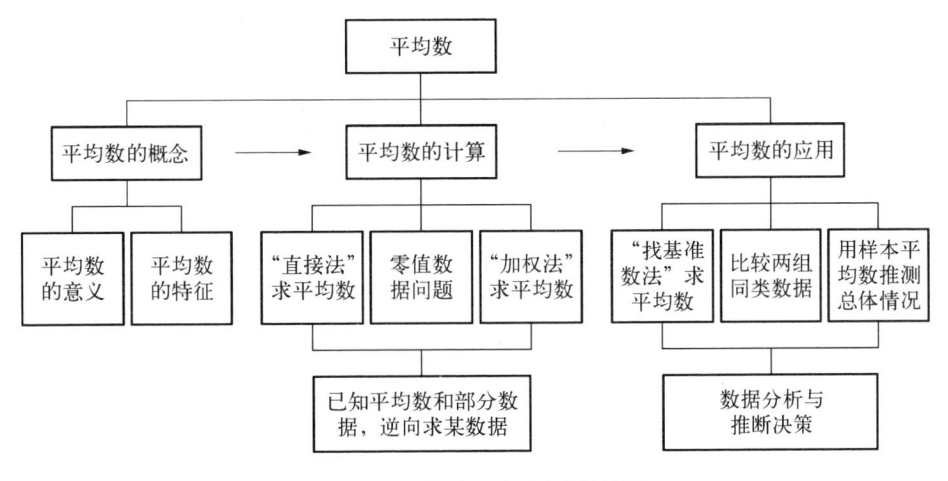

图2-2 "统计"单元内容结构图

教材呈现的课时内容各有侧重。"平均数的概念"1课时，主要内容是平均数的意义、特征及计算方法。"平均数的计算"3课时，内容分别是：知道在计算人数等实际问题的平均数时可能会出现小数形式；能在一组资料中出现多个相同数据的情形下计算平均数；知道在计算一组资料的平均数时，不能删去该组资料中的零值资料。"平均数的应用"2课时，内容分别是：会运用平均数来比较不同数据个数的两组同类数据，过程中探究理解用找基准数的方法计算平均数；能运用部分的平均数进行估算来解决问题。

（三）分析学情

学生在学习本单元前，已经掌握了统计图表以及知道总数和份数、求每一份用除法来计算的相关知识；并初步积累了收集数据、整理数据、选用统计图表描述数据、简单分析数据与预测推断的知识经验；也具有"平均分""移多补少"等实际生活经验，具备一定的生活经验和知识基础。

根据学生的已有基础知识和能力，预估学生在学习本单元知识时，可能会存在以下困难：不能根据数据特点灵活选择合适的方法求平均数，特别是学生数感的差异，部分学生不会根据数据特点选取合适的基准数，不会合理根据样本平均数推测总体情况，难以根据平均数和部分数据逆向求某数，以及面对整理好的数据，读图、读表可能会有困难。

（四）整体设计

基于以上分析，为使学习内容更集中，有效建构单元知识体系，我们对教材内容进行了重组与整合，立足单元进行整体设计。

1. 优化课时内容

单元内课时内容优化为 6 个课时的教学，具体设想如下。"平均数的概念"的教学，安排 1 课时，通过真实的问题情境，引导学生理解平均数的意义及特征，并掌握"平均数=总和÷个数"的一般计算方法。"平均数的计算"安排 3 课时的教学，聚焦计算方法，内容的安排遵循从掌握一般计算方法到灵活计算的路径，分别为"加权法"和"找基准数法"两节新授课，并在第一节新授课复习"求平均数的一般计算方法"时，通过创设有效的情境，让学生理解零值数据也要参与计算。同时，为了帮助学生形成"已知平均数和部分数据，逆向求某数据"的技能，在两节新授课后设计一节聚焦主题的练习课。"平均数的应用"安排 1 课时，内容为"步幅测距离"的问题情境教学，使学生感悟"根据样本平均数推测总体情况"的思想方法。最后，为了帮助学生系统建构单元知识、发展数据观念，通过真实问题的解决，增设 1 课时的单元复习课。

2. 关注核心素养

聚焦"用数学的眼光看世界，用数学的思维思考世界，用数学的语言表达世界"这一学科核心素养，关注本单元核心素养的表现形式——数据意识，本单元教学创设了一系列如"学校投篮比赛、射箭比赛、兴趣小组颠球、王叔叔应聘"等真实有效的情境，同时通过统计表、统计图等多种形式呈现数据，引导学生充分经历数据的收集、整理、表达与分析，初步体会平均数的统计意义，形成初步的数据意识。

二、立足课程标准，确定单元目标

单元教学目标在单元整体规划的基础上，从知识与技能的学习要求、指向核心能力发展的学习过程与方法、体现学科育人价值的情感态度与价值观等三个目标维度进行思量，即：从内容维度把握知识序列、确立教学重点；从能力维度明晰知识背后所蕴含的数学思想、方法策略，关注学习过程、学习方式、学习方法及其匹配的问题情境与活动；从意义维度挖掘数学习惯、态度、文化、意识等方面的要求，具体实施过程中三者是融合一致体现的。

我们分析课标得出"数据的收集、整理与表达"学习领域在此主题下包含以下四个主要内容：通过对数据的简单分析，感受数据蕴含着信息，体会运用数据进行表达与交流的作用；能读懂报纸、电视、互联网等媒体中的简单统计图表；探索平均数的意义，能解决有关的简单实际问题；能在简单的实际情境中，合理应用统计图表和平均数，形成初步的数据意识和应用意识。对应学业要求是：知道用平均数可以刻画一组数据的集中趋势，知道平均数的统计意义；知道平均数是介于最大数和最小数之间的数，能描述平均数的含义；能用平均数解决有关的简单实际问题，形成初步的数据意识和应用意识。[①]

立足课程标准及单元规划，制定单元教学目标如下：

（1）通过具体事例理解平均数的意义及特征，体会引入平均数的必要性，感受平均数在统计中的作用。

（2）会利用"平均数＝总数÷个数"的方法求出平均数，能根据数据的特点，体验用"移多补少""找基准数"等方法求平均数，会解决简单的平均数实际问题。

（3）会使用部分样本的平均数来推测全体的情况，能把平均数作为参考数据进行分析与决策。

（4）能运用平均数解决简单实际问题，在运用平均数的知识解释简单生活现象、解决简单实际问题的过程中，进一步积累分析和处理数据的经验，发展统计观念。

[①] 中华人民共和国教育部. 义务教育数学课程标准（2022年版）[S]. 北京：北京师范大学出版社，2022：38-39.

三、依据单元目标，设计学习活动

单元学习活动，是指以单元目标为核心，针对单元教学内容设计的一系列相对独立又内具关联的探究、实践等学习活动，需遵循小学生从以具体形象思维为主要形式过渡到以抽象逻辑思维为主要形式的认知心理发展规律，既有外显的操作活动，又有内隐的心智活动；以促进学生深层次的数学思维和数学化过程为主要目的，让学生在活动中，通过观察与发现、表达与交流、探究与梳理，获得数学知识，会运用数学知识解决生活中的问题，主动进行知识与自我的建构，从而提升数学素养。

本单元从平均数的意义、特征、计算及应用、复习等方面，设计了8个学习活动。（见图2-3）

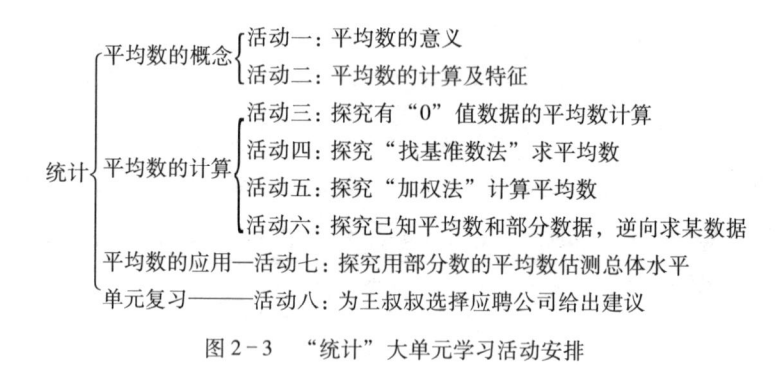

```
          ┌ 平均数的概念 ┌ 活动一：平均数的意义
          │              └ 活动二：平均数的计算及特征
          │              ┌ 活动三：探究有"0"值数据的平均数计算
          │              │ 活动四：探究"找基准数法"求平均数
统计 ─────┤ 平均数的计算 ┤ 活动五：探究"加权法"计算平均数
          │              └ 活动六：探究已知平均数和部分数据，逆向求某数据
          │ 平均数的应用—活动七：探究用部分数的平均数估测总体水平
          └ 单元复习——活动八：为王叔叔选择应聘公司给出建议
```

图2-3 "统计"大单元学习活动安排

从平均数的意义、特征到计算方法，再到平均数的计算，每个内容的学习活动之间相互关联又实现从概念到计算再到应用的逻辑递进；同时每个学习活动又都关注核心素养数据意识的培养，创设了真实的问题情境。活动设计体现问题导向，数据采用图、表等多种形式呈现，丰富了学生收集、整理与分析数据的体验，既重视知识的习得，又强化活动的体验，在丰富学生学习经历的同时，培养了学生的数据意识。

四、指向学业质量，设计评价指标

评价是大单元教学的重要构成。指向素养的大单元教学转化命题理念，以课程标准为依据，以学业质量标准为准则，以单元内容为载体，运用质性和量化的方法，从学生的学习兴趣、学习习惯及学业成果三个方面进行评价，整合过程性评价与形成性评价，注重实现"教、学、评"的一致性，让学生的学习成为中心。（见表2-8）

表2-8 "统计"大单元单元评价指标

评价维度	评价内容	评价要点	评价方式
学习兴趣	活动兴趣	1. 通过观察、比较、交流等活动，体会引入平均数的必要性。 2. 通过实践操作、课件演示等活动，体会抽样的必要性。	课堂观察 过程记录 表现性任务
	探究兴趣	1. 通过观察、计算、交流归纳等活动，探究平均数计算的一般方法，获得成功体验。 2. 通过对数据的观察整理与分析，探究用不同的方法计算一组数据的平均数。 3. 通过操作演示、交流归纳等活动，探究"部分估计整体"策略。	
学习习惯	交流习惯	用规范的数学语言，有条理地表达自己的思路。	课堂观察 过程记录 作业分析
	操作习惯	1. 通过观察、比较、计算等活动，理解平均数的含义及其特征。 2. 经历自主探索、交流归纳等活动，学会求平均数的一般方法；会解决简单的平均数实际问题。 3. 经历独立尝试、小组交流、归纳整理等活动，学会依据数据的分布特征，灵活选择方法计算一组数据的平均数。 4. 经历实践体验、观察等活动，初步体会抽样的必要性、一般方法；学会使用部分样本的平均数来推测全体。	
	合作习惯	1. 通过自主尝试、小组合作、交流等活动，探究求平均数的一般方法。 2. 通过自主探究、小组交流等活动，探究"部分估计整体"策略，并应用策略解决实际问题。	
	练习习惯	1. 在计算平均数的过程中规范书写格式。 2. 计算平均数时，善于观察数据特点，优化求总数的方法。 3. 按时、认真完成作业，及时反思、订正错题。	
学业成果	计算掌握	1. 会计算一组数据的平均数。 2. 运用"移多补少""加权法""找基准数法"等办法，计算平均数。 3. 利用"平均数=总和÷个数"解决已知其中两个量求第三个量的问题。	书面测试
	概念理解	1. 理解平均数的含义。 2. 理解平均数的两个特征。 3. 理解"部分估整体"策略。	
	方法应用	1. 运用求平均数的一般等量关系理清解题思路，会解答比较复杂的平均数实际问题。 2. 会使用平均数来比较不同样本数的两组同类数据，能把平均数作为参考数据进行分析与决策。 3. 使用部分样本的平均数来推测全体。	

（撰稿人：杨丽玲）

第三章
原味英语：做自信的文化传播者

英语作为一门语言，是承载文明的工具。思想的交流在抑扬顿挫的韵律之间娓娓道来，文化的传播在流畅的线条之间晕染开来。学习和运用英语有助于学生了解不同文化，比较文化异同，汲取文化精华，从而逐步形成跨文化沟通与交流的意识和能力。然而，英语教材和课堂并不能承载学生所有的英语语言学习和实践，我们力求通过建构完善的"原味英语"课程体系，来实现学生英语学科核心素养的培育，让学生成为自信的文化传播者。

上海市青浦区教师进修学院附属小学英语学科组现有教师14人，其中高级教师1人，一级教师5人，二级教师8人。我们有教学经验丰富、擅长带教指导的"80后"教师，也有英语语言素养好、勇于探索和创新的"90后"教师；全组教师平均年龄30岁，是一个非常年轻的团队，也非常有活力。1位青年教师曾荣获上海市青年课堂教学评比一等奖、才艺展评特等奖；5位青年教师曾在青浦区教师基本功大赛中斩获演讲、书写、课堂教学一、二、三等奖。自2017年9月学校开办以来，英语学科组硕果累累，曾多次举办区域教学研讨活动，获得青浦区"教育先锋号"荣誉。我们一直致力于提供给学生原汁原味的英语学习资源、设计丰富的英语语言学习活动、搭建语言能力展示平台，让学生沉浸在"原味英语"的学习与实践中，发展语言能力、培育文化意识、提升思维品质、提高学习能力，形成英语学科核心素养。

第一节　探寻英语语言生长的原点

一、学科性质观

《义务教育英语课程标准（2022年版）》指出：义务教育英语课程体现工具性和人文性的统一，具有基础性、实践性和综合性特征。[①] 英语课程要培养的学生核心素养中，语言能力是核心素养的基础要素，文化意识体现核心素养的价值取向，思维品质反映核心素养的心智特征，学习能力是核心素养发展的关键要素。核心素养的四个方面相互渗透，融合互动，协同发展。[②]

我们认为，小学是学生学习英语的起始阶段，是学生第一次进行系统的英语学习的阶段。因此，帮助学生形成原汁原味的英语发音和纯粹的英语思维方式，培养良好的英语语感以及地道的口语表达，对学生未来持续学习英语和继续深造意义非凡，是学生能够成为自信的文化传播者的重要基础。

二、学科课程理念

根据2022年版英语课程标准、我校课程理念以及英语教材等具体情况，学校英语学科组根据学生年龄特点以及二语语言习得规律，以培养学生成为自信的文化传播者、发展学生的英语学科核心素养为目标，构建"原味英语"课程。

"原味"即回归教育的原点，明确培养什么人、怎样培养人、为谁培养人的

[①] 中华人民共和国教育部. 义务教育英语课程标准（2022年版）[S]. 北京：北京师范大学出版社，2022：1.
[②] 中华人民共和国教育部. 义务教育英语课程标准（2022年版）[S]. 北京：北京师范大学出版社，2022：4.

目标，聚焦英语语言学习的三大主题范畴"人与自我""人与社会""人与自然"，培养学生适应未来发展的正确价值观、必备品格和关键能力。

"原味"即以学生的发展为原点，围绕学生的发展进行课程开发；遵循儿童心理学，激发学生的学习兴趣和内驱力，让学生成为学习真正的主人；尊重学生之间的差异以及个性发展，让学生获得语言自信和文化自信，成为自信的文化传播者。

"原味"即原汁原味的英语，利用信息技术搜索、整合多方优质资源，将其筛选重组为适合我校学生的儿歌、歌曲、绘本、戏剧等学习内容，通过课程群的实施，培养学生的纯正发音和地道表达的语言能力，发展其英语核心素养。

第二节 发现英语语言学习的纯粹

《义务教育英语课程标准（2022年版）》的总目标是学生通过英语课程的学习，发展语言能力、培育文化意识、提升思维品质和提高学习能力，形成英语学科核心素养。[①]

一、学科课程总体目标

依据课程标准，我们将"原味英语"课程总目标具体细化为：语言能力目标、文化意识目标、思维品质目标以及学习能力目标。

1. 语言能力目标

语言能力是核心素养的基础要素，学生能够在感知、体验、积累和运用等语言实践活动中认识英语与汉语的异同，逐步形成语言意识，积累语言经验，进行有意义的沟通与交流。

2. 文化意识目标

文化意识体现核心素养的价值取向，学生能够了解不同国家的优秀文明成果，比较中外文化的异同，发展跨文化沟通与交流的能力，形成健康向上的审美情趣和正确的价值观；加深对中华文化的理解和认同，树立国际视野，坚定文化自信。

3. 思维品质目标

思维品质反映核心素养的心智特征。学生在思维发展中推进语言学习；初步

[①] 中华人民共和国教育部. 义务教育英语课程标准（2022年版）[S]. 北京：北京师范大学出版社，2022：4—5.

从多个角度观察和认识世界、看待事物，有理有据、有条理地表达观点；逐步发展逻辑思维、辩证思维和创新思维，使思维体现一定的敏捷性、灵活性、创造性、批判性和深刻性。

4. 学习能力目标

学习能力是核心素养发展的关键要素。学生能够树立正确的英语学习目标，保持学习兴趣，主动参与语言实践活动，在学习中注意倾听、乐于交流、大胆尝试；学会自主探究、合作互助；学会反思和评价学习进展，调整学习方式；学会自我管理，提高学习效率，做到乐学善学。

二、学科课程年级目标

基于课程目标中对语言能力、文化意识、思维品质和学习能力四个方面的要求及学生的年龄特点，我们依据《牛津上海版》英语教材内容设置了具有连续性、顺序性和进阶性的"原味英语"课程年级目标，希望通过英语课程的教学，实现培养学生核心素养的目标。（见表3-1）

表3-1 "原味英语"课程年级目标

	目 标 描 述			
	语言能力	文化意识	思维品质	学习能力
一年级	1. 能认读和书写26个大小写字母。 2. 能吟唱20首英文歌谣。 3. 能借助图文朗读语言简单的语篇。 4. 能与同伴合作表演语言简单的英语故事。	1. 有主动了解中外文化的愿望。 2. 能感知英语歌谣的节奏。 3. 能在教师的指导下，通过图片、配图故事等感知中外文化的不同。 4. 有与人沟通交往的欲望，大方与人接触，感知人际交往中英语的独特表达方式。	1. 能通过观察和比较来记忆字母。 2. 能通过对图片的观察获取信息，辅助对语篇意义的理解。 3. 能注意到不同的人有不同的表达方式。	1. 对学习抱有积极乐观的态度。 2. 注意倾听，乐于模仿。 3. 对英语学习感兴趣，有积极性。 4. 能够尝试与他人合作，共同完成任务。

续 表

目 标 描 述			
语言能力	文化意识	思维品质	学习能力
二年级 1. 能感知26个字母在单词中的一般发音规则。 2. 能诵唱20首英语儿歌，有意识地通过模仿来发音。 3. 能感知语言信息，积累简单句式。 4. 能借助语音、语调、手势和表情等判断说话者的态度和情绪。	1. 有观察感知真、善、美的愿望。 2. 能感知英语儿歌的节奏。 3. 能在教师的指导下，通过图文等获取简单的中外文化信息。 4. 能理解基本的问候、感谢用语，并做出简单的回应。	1. 能运用拼音的正迁移来记忆字母的一般发音规律。 2. 能通过观察动作、表情等感知语言意义。 3. 能根据个人经历对语篇内容、人物、事物等表达自己的喜恶。	1. 注意倾听，敢于表达，不怕出错。 2. 能在老师的帮助下，制定简单的英语学习计划。 3. 能意识到自己英语学习中的进步与不足。 4. 能尝试借助多种渠道学习英语。
三年级 1. 能感知单词、短语，以及简单句的重音和升降调等。 2. 能正确书写字母、单词和句子。 3. 能理解基本的日常问候、感谢和请求用语，能听懂日常指令等。 4. 能大声跟读音视频材料，能感知语言信息，积累表达个人喜好和个人基本信息的简单句式。	1. 明白自己的身份，热爱自己的国家和国家文化。 2. 观察、辨识中外典型文化标志物、饮食及重大节日。 3. 能识别图片、短文中体现中外文化和正确价值观的具体现象与事物。 4. 能用简单的单词、短语和句子描述与中外文化有关的图片和熟悉的具体事物。	1. 能从不同角度观察周围的人与事。 2. 能根据标题、图片、语篇信息和个人经验等对语篇内容进行预测。 3. 初步具有问题意识，知晓一问可有多解。	1. 喜欢和别人用英语进行交流。 2. 乐于参与课堂活动，遇到困难能大胆求助。 3. 能在学习活动中积极思考，发现并尝试解决语言学习中的问题。 4. 能够在合作学习中发现他人的闪光点并学习。
四年级 1. 能领悟基本语调表达的意义。 2. 能听懂日常学习和生活中简单的指令、对话、独白和小故事。 3. 能根据图片，口头描述其中的人或事物。 4. 能围绕相关主题，运用所学语言，与他人进行简单的交流。	1. 对学习、探索中外文化有兴趣。 2. 能在教师的引导下，尝试欣赏英文歌曲的音韵节奏。 3. 能理解与中外优秀文化有关的图片、短文，发现和感悟其中蕴含的人生哲理。 4. 感知与体验文化多样性，能在理解的基础上进行初步的比较。	1. 能对获取的语篇信息进行简单的分类和对比，加深对语篇意义的理解。 2. 能比较语篇中的人物、事物、行为和观点等的相似性和差异性，并做出正确的价值判断。 3. 能从不同角度辩证看待事物，学会换位思考。	1. 对英语学习有较浓厚的兴趣和自信心。 2. 能了解自己英语学习中的进步和不足。 3. 能在活动中积极与他人合作，共同完成学习任务。

续 表

	目 标 描 述			
	语言能力	文化意识	思维品质	学习能力
五年级	1. 能理解常见词语的意思，理解基本句式和常用时态表达的意义。 2. 能获取语篇中的人物、时间、地点、事件等基本信息。 3. 能识别常见的语篇类型及其结构。 4. 能围绕相关主题，运用所学语言表演小故事或短剧，语音语调基本正确。	1. 对开展跨文化沟通与交流有兴趣。 2. 能在教师的引导下，了解不同文化背景下人们待人接物的礼仪。 3. 能用简单的句子描述所学的与中外文化有关的具体事物。 4. 有将语言学习和做人、做事相结合的意识和行动，体现爱国主义情怀和文化自信。	1. 能识别、提炼、概括语篇的关键信息、主要内容、主题意义和观点。 2. 能就语篇的主题意义和观点做出正确的理解和判断。 3. 能对语篇的内容进行简单的改编和续编等。	1. 能积极主动学习英语，敢于大胆尝试用英语进行交流。 2. 能在教师的指导下，制定并完成预习、复习等计划。 3. 能在学习过程中积极思考、主动探究，发现并尝试使用多种策略解决语言学习中的问题。

第三节　满足儿童多元的发展需求

"原味英语"课程面向全体学生，聚焦英语语言学习的三大主题范畴"人与自我""人与社会""人与自然"以及教材，设计丰富的教学内容，以满足不同层次的学生的需求，通过各类课程开展丰富的学习与实践活动，增强学生的体验，发展学生的语言能力，培育学生的英语学科核心素养，让学生做自信的文化传播者。

一、学科课程结构

英语课标教学建议：英语教学设计与实施要以主题为引领，以语篇为依托，通过学习理解、应用实践和迁移创新等活动，引导学生整合性地学习语言知识和文化知识，进而运用所学知识、技能和策略，围绕主题表达个人观点和态度，解决真实问题，达到在教学中培养学生核心素养的目的。[①]基于此，"原味英语"课程围绕三大主题设置"原著民、原生态、原动力"三大板块，让学生通过语篇学习，巩固语音、词汇、语法、语篇和语用的知识，形成理解性和表达性技能，获得相关策略，围绕主题表达观点，解决问题。（见图 3-1）

各板块课程具体内涵表述如下：

1. 原著民

学生在"我与自己"的主题下，通过学习歌谣、歌曲、日常简单对话、配图故事、图表等语篇类型，进行字母、字母发音、自然拼读等语音知识的

---

① 中华人民共和国教育部. 义务教育英语课程标准（2022 年版）[S]. 北京：北京师范大学出版社，2022：49.

图 3-1 "原味英语"课程结构图

学习,以及五官、身体部位、饮食与健康、学习与家庭生活等相关词汇的学习和日常表达的学习;通过听、读、看、说、写等活动,向他人以原汁原味的英语介绍自己、家人,表达个人喜好和情感,犹如是使用英语语言的原著民。

2. 原生态

学生在"我与自然"的主题下,通过学习连续性文本以及非连续性文本的语篇,掌握字母、字母发音以及自然拼读等语音知识;学习天气与穿着、季节与生活、自然界的动植物等词汇知识。通过"原生态"课程的实施,学生能够用英语探究自然生态、保护生态环境,并且能够用纯正的英语去描述、介绍和保护我们的原生态自然环境,从而热爱祖国的大好河山、热爱世界与地球。

3. 原动力

学生在"我与社会"的主题下,通过文字、视听等各类语篇材料,在语境中持续学习字母、字母发音以及自然拼读等语音知识;学习与朋友、学校、社区、社会规则以及节日等有关的词汇和表达;在各类语言实践活动中形成准确的英语发音和地道的表达。"原动力"的课程内容是学生做自信的文化传播者的基石,是使学生未来自信走向社会的原动力。

二、学科课程结构

我校英语课程依据课标以及我校"原味英语"的课程理念来进行设置。（见表3-2）

表3-2 "原味英语"课程设置表

	原著民（我与自己）	原生态（我与自然）	原动力（我与社会）
一上	小小的我	我的动物园	我的朋友
一下	我的饮食爱好	我的穿着	我的公园
二上	我的自画像	我喜欢的动物	我的游乐场
二下	我的五官	我的运动日历	我的社区
三上	我爱家人	我爱自然	我爱学校
三下	我爱自己	我爱四季	我爱节日
四上	我会生活	我会观察	我会交友
四下	我会规划	我会记录	我会设计
五上	我是梦想家	我是研究员	我是小记者
五下	我是小主播	我是科学家	我是旅行者

第四节　开启原味英语的学习之旅

英语学科课程应创设具有英语特色的育人环境，我们基于课标、"原味英语"课程理念和学情，紧密联系教材，构建"原味课堂"夯实学生的学习基础；借助"原味社团"，激发学生的学习潜能；建立"原味广播站"，丰富学生的课余生活，培养学生的自主管理能力；打造"原味嘉年华"活动，给学生搭建展示舞台，从而发展其语言能力、培育其文化意识、提升其思维品质和学习能力，使其成为自信的文化传播者。

一、"原味课堂"夯实基础

"原味课堂"坚持一切从学生出发，从英语语言学习的规律出发，力求以主题为引领，依托语篇，通过各类语言实践活动，引导学生整合性、综合性地学习语言知识和运用语言解决真实问题，从而形成综合素养。

（一）"原味课堂"的内涵

"原味课堂"是真实的。它注重真实情境的创设，体现真实的生活；坚持以问题为导向，基于学生学习的现状和困难进行教学设计和实施。

"原味课堂"是生长的。它秉持知行合一的学习理念，引导学生在体验中学习、在实践中运用、在迁移中创新，倡导在真实情境中用英语解决问题。

"原味课堂"是美好的。它充满人文关怀，带领学生发现、感知人与人之间的真、善、美；体验、感悟人与人、人与自然的和谐关系。

"原味课堂"是现代的。它巧妙融入信息技术，充分发挥现代信息技术对英语课堂教与学的支持和服务功能。

（二）"原味课堂"的评价标准

为了更好落实"原味课堂"的教学理念，充分发挥评价的正向激励作用，

"原味课堂"从课堂的真实性、生成性、美好性以及现代性这四个方面展开评价，具体见表3-3。

表3-3 "原味课堂"评价表

班级		主题		听课时间	
执教		课题		听课教师	
评价项目	评价内容及标准			等第 A、B、C	
真实性	1. 制定准确、符合学情的教学目标。 2. 创设真实情境，紧密联系学生的实际生活。 3. 从任务或问题出发，引导学生主动观察、发现、思考和表达。				
生成性	1. 教学面向全体学生，为学生创造充分的自主学习和小组合作的机会，给学生提供充分表现自我和发展自我的空间。 2. 注重启发学生思维，能根据学生的生成调整教学内容和活动。				
美好性	1. 师生关系和谐融洽，尊重学生个体差异，关注学生情感发展及价值观的形成。 2. 挖掘教学内容的德育元素，将人文关怀和情感体验贯穿整个教学过程。				
现代性	1. 教学设计理念先进，能够体现与时俱进、实用高效。 2. 重视现代化信息技术的运用，能够使用视听、图文等多种资源支撑教学。				
亮点	存在问题			改进建议	

二、"原味社团"激发潜能

"原味社团"内容丰富，涵盖范围广泛，从语音、词汇的学习，到儿歌诵唱、口语交际、表演故事等，多方面展现英语的魅力，提高学生的学习兴趣，激发学生的潜能。

(一)"原味社团"的实施

"原味社团"根据学校和学生的实际情况，于周三下午第 7 节课面向一、二年级学生开设必修类课程，教师走班；面向三至五年级学生开设选修类课程，学生选课走班。必修类课程根据低年段学生的特点，主要包括英语儿歌、自然拼读、绘本阅读等课程内容；选修类课程主要包括英语歌曲、电影"趣配音"、英语脱口秀等课程内容。课程内容丰富，呼应学校"与一百个世界相遇"的课程理念，挖掘学生潜能，发展各个层次学生的英语水平。（见表 3-4）

表 3-4 "原味社团"安排表

时 间	地 点	参加学生	课程名称及课时数
周三下午 2：30—3：05	一年级各班级	一年级学生	字母 ABC（9 课时） 英语儿歌（9 课时）
	二年级各班级	二年级学生	自然拼读（9 课时） 绘本阅读（9 课时）
	三（1）班	三至五年级学生	英语歌曲（18 课时）
	三（2）班		故事表演（18 课时）
	三（3）班		电影"趣配音"（18 课时）
	三（4）班		英语戏剧（18 课时）
	三（5）班		英语脱口秀（18 课时）
	三（6）班		国际音标（18 课时）

(二)"原味社团"的评价标准

社团活动是英语课堂的补充和延伸，是课程的重要组成部分，让学生的英语学习充满了活力和乐趣。"原味社团"鼓励学生进行自我展示、合作互助，培养学生积极向上、团结友爱的精神风貌；"原味社团"不断更新思路、创新机制，培养学生审视自我、了解自我的能力；"原味社团"课程建设的日益完善，成为社团质量的保证。为了保障社团活动实施效果，"原味社团"通过以下四个方面进行评价：

一是社团活动记载规范完整：活动方案制定清晰合理，可操作性强；每次活动进行点名，详细记录缺席同学的去向；活动过程详实得当；学期结束有反思或总结。

二是社团活动扎实推进：教师充分履行指导的职责，学生出席率高，教师注重社团文化建设，体现社团主题特色；学校行政人员不定期进行走访、观察、听课。

三是社团成果有一定形式的体现：如在六一儿童节上或是迎新文艺汇演中进行英语故事表演或英语歌曲演唱等，或是以视频、汇报、成果展等方式进行体现。

四是对社团活动的满意度调查：对学生、家长以及其他教师围绕社团活动、社团成果进行满意度调查，满意度结果超过85%的给予"优秀社团"称号，75%—84%为良好，60%—74%为合格，低于60%则为不合格，将取消该社团。

三、"原味广播站"丰富课余生活

为了丰富学生的英语课余生活，培养学生自主管理的能力，学校建立了"原味广播站"，于每周三中午12:30—12:50开播。

（一）"原味广播站"的实施

广播站秉持人人均有机会做主播的原则，提倡敢于秀出自我、大胆展现才艺，在三至五年级以班级为单位开展轮流广播。轮值前，由学生自主报名各个岗位（主持人、摄影、才艺展示、设备调试、组织协调等），之后由班级任教英语教师进行选拔和培训，以及协调各个节目的顺序。节目大多为脱口秀、英文诗歌朗诵、英语笑话播报、英文歌曲演唱等，主持人根据节目顺序自行撰写台词之后交由老师把关，设备调试的学生需要准备播前音乐和背景音乐。一次广播即一次团队"作战"，组织协调的学生召集团队利用课余时间以及放学后进行训练，轮值前一天再由教师进行指导。每一次的轮值，不仅丰富了学生的课余生活、展示了学生的英语才艺，更是学生的一次语言实践、团队合作的一次机会。

由于广播站广受学生的欢迎，之后在节目展演这部分还加入了一、二年级的学生，极大提升了学生对英语学习的积极性。

（二）"原味广播站"的评价要求

每一位参与"原味广播站"的学生，在任务完成之后都会收到学校颁发的荣誉证书。为了促进学生团结合作的精神、对展示精益求精的态度，"原味广播"也推出相应的评价要求，张贴在学校广播站的墙面上。（见表3-5）

表3-5 "原味广播站"活动评价表

	评价内容	自评		师评	
态度	做足充分的准备	☆☆☆	☆☆ ☆	☆☆☆	☆☆ ☆
	积极参与每次训练	☆☆☆	☆☆ ☆	☆☆☆	☆☆ ☆
合作	服从组织者的安排	☆☆☆	☆☆ ☆	☆☆☆	☆☆ ☆
	乐于与他人交流并听取意见	☆☆☆	☆☆ ☆	☆☆☆	☆☆ ☆
实践	用多种方法搜集资料	☆☆☆	☆☆ ☆	☆☆☆	☆☆ ☆
	发现问题并积极解决问题	☆☆☆	☆☆ ☆	☆☆☆	☆☆ ☆
成果	环节流畅，播出成功，受到学生欢迎	☆☆☆	☆☆ ☆	☆☆☆	☆☆ ☆
	英语的语音语调优美，表达准确、表演到位	☆☆☆	☆☆ ☆	☆☆☆	☆☆ ☆

统计团队成员自评以及师评的星星数量，一个学期获得前三名的团队，将获得"原味广播站"最佳表现广播团队、最具风采广播团队以及最受瞩目广播团队的称号。

四、"原味嘉年华"搭建展示舞台

一年一度的"原味嘉年华"活动精彩纷呈，既有面向全体学生的基础性活动，又搭建了各种展示的舞台，极大地激发和调动了学生学习英语的热情，让学生的语言知识在实践中大放异彩，培养了学生的跨文化交际意识和文化品格，丰富了学生的英语学习体验，受到学生、家长的一致好评。

（一）"原味嘉年华"的实施

"原味嘉年华"活动于每年12月初在一周主题升旗仪式上开幕，由英语学科组组长宣读活动方案，在全校范围进行宣传；至 12 月底闭幕，闭幕式上揭晓各项比赛的结果并进行表彰和颁奖，并与学校的迎新活动相结合，在各类活动中表现突出的学生带着节目在全校的舞台上进行表演展示。英语组教师遵循儿童敢于大胆开口表达、热爱表现、乐于合作的心理特点，举办一系列与英语学习、实践相关的活动，紧密联系生活，如"冬赏""节日""阅读"等主题，前期面向全校学生进行与主题相关的语言知识学习、文化拓展学习等，中期则各类竞赛类活动、综合性活动以及表演类活动同时进行。表 3-6 为"迎新"主题的"原味嘉年华"活动具体安排。

表 3-6 "原味嘉年华"之"迎新"主题活动安排表

时 间	活 动 内 容	地 点
12 月 4 日 8:00—8:35	主题升旗仪式："英语嘉年华"之"迎新"专场启动	小剧场
	班主任会议： 1. 英文绘本阅读计划 2. "迎新"主题板报设计 3. 家长课程进校园："迎新"小制作 4. 教室门装扮准备、策划	会议室
12 月 11 日 15:30—16:30	学科组会议： 1. 各英语教师领取相关任务 2. "英文故事我来演"小小明星评选活动	会议室
12 月 13 日 12:40—13:00	Let's watch： 观看一部有关中西方新年的小短片	各班级
12 月 14 日 12:40—13:00	Let's know： "小青椒之声"介绍有关中西方新年的小知识	广播室（讲） 各班级（听）
12 月 17 日— 12 月 28 日 12:40—13:00	Let's say： 课前迎新每日一句	各班级
	Let's read： 优秀绘本阅读展示	小剧场（讲） 各班级（看）
12 月 17 日— 12 月 26 日	Let's act： 一、二年级："英文故事我来演"小小明星评选活动前期准备（筛选、彩排）	小剧场
	Let's contest： 三、四、五年级：以班级为单位海选	各班级

续表

时间	活动内容	地点
12月19日 12:40—13:35	Let's make: 家长课程进校园	各班级
12月26日 12:30—13:30	Let's dress up: 1. 教室门装扮 2. 主题板报检查	各班级
12月27日 12:00—14:00	一、二年级： "英文故事我来演"小小明星评选	小剧场
	三、四、五年级： "我是英文小词典"拼词大赛	录播室
12月29日	迎新主题活动： 英语节"迎新专场"闭幕式	风雨操场

（二）"原味嘉年华"的评价标准

在"原味嘉年华"活动中，学生每人获得一张活动卡，每参与一个小任务可以获得一枚印章。每位学生获得的印章数量根据其在活动中的具体表现而定，如三等奖可获得三枚印章，二等奖可获得五枚印章，一等奖可获得十枚印章。活动结束后，每位学生可凭借活动卡上的印章数量，到班主任处兑换相应的"校园币"。同时，学校还根据活动类型设置了团队的奖励方案。每一项活动或比赛均设有相应的方案以及评价标准。表3-7为"原味嘉年华"的"冬赏"主题之"班班唱"活动评价表，表3-8为"原味嘉年华"的"阅读"主题之"故事表演"活动评价表。

表3-7 "原味嘉年华"之"班班唱"活动评价表

编号	班级	曲目	声音嘹亮 整齐有力 （20分）	精神饱满 （20分）	演唱优美 发音到位 （20分）	形式丰富 有表现力 （20分）	服装统一 整齐洁净 （10分）	进出有序 （10分）
1								
2								

表 3-8 "原味嘉年华"之"故事表演"评价表

评分标准:
满分为 10 分,各项评分指标如下:
语言(3 分):语言准确,声音响亮,语音语调较优美。
表现力(3 分):舞台表现力强,演绎生动,表情、动作到位。
故事内容(2 分):生动有趣,角色丰满。
道具(2 分):PPT、服装、舞台道具准备充分。

节目顺序	故事名称	得分
1		
2		

评委签名:_____

总之,"原味英语"课程扎实开展、有效实施、多维评价,学生积极参与丰富多彩的学科实践活动,能力和素养得到了全面的提升,在这里与一百个世界相遇;注重教师专业素养的提升及教学理念、方式的革新;基于课标构建"真实、生成、美好、现代"的"原味课堂";开发系列特色课程,让学生感知、理解、体验、实践、应用原汁原味的英语语言;助力学生形成跨文化意识,关注学生英语核心素养的培养,让学生真正做到文化自信,为学生传播校园文化、城市文化以及中国文化奠定坚实的基础。

(撰稿人:韩萍萍)

学科实践创意 | Feelings 情绪与感觉

——小学英语牛津（上海版）四年级第一学期大单元教学设计

标准要求与内容结构

一、标准要求

《义务教育英语课程标准（2022年版）》在教学建议部分提出应加强单元教学的整体性，"引导学生基于对各语篇内容的学习和主题意义的探究，逐步建构和生成围绕单元主题的深层认知、态度和价值判断，促进其核心素养综合表现的达成"[1]。本单元的主题为"Feelings"（情绪与感觉），属于"人与自我"主题板块，符合二级主题内容要求中的"自信乐观，悦纳自我，有同理心；情绪与情感，情绪与行为的调节与管理"[2]。

以此为依据，我们将本单元设计为一场围绕"情绪与感觉"主题的深入探究，革新课堂与作业面貌。在本单元中，学生通过主题故事学习、诗歌赏析、项目合作等方式了解人与动物的不同情绪，并进行情绪与行为的调节；能够使用自然拼读、联系上下文等方法进行词汇学习；能够在语境中理解含有一定语法结构的句子；能够通过想象、对比与比较、因果联系、故事线梳理等方法对语篇内容进行分析，处理关键信息；能识别文章的体裁，感知其主题与结构，能够模仿运用所学语言内容，结合真实生活经验，围绕主题进行口头或书面表达。

二、内容结构

本单元主题为"Feelings"，主要包含五个分课时话题，课时之间相互关联、递进。（见图3-2）

---

[1] 中华人民共和国教育部. 义务教育英语课程标准（2022年版）[S]. 北京：北京师范大学出版社，2022：48.
[2] 中华人民共和国教育部. 义务教育英语课程标准（2022年版）[S]. 北京：北京师范大学出版社，2022：15.

```
                ┌─ Period 1  My feelings (1)
                ├─ Period 2  My friends' feelings
    Feelings ───┼─ Period 3  Our pets' feelings
                ├─ Period 4  Story: A thirsty crow
                └─ Period 5  My feelings (2)
```

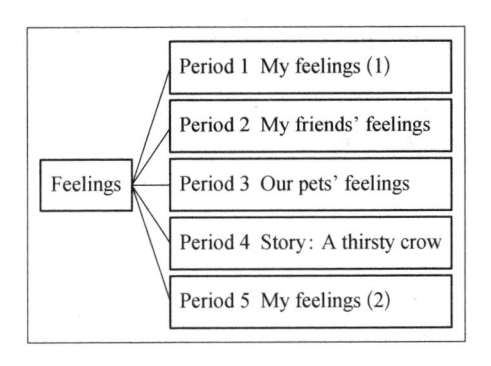

图 3-2 "Feelings"大单元主题和分课时话题

学情分析与单元目标

一、学情分析

在语言知识与能力方面,学生在日常对话与以往学习经历中接触过与心理和生理感受相关的词汇和句型。在本单元中,学生将了解 feelings 不仅指物品触摸的感觉,也指人和动物的感受。经过三年的学习,学生已能够使用具有一定结构的语篇较有逻辑地描述人或物。通过本单元的学习,学生将进一步学习如何询问与表达自己与他人的感受。在人文与情感方面,学生有许多自己情感变化的经历,但是主动关注、调节情绪的经验不多。青教院附小的学生在每年4—5月的"心理健康月"中围绕一定主题,参加主题集会、团体辅导、海报绘制、亲子阅读等活动。校内向阳驿站(Sunshine Station)开放访谈室、发泄室、放松室、沙盘室等,长期向师生提供心理疏导服务。

立足以上学情,我们设计了"Talking about feelings in Sunshine Week"的单元语境,学生在向阳驿站中与教师共同分享、阅读与感受相关的经历或故事。通过对单元语篇及情绪感受的分析,整理出围绕"Feelings"主题的几个方面:情绪产生的原因、产生与表达情绪、由情绪或感觉产生的愿望或行为。情绪的产生与表达之间有一定的逻辑关系。(见图 3-3)

围绕主题"Feelings"以问题链的形式制定单元话题,所形成的问题链如下:

People have feelings. Do animals have feelings?

What makes them feel good/bad?

What do we do for them when they have bad feelings?

What feelings do you have?

What makes you feel good/bad?

What do you do to make you feel better?

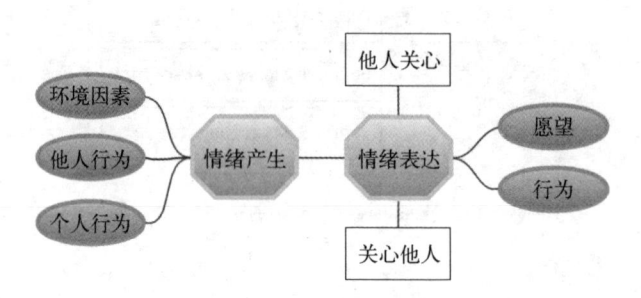

图3-3 情绪的产生与表达分析图

由于产生情绪的主体（人/动物）不同，最终每个分课时话题形成了5个核心问题，分别是："How do you feel?""How do they feel?""How do Sam and Ginger feel?""How does the crow feel?""How do I feel?"体现了课时之间的整体性、一致性与递进性。第一课时"How do you feel?"，妈妈关心并照顾孩子的感受，涉及情绪产生的原因以及调节情绪的行为；第二课时"How do they feel?"，孩子了解他人的感受，了解他人产生感受的原因或对应的行为；第三课时"How do Sam and Ginger feel?"，小主人们关心并照顾宠物的感受；第四课时"How does the crow feel?"，通过故事反映动物的情绪与感受变化的原因及对应的行为；第五课时"How do I feel?"，通过诗歌抒发感情，学习调整自己的情绪。希望通过五课时的学习，学生能了解情绪产生的原因、变化，学会情绪表达以及调节方法，由他人关心到主动关心他人和自我情绪管理。（见表3-9）

表3-9 "Feelings"单元分课时情绪类型分析

单元主题	分课时话题	情绪主体	互动类型	涉及方面
feelings	My feelings（1）	人（2人）	他人关心	原因、表达、行为
	My friends' feelings	人（6人）	关心他人	原因、表达、愿望或行为
	Our pets' feelings	动物（2只）	关心他人	原因、表达、行为

续 表

单元主题	分课时话题	情绪主体	互动类型	涉 及 方 面
feelings	Story: A thirsty crow	动物（1只）	关注自我	原因、表达、变化、行为
	My feelings (2)	人（1人）	关注自我	原因、表达、愿望和行为

二、单元教学与评价目标

单元学习任务：学生在"Talking about feelings in Sunshine Week"的语境中，借助思维导图和文字，运用核心词汇及核心句型询问他人的情感，并能运用所获信息介绍自己或他人的情感变化以及产生的原因，并尝试提出解决方法。做到语言正确，语义通顺，内容有逻辑，口头表达时带有情感。

单元育人价值：学生了解人与动物的不同情绪，能在语境中感受不同人物在不同情景下产生的不同情感，学会表达自己不同的感受，并能关心他人的情绪和感受，尝试调整自己或他人不好的情绪。

单元语言能力：学生能在语境中发现并背记辅音字母组合 st 的读音规则，并能根据规则正确朗读含有字母组合 st 的相关单词和儿歌；能在语境中感知、理解并运用核心单词 happy、hungry、thirsty、sad、full、tired 等描述自己和他人的情绪和感受；能在语境中感知、理解并运用特殊疑问句 "How do you feel?" 询问对方的感受，并能用 "I am/We're . . ." 做出应答；能在语境中理解语篇内容，获取基本信息，并根据相关提示围绕话题进行表达。

单元策略与品质：学生能借助图表、媒体、板书、肢体语言等方式对语篇内容进行提炼、总结和表达；能通过教师评、同学互评、自我评价等方式了解自己的学习情况，并加以改进；能积极参与语言实践活动，感受到所学语篇内容蕴含的积极情感与态度。

目标分解与教学设计

我们基于教材和学情分析，整合分析结果，着手制定单元教学目标，结合语境优化教学内容，分课时有序架构育人路径。教学内容的优化有利于单元育人目标的达成，分课时有序架构是为了促进学生更深刻地感悟到人、动物与情绪和感受的关联。

我们依据核心素养培养要求制定单元教学目标,包含知识与技能目标、语用任务、情感。知识与技能目标包含五个方面(语音、词汇、词法、句法和语篇),分课时层层递进;语用任务与情感要素伴随整个单元学习全程;在学习过程中使用多元评价、多种图表、多样学习活动等渗透学习策略。语用任务是呈现目标达成度的行为方式,本单元在设计中也更加注重语用任务的呈现。本单元的单元及单课时语用任务相互关联,逐步递进,为单元目标的达成而服务。(见表3-10)

表3-10 "Feelings"单元分课时教学目标与评价

课时与板块	知识与技能	语用任务与情感	评 价
Period 1 How do you feel? *Look and learn* *Look and say* *Learn the sound*	1. 初步感知字母组合st的读音规则,正确朗读含有st读音的单词。 2. 能在语境中感知、理解核心单词 happy、hungry、thirsty、sad、full、tired 的音、形、义。 3. 能在语境中模仿运用特殊疑问句"How do you feel?"询问他人的感受,并用"I am..."做出应答。 4. 能在语境中获取语篇的基本信息,并借助语篇结构,询问和表达自己的感受。	• 在语境中,借助图片和关键词,扮演Mum和两个孩子,互相询问情绪和生理感受,并学会关爱他人。 • 学会表达自己的真实感受和需求。	• 评价内容 模仿扮演故事人物,围绕情绪与感受进行对话。 • 评价方式 课内:学生自评、互评,教师评价。 课外:学生评价单自评,小组合作表演。
Period 2 How do they feel? *Look and learn* *Listen and enjoy* *Learn the sound*	1. 知晓字母组合st的读音规则,并正确朗读含有字母组合st的单词和句子。 2. 能在语境中运用核心词汇表达自己和他人的情绪和感受。 3. 能在语境中,听懂、读懂并尝试运用特殊疑问句"How do/does...feel?"询问他人的感受,并用"...am/is/are..."做出应答。 4. 能在语境中获取语篇的基本信息,并能借助语篇结构,运用所学语言询问并表达不同人物的感受。	• 在语境中,借助图片和关键词,运用核心语言介绍Kitty和同伴们的不同情绪、生理感受以及相关的行为。 • 初步学会理解他人的感受和需求。	• 评价内容 模仿故事人物,借助图文,介绍不同人物的情绪与感受及相关的行为。 • 评价方式 课内:学生自评、小组评价,教师评价。 课外:学生评价单自评,师生面谈。

续 表

课时与板块	知识与技能	语用任务与情感	评 价
Period 3 How do Sam and Ginger feel? Look and learn Say and act Learn the sound	1. 熟悉字母组合 st 的读音规则，熟练朗读含有 st 的单词和儿歌。 2. 能在语境中运用核心词汇表达不同动物的感受。 3. 能在语境中运用特殊疑问句"How does … feel?"询问他人的感受，并尝试用"… is …"做出应答。 4. 能在语境中获取语篇的基本信息，并且在图文信息的帮助下运用所学语篇复述和表演语篇。	• 在语境中，借助日记，运用核心语言简要描述 Sam 和 Ginger 一天的情绪和生理变化及其原因。 • 学会观察并理解他人感受的变化。	• 评价内容 借助图片和框架有逻辑地复述故事内容。 • 评价方式 课内：学生自评、互评。 课外：学生自评，师生面谈。
Period 4 How does the crow feel? Look and learn Read a story Learn the sound	1. 背记字母组合 st 的读音规则，能朗读含有 st 的新单词和句子。 2. 能在语境中运用 happy、hungry、thirsty、sad、full、tired 描述人物的情绪和感受。 3. 能在语境中知晓 pebble、idea、dry 等相关词汇在故事中的意思，并能正确朗读。 4. 能在语境中运用特殊疑问句"How does … feel?"，并能用"He/She is …"做出应答。 5. 能在语境中听懂、读懂语篇"The thirsty crow"的意思，获取相关信息；能简述乌鸦一天的情绪和生理感受的原因、变化及其行为。	• 在语境中，借助 Flow map 思维导图，运用核心语言，模仿乌鸦，简述其一天中情绪和生理感受的变化、原因以及行为。 • 了解动物有不同的情感和感受，知道动物能自己想办法解决问题。	• 评价内容 在图文的帮助下，以朗读或表演的形式，模仿乌鸦表达情绪和生理感受的变化、原因和行为。 • 评价方式 课内：学生自评、互评，小组评价。 课外：学生评价单自评，单人表演或朗读，师生面谈。
Period 5 How do I feel? Look and learn Listen and enjoy Play a game Learn the sound	1. 根据字母组合 st 的读音规则尝试朗读出含有其读音的新单词和句子。 2. 能在语境中熟练运用核心单词描述自己和他人的情绪和感受变化。 3. 能在语境中熟练运用特殊疑问句"How does/do … feel?"询问他人的感受，并尝试用"… is/ are …"做出应答。 4. 能在语境中理解语篇的基本信息，并能以诗歌的形式整合运用所学语言对自己的情绪和感受变化进行描述。	• 在语境中，能借助诗歌的形式，运用核心语言描述自己不同的情绪和生理感受及产生的原因，并能说出应对的行为方式。 • 学会主动调节自己不好的情绪和感受。	• 评价内容 借助图片和框架，有逻辑地讲述自己的情绪，并说出应对各种不同情绪的方法。 • 评价方式 课内：学生自评、互评，教师评价。 课外：学生评价单自评，诗歌仿写，师生面谈。

课时教学设计

Period 1　How do you feel?

I. Objectives

1. Contents

(1) **Sounds**：-st（toast，postman，lamp post）

(2) **Words and expressions**：happy，hungry，thirsty，sad，full，tired

(3) **Sentence structures**：How do you feel?　I'm ... / We're ...

(4) **Passages**：Kitty and Ben's morning

2. Abilities

(1) Be able to read the sound of "-st" and the words with "-st".

(2) Be able to understand the meaning of the new words.

(3) Be able to use the new words and sentence patterns to care for others.

3. Culture

Help students to express their feelings and learn to care for others.

II. Focus

1. Be able to use "How do you feel? I'm ... / We're ... " to care for others.

2. Be able to express their feelings.

III. Difficulties

Be able to use the new words and sentence patterns to care for others.

IV. Teaching aids

multi-media courseware，pictures and words，etc

V. Teaching procedures

Procedures	Contents	Methods	Purposes
Pre-task preparation	1. A song: The feeling song	1-1 Listen and enjoy	通过歌曲，活跃课堂氛围，迅速进入英语学习状态。
	2. Sound: -st	2-1 Ask and answer 2-2 Read the sounds and the words	通过师生问答，引出辅音字母组合"-st"的发音，在朗读中感受其规则。

续 表

Procedures	Contents	Methods	Purposes
While-task Procedure	1. Kitty and Ben go to the park. Learn：happy	1－1 Look and say 1－2 Read the new word 1－3 Look and say	通过观察图片，感受 Kitty 和 Ben 的情绪，知晓故事的发生背景。
	2. Kitty and Ben are in the park. Learn：sad	2－1 Read and answer 2－2 Read the new word 2－3 Look and read 2－4 Try to say	在问题的引导下，读一读、说一说 Kitty 和 Ben 的情绪变化及产生原因，并学习新单词。
	3. Kitty and Ben go back home. Learn：We are back.	3－1 Look and read 3－2 Think and say 3－3 Think and act	通过看图、读文，感受 Kitty 和 Ben 刚刚到家时的情绪和生理状态。
	4. Mum opens the door. Learn：How do you feel? We're …	4－1 Watch the video 4－2 Read the new sentences 4－3 Think and say	通过观看视频，整体感知 Mum 对孩子的关爱，并学习新句型。
	5. Kitty and Ben are at the door. Learn：tired, How do you feel? We're …	5－1 Listen and answer 5－2 Read the new word 5－3 Read the new sentences 5－4 Look and say	通过听音问答，师生互动，进一步感受 Kitty 和 Ben 的情绪和生理变化及产生的原因。
	6. Kitty and Ben are in the sofa. Learn：thirsty, hungry	6－1 Read and find 6－2 Read the new words 6－3 Look and act	通过读一读、找一找，提炼关键信息，并根据提炼的关键信息读演 Mum 对两个孩子的关爱。
Post-task Activities	1. The whole story	1－1 Look and read 1－2 Act as Mum and the kids： A. Read and act B. Say and act	读演对话，通过扮演角色感受两人的情绪和生理变化，以及来自 Mum 的关爱。
	2. Dad comes back.	2－1 Make a dialogue	在编演中进一步感受家人间要互相关爱。
	3. Care about others.	3－1 Look and say 3－2 Make a dialogue	通过编一编、读一读、演一演，学习关爱他人。
Assignments	1. Read the story. 2. Make a dialogue. 3. Finish the worksheet.		

Period 2　How do they feel?

I. Objectives

1. Contents

(1) **Sounds**: -st (toast, postman, lamp post)

(2) **Words and expressions**: happy, hungry, thirsty, sad, full, tired

(3) **Sentence structures**: How do/does ... feel?   ... is/are ...

(4) **Passages**: The children's feelings

2. Abilities

(1) Be able to read the sound of "-st" and the words with "-st" in the rhyme.

(2) Be able to use the core words to express feelings.

(3) Be able to use the modeled question to ask about others' feelings and give responses.

(4) Be able to use modeled sentence to express people's different feelings.

3. Culture

Help students to recognize the feelings of others.

II. Focus

Be able to use the modeled question to ask about others' feelings and give responses.

III. Difficulties

Be able to use modeled sentence to express people's different feelings.

IV. Teaching aids

multi-media courseware, pictures and words, etc

V. Teaching procedures

Procedures	Contents	Methods	Purposes
Pre-task preparation	1. Sound: -st	1-1 Review the sounds and the words 1-2 Read the rhyme	复习语音,并通过有节奏地朗读诗歌迅速进入英语学习状态。
	2. Revision	2-1 Act out the dialogues	通过对话表演巩固第一课时所学。

续 表

Procedures	Contents	Methods	Purposes
While-task Procedure	1. The main idea Q: How do they feel?	1-1 Listen and match	整体感知文本，捕捉关键信息。
	2. Feelings: happy, tired, sad, thirsty, hungry, full	2-1 Look and learn 2-2 Read and spell	通过图片知晓人物的不同情绪。
	3. Reasons Q: Why? Ben: have a new ball Kitty: swim a lot	3-1 Read and underline 3-2 Look and say	了解 Ben 和 Kitty 产生不同感受的原因，并尝试描述。
	4. Reasons Q: Why? Danny: water washes his sandcastle away Alice: drink a lot of pineapple juice	4-1 Look and say 4-2 Read and act 4-3 Think and say	通过看图感受 Danny 和 Alice 的情绪和生理感受，并进行描述。
	5. Reasons Q: Why? Peter: want to eat a hamburger Tom: take a rest under an umbrella	5-1 Look and think 5-2 Make a dialogue 5-3 Look and say	通过动图，猜测 Peter 和 Tom 的情绪变化和产生的原因，并根据核心句型编演对话。
Post-task Activities	1. The whole dialogue	1-1 Read in roles 1-2 Say and act	再次整体读演对话，并扮演 Kitty 和妈妈，说说孩子们的不同情绪、生理感受以及相关的行为表现。
	2. The children's different feelings	2-1 Look and say	介绍孩子们的不同情绪、生理感受以及相关的行为表现。
Assignments	1. Read the dialogues. 2. Talk about different feelings. 3. Finish the worksheet.		

Period 3 How do Sam and Ginger feel?

I. Objectives

1. Contents

(1) **Sounds**: -st (toast, postman, lamp post)

(2) **Words and expressions**：happy, thirsty, hungry, full

(3) **Sentence structures**：How does … feel? He/She is …

(4) **Passages**：Sam and Ginger

2. Abilities

(1) Be able to pronounce "-st" and read the rhyme with "-st" words correctly.

(2) Be able to consolidate the key words in the context and try to express the feelings of different people.

(3) Be able to use "How does … feel?" to ask about others' feelings and respond with "… is …".

(4) Be able to understand the basic information in the text and try to use what they've learned to retell the text.

3. Culture

Observe others and learn that feelings are changeable.

II. Focus

Be able to use "How does … feel?" to ask about others' feelings and respond with "… is …".

III. Difficulties

Try to use what they've learned to retell the text with some brief information.

IV. Teaching aids

multi-media courseware, pictures and words, etc

V. Teaching procedures

Procedures	Contents	Methods	Purposes
Pre-task preparation	1. Learn the sound	1-1 Read the words 1-2 Look and read	通过模仿朗读、跟读儿歌进一步巩固字母组合-st、-st-的读音规则。
	2. Revision	2-1 Quick response 2-2 Look and read	通过快速问答、朗读对话复习巩固上节课的内容。

续 表

Procedures	Contents	Methods	Purposes
While-task Procedure	1. Elicitation Do they like each other?	1-1 Listen and answer 1-2 Look and say 1-3 Watch and say	通过听读对话，引出 Sam 和 Ginger；通过视频问答，感知故事背景并思考 Sam 和 Ginder 互相讨厌的原因。
	2. Part 1 of the story Sam is happy. Ginger is unhappy.	2-1 Ask and answer 2-2 Read Part 1	通过问题链提取 Sam 和 Ginger 的行为、情绪等关键信息。
	3. Part 2 of the story Sam is thirsty. Ginger is angry.	3-1 Read and answer 3-2 Read Part 2 3-3 Look and say	通过看图问答感受 Sam 和 Ginger 情绪变化的过程，理解互相讨厌的真正原因。
	4. Part 3 of the story They don't like each other.	4-1 Look and answer 4-2 Think and say 4-3 Say and act	了解 Sam 和 Ginger 情绪的变化后，通过编说、读演激活旧知；通过模仿读演，加强代入感，进一步感受主角情绪的变化。
Post-task Activities	1. The end of the story They are both happy.	1-1 Think and guess	根据图片所提示的结局，思考主角情绪走向，并尝试用"…is…"模仿表达。
	2. The whole story	2-1 Say and act 2-2 Retell the story 2-3 Look and say	通过图文及框架等读演对话、复述故事，以期巩固所学；最后通过看图说话感受到"Animals have feelings too."。
Assignments	1. Read student book P14 and P16. 2. Finish the exercise on workbook P17 (Part F). 3. Finish the worksheet.		

Period 4　How does the crow feel?

I. Objectives

1. Contents

（1）**Sounds**：-st (toast, postman, lamp post, *first, *rest, *test)

（2）**Words and expressions**：happy, hungry, thirsty, sad, full, tired, pebble, dry

（3）**Sentence structures**：How do/does … feel?　… am/is/are …

(4) **Passages**: The thirsty crow

2. Abilities

(1) Be able to read the words and sentences with "-st".

(2) Be able to use wh-questions to ask about the crow's feelings and answer the questions correctly.

(3) Be able to read the passage and understand the changes of the crow's feelings.

(4) Be able to act like the crow and talk about the changes of feelings, the reasons and his actions.

3. Culture

Students get to know animal's feelings and understand that animals can think and solve their problems.

II. Focus

1. Be able to read the passage and understand the changes of the crow's feelings.

2. Be able to act like the crow and talk about the changes of feelings, the reasons and his actions.

III. Difficulties

Be able to act like the crow and talk about the changes of feelings, the reasons and his actions.

IV. Teaching aids

multi-media courseware, pictures and words, etc

V. Teaching procedures

Procedures	Contents	Methods	Purposes
Pre-task preparations	1. The feeling song	1 – 1 Sing a song	通过吟唱歌曲和对话，了解主题和语境；复习-st/-st-的发音，尝试朗读含有此发音的相关单词和句子。
	2. Revision	2 – 1 Choose and say 2 – 2 Look and read	
	3. Today's tasks	3 – 1 Watch and understand 3 – 2 Think and ask	情境再现，了解本课时的任务及话题；自主提问，培养阅读预测意识和能力。

续 表

Procedures	Contents	Methods	Purposes
While-task Procedures	1. The main character	1-1 Look and learn	通过观察与对话了解故事主人公的基本特征。
	2. The story: A thirsty crow (The crow's different feelings)	2-1 Look and say 2-2 Watch and write 2-3 Look and read 2-4 Listen and read	通过观察图片,对乌鸦不同阶段的情绪和感受进行预测,再通过观看视频、生动朗读等方式了解乌鸦的情绪,感受其不同阶段情绪的变化。
	3. Part 1 of the story	3-1 Listen and learn 3-2 Read and answer 3-3 Read and act 3-4 Think and say	从听、读、演、说的活动过程中了解故事的开端,知道乌鸦的感受及产生原因;在活动中体验乌鸦的感受及产生原因。
	4. Part 2 of the story	4-1 Read and underline 4-2 Read and act 4-3 Try to say 4-4 Think and act	通过阅读后圈画,了解乌鸦的情感变化以及原因;在模仿朗读、看看说说中,运用所学语言和结构进行表达。
	5. Part 3 of the story	5-1 Read and answer 5-2 Try to say 5-3 Think and act	快速阅读获得关键信息,并在看看说说和表演中,尝试运用所学语言和结构表达乌鸦的情感变化以及原因。
	6. Part 4, 5 of the story	6-1 Read and say 6-2 Watch and think 6-3 Read and act	通过读、说活动体验乌鸦的情感以及产生原因,进而能够生动地模仿乌鸦,表达其情绪变化、原因和行为。
Post-task activities	1. The whole story	1-1 Read the story 1-2 Say and act	整体呈现,回顾故事内容,借助思维导图再现故事脉络,在音视频支持下生动地朗读内容或扮演乌鸦。
	2. The value of the story	2-1 Discuss and say	通过小组讨论,思考与交流故事主角的形象,感悟故事的育人价值。
	3. Feelings and our lives	3-1 Look and say 3-2 Watch a video 3-3 Read a poem	观看校园生活片段,了解遇到问题或不良情绪时,可以想办法解决。
Assignment	1. Read the story fluently. 2. Act like the crow and talk about the changes of feelings, the reasons and his actions vividly. 3. Finish the worksheet.		

Period 5　How do I feel?

I. Objectives

1. Contents

(1) **Sounds**: -st (toast, postman, lamp post)

(2) **Words and expressions**: happy, hungry, thirsty, sad, full, tired

(3) **Sentence structures**: How do/does ... feel?　 ... am/is/are ...

(4) **Passages**: Susie's poem

2. Abilities

(1) Be able to read the words with "-st" and the sentences.

(2) Be able to talk about our daily feelings and say what we can do with the feelings.

(3) Be able to make a new poem about our feelings according to Susie's poem.

3. Culture

Be able to care about the feelings of ourselves.

II. Focus

Be able to say and write our daily feelings and say what we can do with the feelings.

III. Difficulties

Be able to use modeled structure to express our different feelings.

IV. Teaching aids

multi-media courseware, pictures and words, etc

V. Teaching procedures

Procedures	Contents	Methods	Purposes
Pre-task preparation	1. Sound: -st	1-1 Read the sound and the rhyme 1-2 Do some listening practice	复习语音，尝试根据规则找出含有字母组合的单词并朗读。
	2. Review: People have feelings. Animals have feelings.	2-1 Look and say 2-2 Choose and say or act	复习前4课时的主要内容，自主选择说或演。

续 表

Procedures	Contents	Methods	Purposes
While-task Procedure	1. What feelings does Susie have? hungry, thirsty, sad, tired, happy	1-1 Look, listen and fill 1-2 Look and answer 1-3 Brain storm 1-4 Classify the feelings	通过听、看得知Susie的不同情绪；在头脑风暴中感受日常生活中的各种不同情绪，有好的也有不好的。
	2. What can Susie do when she is hungry? have a cake with cream and berries	2-1 Watch the video 2-2 Look and fill 2-3 Read the new phrase 2-4 Read and act Part 1	通过观看视频，获取Susie在hungry状态下做的事情，通过读演巩固所学。
	3. What can Susie do when she's thirsty? have a large bottle of lemonade	3-1 Listen and answer 3-2 Read the phrase 3-3 Discuss and say 3-4 Read and act Part 2	听懂Susie在thirsty状态下做的事情，讨论这种状态下人们通常做的事情。
	4. What can Susie do when she's sad and tired? listen to her favourite song	4-1 Look and read 4-2 Underline and answer 4-3 Read the phrases 4-4 Look and guess 4-5 Read and act Part 3	通过看图、读文，找出Susie缓解情绪的办法，并说一说引起Susie产生这种情绪的原因。
	5. What can Susie do when she's happy? share happiness with friends	5-1 Look and say 5-2 Read the phrase 5-3 Think and say 5-4 Read and act Part 4	看图说一说Susie为什么高兴以及高兴时做了什么。回顾小诗，小组合作朗读。
Post-task Activities	1. Susie's poem	1-1 Watch and follow 1-2 Read the poem 1-3 Think and say 1-4 Look and read	诵读小诗巩固本课所学内容。总结得出：通过做事情可以缓解情绪或分享情绪。
	2. Make a poem	2-1 Look and think 2-2 Draw and write 2-3 Share in groups	通过"我的情绪"分享大会，展示自创小诗。
	3. We have different feelings.	3-1 Watch a video 3-2 Enjoy a poem	视频欣赏感受不同情绪会伴随我们，努力正确面对。
Assignments	Finish the worksheet.		

评价创意与单元评价

一、第一课时评价设计

I. Read and act.

Kitty and Ben go back home. They are very tired. Mum offers them some food and drinks. (Kitty 和 Ben 从公园游玩回来,十分疲惫,妈妈给他们准备了一些食物。请你模仿他们读一读,演一演。)

Self-evaluation：☺

II. Make a dialogue.

It's 7:00 p.m. Dad comes back. He's very tired. (晚上七点,爸爸回家了,他十分疲惫。Kitty 和 Ben 会怎么关心爸爸呢?你能根据提示编一编对话吗?)

Tips:
- Take a rest, Dad.
- Have a sit, Dad.
- I'm back.
- How do you feel, Dad?
- Oh, dears.
- I'm tired.
- There is too much work to do.
- Take off the coat.
- Thank you, sweeties.
- I'm hungry and thirsty.
- Have some water.
- I love you.

Group-evaluation：☺

III. Make a dialogue. （根据所给提示，编一编对话）

It's a sunny day. Mike goes to the Rainbow Park with Dad. He flies a kite. He's very happy. But suddenly the kite flies away. Can you be Dad to care for Mike? （Mike 和爸爸去彩虹公园游玩，Mike 把风筝放得高高的，十分开心，突然风筝线断了，爸爸会怎么关心 Mike 呢？你能编一编对话吗？）

(How do you feel? I'm . . .)

Teacher-evaluation：

二、第二课时评价设计

Kitty and her mother are looking at the photo taken at the beach. They are talking about the children's feelings. （Kitty 和伙伴去沙滩边玩，拍了一张照片给妈妈看，他们正在讨论照片中的孩子们。）

I. Read and write. （妈妈和 Kitty 进行讨论，想知道图中孩子们的情绪。她们会怎么说呢？请你读一读，写一写。）

Kitty: My friends and I are at the beach. Look, Ben has a new ball. He is _____ .

Mum: _____?

Kitty: I'm _____. I swim a lot.

Mum: Look at Danny! Why is he crying?

Kitty: Danny is _____ because water washes his sandcastle away.

Mum: Poor Danny. Oh, here's Alice. How _____ _____ feel?

Kitty: She is _____. She drinks a lot of pineapple juice.

Mum: How about Peter and Tom? How _____ _____ feel?

Kitty: Peter is _____. He wants to eat a hamburger. Tom is not hungry. He is _____. He is taking a rest under an umbrella.

Self-evaluation:

II. Write and say. (Kitty 还拍了一些其他游客的照片，他们是什么情绪或感觉？为什么呢？或者他们想做什么？请你编一编妈妈和 Kitty 的对话。)

How does/do ... feel?

He/She is .../ They are ...
(because) ...

Peer-evaluation:

III. Draw, write and say. （你能画一画并写一写你现在的情绪吗？再说一说。）

Feeling: _____

I am ... (name)
I am ... (feeling)
(Because) I ... (reason)

Teacher-evaluation:

三、第三课时评价设计

It's Sunday morning. Kitty and Ben go to Peter's home with Sam.（周日早上，Kitty 和 Ben 带着 Sam 去 Peter 家。）

I. Look and say.（Sam 做了些什么？它感觉如何？它的行为让 Ginger 产生了什么情绪？请你看一看，说一说。）

Phrases Bank

Jump on the chair　　　duink Ginger's water　　　sit on Ginger's sofa

Self-evaluation：

II. Say and act.（Sam 和 Ginger 有不同的情绪，它们可能会说些什么呢？请你和同伴一起说一说，演一演。）

Group-evaluation：

III. Make a dialogue. （根据所给提示，编一编对话。）

At the beginning（一开始），Sam and Ginger don't like each other, but now they are both happy and they play together. Ben and Peter are confused（疑惑的）. What will they say?（小宠物们的情绪变化很大，主人们之间会说些什么，他们会如何关心自己的宠物呢？请你编一编 Ben 和 Peter 之间的对话。）

(— How does ... feel? — He/She is ... because ...)

Teacher-evaluation：🙂

四、第四课时评价设计

I. Alice cares about other people's feelings at school.

1. Read and circle. （读一读 Alice 的话，圈出与 post 中 -st 发音相同的单词。）

> Today is the first day of school. The students are happy and excited.

> The lady is thirsty and tired. Take a rest, please.

> Tom gets a C in the test. He is very sad.

> The postman is hungry. I can give him a piece of toast.

Peer-evaluation：🙂

II. Alice and Danny read a story about an animal's feelings in "Sunshine Station". They learn a lot about feelings.

1. Think and write. （回想或重读故事，在图表中将乌鸦的情绪与感受的变化及原因补充完整。）

[happy] see a _____
see a _____

[happy]

thirsty and sad

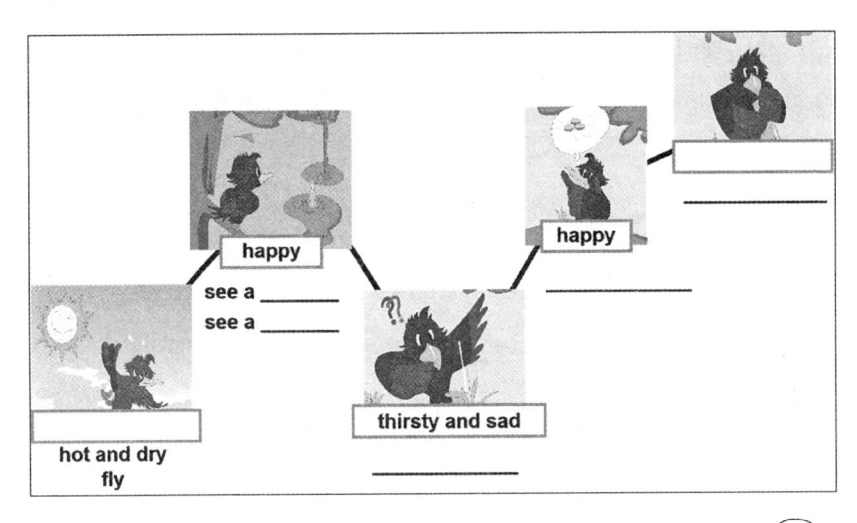

hot and dry
fly

Self-evaluation: ☺

2. Read or act. (扮演乌鸦,借助上面的图表,向小伙伴生动地读一读或演一演它一天中的情绪和感受的变化。)

I choose to... ☐ read ☐ act.

Group-evaluation: ☺

3. Think, draw and say. (模仿乌鸦,回想自己情绪变化较大的某一天或某段时间,画一画自己的情绪变化图,并尝试说一说自己情绪变化的原因和行为。)

Feelings

Time

Teacher-evaluation: ☺

第三章 原味英语:做自信的文化传播者

五、第五课时评价设计

I. Look and read. （Susie 发现这几句英语谚语中都有含有 -st 的单词，请你也尝试读一读。）

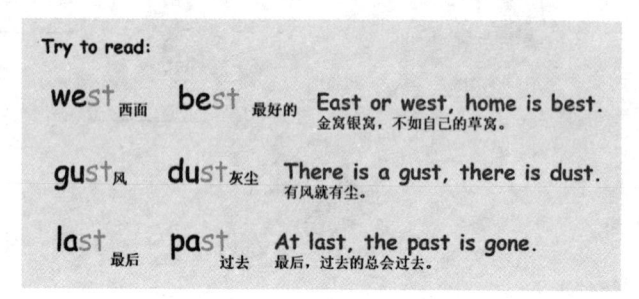

> Try to read:
> we**st** 西面　be**st** 最好的　East or west, home is best.
> 金窝银窝，不如自己的草窝。
>
> gu**st** 风　du**st** 灰尘　There is a gust, there is dust.
> 有风就有尘。
>
> la**st** 最后　pa**st** 过去　At last, the past is gone.
> 最后，过去的总会过去。

Self-evaluation：☺

II. Look and say. （Susie 在心理课上创作了一首关于她日常情绪的小诗，请你借助图片扮演 Susie 说一说。）

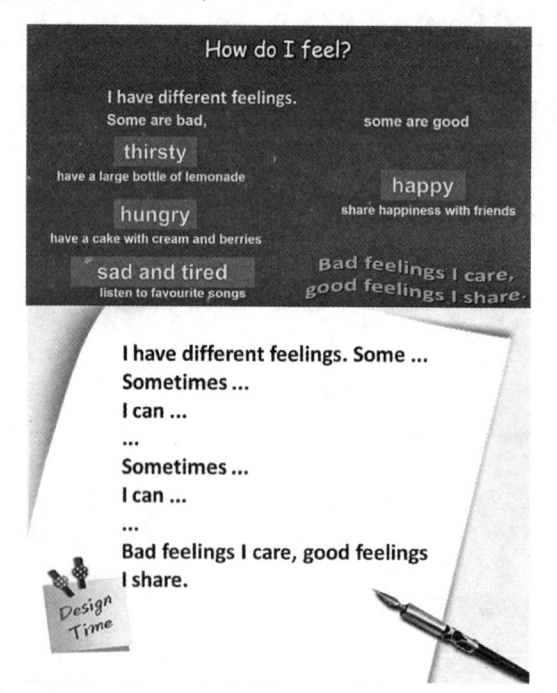

> **How do I feel?**
> I have different feelings.
> Some are bad,　　　　　some are good
> thirsty
> have a large bottle of lemonade
> 　　　　　　　　　　happy
> 　　　　　　　　　　share happiness with friends
> hungry
> have a cake with cream and berries
> 　　　　　　Bad feelings I care,
> sad and tired　good feelings I share.
> listen to favourite songs

> I have different feelings. Some …
> Sometimes …
> I can …
> …
> Sometimes …
> I can …
> …
> Bad feelings I care, good feelings I share.

Design Time

Group-evaluation：☺

III. Think and write. (请你根据以下情形想一想：你会产生怎样的情绪？你会做什么？尝试写一写你的情绪小诗。)

Situation（情形）	Feelings	Ways
Your friend is angry with you.	_____	_____
Your little sister takes your toy.	_____	_____
You can't find your pet dog.	_____	_____
You get a nice gift.	_____	_____

My feelings

I have different feelings. Some _____.

Sometimes _____.

I can _____
_____.

Sometimes _____.

I can _____
_____.

Bad feelings I care, good feelings I share.

Teacher-evaluation：☺

总之，我们一直在践行"实践优化单元整体教学设计、关注单课有效实施"的策略和路径，通过挖掘单元主题意义，设计符合目标和学情的任务和活动，并在教学实施中始终以育人和育能为目标和抓手，以期引导和指导学生在小学英语课程学习与实践中将价值观、能力和品格可持续性地生长和发展。

（撰稿人：周燏玫）

第四章
至善德法：在至善世界里茁壮成长

道德与法治是道德教育与法治教育的融合，它培养儿童的思想政治素质、道德修养、法治素养和人格素养，发挥着育人铸魂的作用。道德与法治课程与儿童的社会生活经验相联系，让儿童的课程学习与生活融为一体。在生动有趣的课程内容和丰富多彩的活动中，实现对儿童学科核心素养的培育，让儿童和道德与法治的世界灿烂相遇。

上海市青浦区教师进修学院附属小学道德与法治学科组现有学科教师26人，1人为专职教师，其余均为兼职教师，基本由语文教师和班主任兼任。学科组秉持"明理笃行，求真至善"的德育理念，以培育"明理"少年为目标，构建道德与法治的"至善德法"课程体系，健全德育工作运行机制，细化实施方案，开展扎实有效、丰富多彩的德育实践活动。依据《义务教育道德与法治课程标准（2022年版）》，结合我校的实际情况，学科组提炼道德与法治学科课程理念，全面推动道德与法治课程的完善和发展，促进儿童全面发展。

第一节 满足儿童发展需求

一、学科性质和价值观

《义务教育道德与法治课程标准（2022年版）》指出："思政课是落实立德树人根本任务的关键课程，道德与法治课程是义务教育阶段的思政课，旨在提升学生思想政治素质、道德修养、法治素养和人格修养等，增强学生做中国人的志气、骨气、底气，为培养以实现中华民族伟大复兴为己任的有理想、有本领、有担当的时代新人打下牢固的思想根基。课程具有政治性、思想性和综合性、实践性。"[1]

基于以上认识，我们道德与法治学科组认为，小学道德与法治课程应秉承立德树人的教育理念，开设丰富的课程内容，通过循序渐进的系统化教育，使道德教育与法治教育相辅相成，培养儿童的思想政治素质、道德修养、法治素养和人格素养。

二、学科课程理念

《义务教育道德与法治课程标准（2022年版）》指出，道德与法治课程要以立德树人为根本任务，发挥课程的思想引领作用；遵循育人规律和学生成长规律，强化课程一体化设计；以社会发展和学生生活为基础，构建综合性课程；坚持教师价值引导和学生主体建构相统一，建立校内与校外相结合的育人机制；综

---

[1] 中华人民共和国教育部. 义务教育道德与法治课程标准（2022年版）[S]. 北京：北京师范大学出版社，2022：1.

合运用多种评价方式，促进知行合一。①

"至善德法"在原有道德与法治课程的基础上，结合学校"与一百个世界相遇"的课程理念，从以下三个方面来培养学生的知情意行：一是遵循育人规律和学生成长规律，强化课程一体化设计；二是以社会发展和学生生活为基础，构建综合性课程；三是坚持教师价值引导和学生主体构建相统一，建立校内与校外相结合的育人机制。

---

① 中华人民共和国教育部. 义务教育道德与法治课程标准（2022年版）[S]. 北京：北京师范大学出版社，2022：2—4.

第二节　丰富儿童精神世界

学科课程目标是道德与法治学科教学的指南针，要求充分关注儿童自身发展的真实需求，进而达到丰富儿童精神世界的目的。

一、学科课程总体目标

依据道德与法治学科核心素养要求，学科组着眼于培养"品行正、知能真、身心健"的具有家国情怀、国际视野的新时代"明理"好少年，同时根据《义务教育道德与法治课程标准（2022年版）》的要求，确定学校道德与法治学科课程的总体目标为:[1]

（1）学生能够初步了解中国的基本国情、中华优秀传统文化的主要代表性成果，了解中国共产党的历史和革命传统、改革开放和中国特色社会主义的伟大成就，汲取党史、新中国史、改革开放史、社会主义发展史所蕴含的精神力量，热爱伟大祖国、中华民族、中华文化、中国共产党和中国特色社会主义，为自己是中国人而自豪；具有维护民族团结的意识，能够把个人发展和国家命运联系起来，维护国家利益和安全；能够理解社会主义核心价值观的内涵及其重要意义，并在社会生活中自觉践行；能够以实现中华民族伟大复兴为己任，增强做中国人的志气、骨气、底气，不负时代，不负韶华，不负党和人民的殷切期望；关心时事，热爱和平，初步具有国际视野和人类命运共同体意识。

（2）学生能够了解个人生活和公共生活中基本的道德要求和行为规范，能够在

---

[1] 中华人民共和国教育部. 义务教育道德与法治课程标准（2022年版）[S]. 北京：北京师范大学出版社，2022：8—10.

日常生活中践行诚实守信、团结友爱、尊老爱幼等基本的道德要求；形成初步的道德认知和判断，能够明辨是非善恶；通过体验、认知和践行，养成良好的道德品质。

（3）学生能够具有基本的规则意识和安全意识，理解宪法的意义，知道与学生生活密切相关的法律，能够初步认识到法律对个人生活、社会秩序和国家发展的规范和保障作用；形成宪法法律至上、法律面前人人平等观念和权利义务相统一观念；遵守规则和法律规范，提高自我防范意识，掌握基本的自我保护方法，预防意外伤害，养成自觉守法、遇事找法、解决问题靠法的思维习惯和行为方式，初步具备依法参与社会生活的能力。

（4）学生能够正确认识生命的意义和价值，珍爱生命，热爱生活；初步具有自尊自强、坚韧乐观的心理素质和道德品质；具有理性平和的心态，能够建立良好的同伴关系、师生关系和家庭关系，树立正确的合作与竞争观念，具有团队意识和互助精神；具备积极向上、锐意进取的人生态度，能够适应变化，不怕挫折。

（5）学生能够关心集体、社会和国家，具有主人翁意识、责任感和集体主义精神，主动承担对自己、家庭、学校和社会的责任，自觉维护祖国统一和国家安全；能够主动参与志愿者活动、社区服务活动，具有为人民服务的奉献精神，勇于担当；能够遵守社会规则和社会公德，依法依规有序参与公共事务，具有公共意识和公共精神；敬畏自然，保护环境，形成人与自然生命共同体的意识。

二、学科课程年级目标

结合"至善德法"课程理念，我们将学科课程目标进行了细化，结合道德与法治学科的教材，形成了"至善德法"年级课程目标，丰富儿童精神世界。（见表4-1）

表4-1 "至善德法"年级课程目标

年级	课 程 目 标
一年级	1. 认识国旗、国徽，知道自己是中国人，了解中国少年先锋队。初步了解国情，热爱集体、热爱家乡、热爱祖国，热爱中国共产党。

续 表

年级	课 程 目 标
	2. 感受自己身份的变化，初步了解学校的环境，知道学校生活有规则，知道健康生活、卫生的基本常识和要求，形成规则意识，初步养成良好的生活、卫生习惯，言行举止符合基本的道德准则和规则。 3. 喜欢和同学、老师交往，高高兴兴地学，快快乐乐地玩。关心他人，乐于与同伴合作、分享。 4. 了解中华民族勤俭节约的传统美德，养成不浪费的习惯。尊敬父母长辈，体贴家人，承担力所能及的家务劳动。 5. 亲近自然，感受自然的美，保护动物，爱护一草一木，保护自然环境。热爱生命，懂得自我保护，远离伤害。
二年级	1. 能制订出切实可行的目标，认真完成自己承担的任务。能看到自己的成长和进步，学会正确对待自己的学习成绩。 2. 热爱学校和班集体，积极参与学校和班级活动，有集体荣誉感，能够关心和帮助他人。 3. 了解家乡的风景名胜和主要物产，关注家乡的发展变化。 4. 了解生活中基本的安全常识，掌握常用的求助信息。热爱生命，懂得自我保护，远离伤害，懂得求助，懂得感恩。 5. 认识党旗，热爱中国共产党，积极加入中国少年先锋队，在生活和学习中自觉维护国家主权、尊严和利益。
三年级	1. 初步认识和体验人的生命是可贵的，珍惜生命。学会认识自己，理解他人，对他人有同情心。 2. 体验公共设施给生活带来的便利，爱护公共设施，遵守公共秩序。感知中国特色社会主义的伟大成就。 3. 做事有耐心，在克服困难中增强自信心。 4. 具有规则意识并学会遵守规则。了解社会交往的基本规则，树立平等意识，互相尊重。 5. 孝敬父母，尊重师长，体会父母的养育之恩和师长的辛劳。
四年级	1. 学习合理消费、勤俭节约的途径和方法，关心家庭生活，主动分担家务，明白劳动创造财富的道理。 2. 初步理解社会主义核心价值观的要求，在日常生活和集体活动中加以践行。 3. 进一步认识自己，理解他人，对他人有同情心。热爱集体，积极参与集体活动和民主管理，有互助意识。 4. 热爱自然，了解自然是我们生活的共同家园，懂得保护环境、爱护动物、节约资源。 5. 学习识别消极情绪、调节情绪的方法。能够表达自己的感受和见解，倾听他人的意见，体会他人的心情和需要。
五年级	1. 初步了解国情，具有维护国家利益和祖国尊严的意识与行动，形成中国人的身份认同感。初步认识重要的历史事实，了解我国发展的历史方位和中国共产党的光辉历程。

续 表

年级	课 程 目 标
	2. 了解中华传统文化的主要代表性成果及其意义，为中华民族创造的文明成就感到自豪。理解社会主义核心价值观的内涵，在日常生活和社会活动中践行。 3. 知道宪法，感受宪法对社会和生活的重要性，形成初步的法治意识。了解公民的基本权利和义务，树立权利和义务相统一的观念。知道民法典，了解未成年人的权利，树立用法律保护个人生命财产安全的意识。知道违法要承担责任，形成守法意识。了解每个人都有维护国家利益和安全的责任。 4. 认识个人与社会、国家和世界的关系，能够适应社会环境的变化。 5. 热爱并尊重自然，自觉保护环境、爱护动物，初步了解可持续发展理念。

第三节　贴近儿童生活

在国家课程的基础上，学科组聚焦道德与法治核心素养，依托校内外资源，拓展开发了一系列课程，基于学生发展需求，形成贴近儿童生活的"至善德法"学科课程群。

一、学科课程结构

《义务教育道德与法治课程标准（2022年版）》指出，道德与法治课程以发展学生的核心素养为导向，以"成长中的我"为原点，由"自我认识"到"我与自然""我与家庭""我与他人""我与社会""我与国家和人类文明"，不断扩展学生的认识和生活范围，以道德与法治教育为框架，有机融入国家安全教育、生命安全与健康教育、劳动教育，以及信息素养教育、金融素养教育等相关主题，强化中华民族传统美德、革命传统和法治教育。根据不同阶段学生的身心发展特点，以学生实际生活为基础，分学段按主题对内容进行科学设计，建构学段衔接、循序渐进、螺旋上升的课程体系。[①]

"至善德法"课程在实施国家课程的基础上，融合校本课程，从四个方面进行课程构建，与学校德育课程相结合，从而形成"至善德法"课程群。"至善德法"课程结构图谱见图4-1。

---

① 中华人民共和国教育部. 义务教育道德与法治课程标准（2022年版）[S]. 北京：北京师范大学出版社，2022：17.

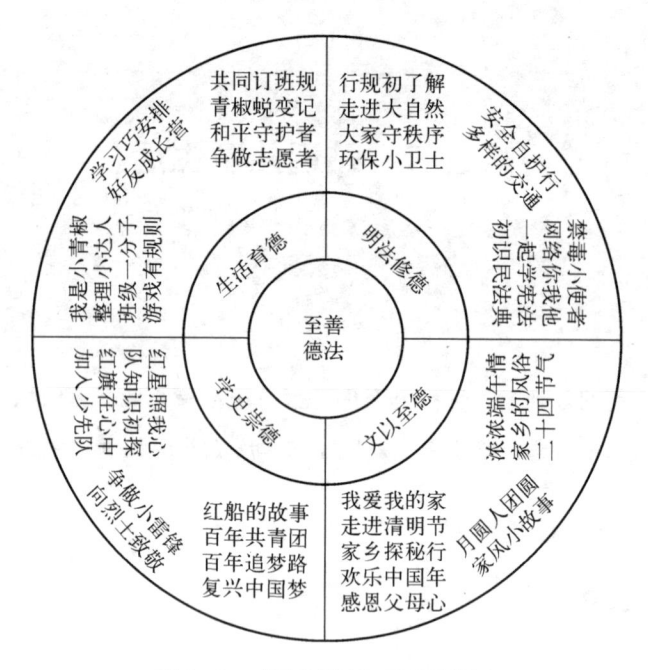

图 4-1 "至善德法"课程结构图

二、学科课程设置

基于上述课程分类，除了基础课程外，我校一至五年级分学期设置了相应的课程。（见表 4-2）

表 4-2 "至善德法"各年级课程设置

	生活育德	明法修德	文以至德	学史崇德
一上	我是小青椒	行规初了解	我爱我的家	红星照我心
一下	整理小达人	走进大自然	走进清明节	队知识初探
二上	班级一分子	大家守秩序	家乡探秘行	红旗在心中
二下	游戏有规则	环保小卫士	欢乐中国年	加入少先队
三上	学习巧安排	安全自护行	感恩父母心	争做小雷锋

续 表

	生活育德	明法修德	文以至德	学史崇德
三下	好友成长营	多样的交通	月圆人团圆	向烈士致敬
四上	共同订班规	禁毒小使者	家风小故事	红船的故事
四下	青椒蜕变记	网络你我他	浓浓端午情	百年共青团
五上	和平守护者	一起学宪法	家乡的风俗	百年追梦路
五下	争做志愿者	初识民法典	二十四节气	复兴中国梦

第四节　让儿童茁壮成长

小学道德与法治课程具有生活性、活动性、开放性、实践性和综合性的特征，学科组在课程实施中遵循学科特点，以学生的生活为基础，通过丰富的活动和实践，将道德教育与法治教育相融合，提高学生的道德水平和法律素养，培育学生的核心素养。

我们对"至善德法"课程实施的认识：坚持教师价值引导和学生主体建构相统一，建立校内与校外相结合的育人机制。

我们对"至善德法"课程评价的认识：道德与法治课程评价要围绕发展学生核心素养，发挥评价的引导作用，改进结果评价，强化过程评价，探索增值评价，运用多种评价方式，发挥评价的诊断、激励和改善功能，促进知行合一。

我们对"至善德法"课程研发的认识：基于学生的发展需求，聚焦核心素养，坚持目标导向，调动多元主题，精选优质的课程资源，通过学科融合、校内外活动拓展等方法，不断完善并更新"至善德法"课程。

基于以上理解和认识，"至善德法"以课堂教学、社会实践和专题教育为主，打造"至善课堂"，开展"至善社会实践"，创建"至善学堂"。

一、打造"至善课堂"，贴近儿童生活

道德与法治课程以儿童为对象，以生活为基础。有人说过："脱离了学生自己的生活世界，即使学习内容也来自'生活'，但是由于这种生活不是学生真正观察、感受、体验的生活，……对于学生而言，就只能是一些符号、事件。"因此，"至善课堂"贴近儿童生活，引导儿童习得知识，从而让儿童更好地生活。

(一)"至善课堂"的内涵和要求

"至善课堂"以感受和体验为引导，让学生在各类活动和实践中学习知识、全面发展。教师在课堂中创造生活化的学习情境，用儿童熟悉、感兴趣的活动使他们参与其中，有效调动儿童学习的积极性和效率，在儿童的心中播撒下道德与法治的种子，使其生根发芽、茁壮成长。

(二)"至善课堂"的实施策略

"至善课堂"的内容符合儿童的认知和发展规律，充分注重学生的主体地位，了解学生的学习能力和兴趣，通过以案导学、创设生活化情境、角色扮演等多种形式，以及各种校内外实践活动，让学生学习、实践、探究和成长，使学生的综合能力与道德素养得到提高。通过系统化、阶梯式的方式，聚焦道德与法治核心素养，实施"至善课堂"。

1. "至善课堂"主题单元式教学设计

我们以道德与法治学科的核心素养内容为主线，进行主题单元教学研讨，将学习内容进行整体分析，制订学习目标，强化单元重点，提高学习成效，具体如下：

（1）明确单元主题的知识领域。单元主题的选择以核心素养为基础，根据学生不同年段的特点，安排不同的学习主题，从"生活育德""明法修德""文以至德""学史崇德"这四个方面入手，明确单元内容归属。

（2）研讨单元四个维度目标。小学道德与法治课程帮助学生逐步形成正确的价值观、必备品格和关键能力，因此，我们从"知识与技能""过程与方法""行为与习惯"和"情感态度与价值观"四个方面对课程目标加以阐述，以指导具体课堂教学的开展。

2. "至善课堂"体验式教学

开展体验式教学，能深化学生的学习体验，从而更好地帮助学生建立知识体系，培养学生的品格。具体从以下三个方面开展：

（1）创设体验情境，开展体验式教学。根据教学需要构建教学情境，营造生动、有趣的氛围，引导学生积极融入情境，在情境中应用自己所学的知识解决问题，进而培养学生的核心素养。在解决实际问题的过程中，学生能利用所学知识点进行分析，进而在情境中进一步巩固所学的法治知识，这是落实"法治观念"

这一核心素养的体现。

（2）通过角色扮演，开展体验式教学。让学生对一个角色进行模仿扮演，帮助学生沉浸在角色中，体验角色的思想和情感，同时调动学生的学习积极性。在角色扮演中，给予学生充分的自主学习、自主探索、自主体验的时间和机会，这对学生领悟角色内涵，掌握道德与法治相关知识有着不可忽视的作用。

（3）借助社会实践活动，开展体验式教学。体验式教学的本质在于让学生收获亲身经历。在设计教学活动时，要尽可能发挥学生的主观能动性，引导学生主动参与活动，主动学习和内化新知。教师可根据教学目的及学生的自身需求来进行整体设计，如结合学校"雏鹰假日小队"开展社会实践活动，帮助学生自主探索道德与法治知识，培养学生良好的道德素养和法治素养。

在"至善课堂"的教学中，采用体验式教学方式遵循了学生的认知发展规律，学生通过亲身参与活动与实践，深入思考，深化学习体验。这样不仅能使知识更贴近学生，便于学生理解吸收和运用，更能够激发学生的学习热情，使其主动参与到学习中来，有助于更好地培养学生的道德与法治的核心素养，加强学生综合实践能力的发展。

（三）"至善课堂"的评价标准

《义务教育道德与法治课程标准（2022年版）》中明确，评价主要涉及价值观念、学习态度、过程表现、学业成就等多方面，贯穿道德与法治课程学习的全过程和教学的各个环节，发挥以评促教、以评促学、以评育人的功能。[①]基于"重过程，轻分数"的原则转变评价方式，需加强对学生学习过程的评价，淡化考试分数评价。这种评价方式的核心是注重学生的潜力与发展、注重过程中的转变，在形成终极性评价之前，学生有很多改正和修正的机会，使终极性评价更趋于公正、客观、全面。"至善课堂"评价标准具体表述见表4-3。

---

① 中华人民共和国教育部. 义务教育道德与法治课程标准（2022年版）[S]. 北京：北京师范大学出版社，2022：49.

表4-3 "至善课堂"评价表

评价维度		评价要素	评级			
			A	B	C	D
目标明确		教学目标基于课程标准、单元整体、课时目标和学生学情,凸显学段目标,重、难点恰当。				
内容丰富		教学内容与目标保持一致,补充资源贴近学生生活。				
学习过程真实有序	情境真实	情境创设联系学生的生活经验,贯穿教学始终。				
	结构合理	道德教育与法治教育相结合,知识建构体现逻辑性、系统性,课堂活动体现学生的主体性。				
	探究真切	问题设计体现从"领会"到"探究",有启发性的问题,引导学生自主学习、独立思考、同伴合作,呈现真实的探究过程。				
	互动高效	互动形式多样,引导学习走向深度。				
学习成果扎实有创		学生扎实掌握所学知识,学会解决实际问题的方法,养成良好的学习习惯和人格素养,形成有效的学习策略。				
学习评价多元有效		采用发展性多元评价,评价适时、适当,激励性、指导性强。				
学习氛围温暖有趣		注重学科育人价值的渗透,始终凸显学生的学习主体地位,教师语言富有感染力和启发性,课堂充满人文关怀。				
课后延伸多样适切		学生结合校内外实践活动,进一步理解并运用所学的概念和技能,实现课堂延伸。				

二、开展"至善社会实践",培育良好品德

在道德与法治教学中,教师应当多为学生提供实践的机会,让学生在实践过程中加深对教学内容的理解,进一步丰富学生的认知,增进其对世界的认识,有助于学生养成健康正确的思想观念。此外,实践教学的方式还可以使学生对教材中的理论概念进行检验,并通过实际体验来印证自身所学,有助于学生达到知行

合一的思想高度。

（一）"至善社会实践"的实施

1. 整合目标，提升教育效度

道德与法治课程目标和社会实践活动总体目标是一致的，旨在培养学生的良好品德。作为一门国家课程，道德与法治课程的目标具有连贯、有梯度等特点，针对不同阶段的学生提出不同的要求。社会实践活动强调自主性，是队员根据自身需要而组织的，时效性很强，但各学段活动目标常常交叉错位、层次不清，缺乏整体性、层次性。因此，我们在实践过程中，以道德与法治课程目标为基准来整合社会实践活动目标，这样，既保持了道德与法治课程目标的一致性，又提高了它的时效性、针对性。

2. 整合内容，提高教育深度

基于道德与法治的课程目标，我们对道德与法治教材内容和社会实践活动的热点主题进行有机整合，提升教育的针对性、时效性和深度。以四年级下册第二单元"做聪明的消费者"第六课《有多少浪费本可避免》为例，在课堂教学中，学生已大致了解了粮食、文具等资源的浪费现象，但仅是有所感悟而并未将所学变成实际行动落实下去。由此，我们结合学校"雏鹰假日小队"的形式，为学生提供社会实践的机会，带领学生参与到社区活动中去。"雏鹰假日小队"来到陈云纪念馆，通过找寻陈云爷爷的老物件，向伟人学习勤俭节约的精神品质。教师、学生连同家长开展"光盘行动"活动，倡导厉行节约，反对浪费。学生积极加入光盘行动，在学校、在家里不挑食、不浪费，吃多少拿多少；在社会上，"雏鹰假日小队"队员们还牵手和爸爸妈妈来到青浦环城水系、万达茂、宝龙广场、富绅广场，开展勤俭节约理念的宣传活动，并且坚持完成"21天光盘打卡"行动，各个争当"光盘小达人"。在之后的日子里，小队成员们纷纷向班集体出谋划策，建议校服、演出服的循环利用，将自己穿不下的校服洗干净捐给学校弟弟妹妹；运动会的演出服，也都收集起来，捐给了学校大队部……

3. 整合时间，拓展教育宽度

每周2—3节的道德与法治课堂教学，只能解决学生认知方面的问题。要让学生的实践能力得到培养，还需想方设法安排更多的实践时间，这样才能保证"知行合一"。社会实践有延伸课后、校外的灵活性，学校结合实际情况，把实践课时、课后活动时间等进行统筹安排，保证学生的实践体验时间，增强他们的体验，有效地达成习惯培养和道德形成的课程目标。

（二）"至善社会实践"的评价

我们利用评价手段促进学生道德与法治和社会实践的有机融合，从参与的态度、学习方法的掌握和实践能力的发展三方面进行总结，引导学生自觉地按标准要求自己、评价自己，确立新目标，实现新进步，让评价真正成为推动学生积极向上的"加油站"。"至善社会实践"评价标准具体表述见表4-4。

表4-4 "至善社会实践"评价表

评价项目	评价要点	评价等级（自评） ☆☆☆	☆☆	☆	评价等级（组长评） ☆☆☆	☆☆	☆
参与的态度	1. 认真参加每一次活动						
	2. 努力完成自己承担的任务						
	3. 做好资料积累和收集的工作						
	4. 主动提出自己的设想						
	5. 乐于合作，能和同学交流，尊重他人						
学习方法的掌握	1. 能用多种途径获取信息						
	2. 能运用已有的知识解决问题						
实践能力的发展	1. 有求知的好奇心、探索的欲望						
	2. 独立思考、自主学习，主动发现问题，提出问题，寻求解决问题的方法						
	3. 积极实践，发挥个性特长，施展才华						
我的感想							

三、创建"至善学堂",护航儿童成长

"至善学堂"是"至善课堂"的补充和拓展延伸,是课程的重要组成部分,以活动为载体,螺旋式递进提升育人方式,明确每个年段每个学期的育人大方向,内容丰富、形式多样,且契合时代对儿童培养的要求。

(一)"至善学堂"的实施

"至善学堂"基于学生的实际学情展开。该课程面向一至五年级全体学生,为必修课程,由学校统一排课入课表;分年段分学期开展相应的主题,教师按课表进行上课。根据各年段特点,该必修类课程附加于"生活育德、明法修德、文以至德、学史崇德"四大板块作为补充。

"生活育德"板块中,"至善学堂"引导学生认识自我新角色,初步建立规则意识,学会与同伴友好相处,敬畏生命,树立正确的是非观念。

"明法修德"板块中,"至善学堂"让每一位学生都明确自己是社会小公民角色,初步建立规则意识,逐步建立法治意识,在系列活动中逐步知法、懂法、守法,初步建立生活中用法的意识。

"文以致德"板块中,"至善学堂"通过对学生实施民族传统文化教育,培养其民族自豪感与自信心,激发学生的责任担当意识,厚植爱国主义情感;使学生知道孝亲行为是美德,培养孝亲意识与行动,积极用行动传承、发扬中华传统美德文化。鼓励学生用笔记录生活中的孝亲行动,大胆抒发感恩之情,激励他们将孝亲行动体现在生活的时时处处,让感恩常驻心间。

"学史崇德"板块中,"至善学堂"让学生了解"团—队—党"历史,牢记历史,感悟革命精神,体会和平幸福年代的来之不易,从小爱祖国,立远大志向,追求上进,争做新时代"明理"好少年。

(二)"至善学堂"的评价标准

"至善学堂"引领下的育人实践活动是充满趣味的。"至善学堂"鼓励学生积极参与到主题班队活动中来,通过课程内容引领学生正确认知、明辨是非,建立正确的三观、树立社会主义核心价值观;鼓励学生参与多形式合作互动,大胆表达展示自我,培养伙伴间团结互助、友好合作的精神,增进亲子情感、提升相处

融洽度;"至善学堂"不断开拓创新,创设符合主题的各类丰富有趣的活动,培养学生勇于探索、大胆实践的能力;"至善学堂"的建设将日趋完善,打造育人重要课程。

每一位参与"至善学堂"的学生,一个学期接受两次考评,每一位学生都会收到学校颁的小奖状。为了促进学生间的合作与分享、活动探究的参与表现以及活动效果等,"至善学堂"制定了相应的评价要求。(见表4-5)

表4-5 "至善学堂"评价表

姓名_____ 班级_____ 学号_____ 奖励个数_____

	评 价 内 容	自 评	小组评	师 评
活动前	根据要求,认真完成探究内容。	♥♥♥	♥♥♥	♥♥♥
	发现问题时能积极思考,想办法解决。	♥♥	♥♥	♥♥
活动中	主题活动过程中,专心听讲、认真参与。	♥♥	♥♥	♥♥
	小组合作时,听从组长指挥。	♥♥	♥♥	♥♥
	勇敢表达想法,也能认真倾听同伴的分享。	♥♥	♥♥	♥♥
	活动过程中,与他人合作愉快。	♥♥	♥♥	♥♥
	积极参与课堂交流,表达分享时声音响亮、态度大方。	♥♥♥	♥♥	♥♥
活动后	认真活动,有收获,会简单表达。	♥♥	♥♥	♥♥
	主动与伙伴、家人分享收获。	♥♥♥	♥♥	♥♥
备注	正在进步 ♥♥♥ 表现良好 ♥♥♥ 表现优秀 ♥♥♥			

通过团队成员自评、小组评以及师评,汇总小爱心总数,一学期两次评比,充分关注学生的过程性活动参与情况。主要从活动前、中、后三个维度进行多元评价,鼓励学生主动参与、积极探索、学会合作与表达,并在活动后有收获、会运用。德育的成效不在一朝一夕,也不仅仅是某些孩子的进步,而是通过每一次活动,全体学生都能有所收获,都能被看见进步。因此,认真参与活动的每位学

生都值得被肯定与表扬，故考评活动人人有奖，根据具体表现情况，评选出"进步飞跃星""金点子小达人""操作小能人""合作小先锋""创意小新星"等，以此提升班级整体活动参与的积极性，提升班级整体育人效果。

　　总之，"至善德法"是在核心素养导向下的课程体系，注重促进儿童的全面发展。"明理笃行 求真至善"是我校的校训，也是我们努力实践的教育理想。我们会将课程内容与学生的真实生活相融合，将生活逻辑和学科逻辑相融合，引导学生自主合作和探究，在实践的体验感中发展学生的核心素养，培养有理想、有本领、有担当的中国好少年！

　　　　　　　　　　（撰稿人：钱程婧　钱莹莹　李雯洁　张轶男）

学科实践创意 ｜ 让心灵开出灿烂之花

——"至善学堂"课程纲要

品德是最难下定义的，但它却是人生中最具影响力而重要的东西，提升自身品德修养成为了每个人生命中的必修课，也是一个人最重要的核心素养之一。《义务教育道德与法治课程标准（2022 年版）》指出："核心素养是课程育人价值的集中体现，是学生通过课程学习逐步形成的正确价值观、必备品格和关键能力。"[1]

一、课程性质观

"至善学堂"课程是在原有道德与法治课程的基础上进行拓展，以培养学生具备完善道德修养为目标的一门课程。本课程由班主任老师负责开发与实施，利用午会课、少先队活动课进一步规范学生在校、在家、在社会的个人行为规范，帮助他们树立正确的世界观、人生观、价值观，养成良好的个人习惯，形成向善的道德修养，铸就自强的社会之志。

二、课程理念

基于学科教学和学生品德教育的实际结果，遵循儿童心理发展规律，我们提出了以"明理"为核心的小青椒"至善学堂"课程理念。何为至善？"至善"即最崇高的善，它蕴含着最有序、最美好的品格，它没有可视化的行为标准但又指引人不断前行。"至善学堂"以育人为本，在教育活动中不断唤醒和找回人性的内在本真美好，并在此基础上促进生命活动美好有序地至善发展。洛克在《教育漫话》提到：健康的精神寓于健康的身体。[2] 生命的有序发展客观上要求人达到至善的行为水平。只有具备教育至善的价值之基，才能为教育奠定人性基础，升起崇高的理想信念。基于此我们提出了"培明理之人，育德善之人，养品行合一之人"的课程理念。

课程要培养明理之人。明理即明察道理，分辨是非，区分善恶。课程为学生

---

[1] 中华人民共和国教育部. 义务教育道德与法治课程标准（2022 年版）[S]. 北京：北京师范大学出版社，2022：5.

[2] （英）约翰·洛克. 教育漫话 [M]. 杨汉麟，译. 北京：人民教育出版社，2006：7.

提供了丰富多彩的机会和平台，在互动交流中，在体验操作中，让学生在各类经历和生活事例中懂得道理，树立向上、向善的人生观。

课程要培养品德良善之人。孟子曾说：人之初，性本善。善是人之本也是教育之宗旨，课程遵循人性本善的宗旨，营造团结友好的学习氛围，在团结协作的基础上塑造学生纯真善良的优良品质。

课程要培养品行合一之人。知是行之始，行是知之成。课程帮助学生在实践中求取知识，明白事理，将所学所知实践于生活中，成为真正的明理笃行之人。

三、课程目标

根据《义务教育道德与法治课程标准（2022年版）》的要求，结合对课程理念的理解，我们确定了"至善学堂"的总体目标：

（1）通过各类仪式教育活动，学生能够把个人发展和国家联系起来；能够理解社会主义核心价值观的内涵及其重要意义，并在社会生活中自觉践行。

（2）通过课程学习活动，学生明白基本的道德要求和行为规范，在日常生活中践行诚实守信、尊老爱幼、为他人着想等基本的道德要求；初步具备道德认知和判断的能力；通过体验、认知和践行，养成良好的道德品质。

（3）学生能够在集体学习和生活中，主动承担对自己、家庭、学校和社会的责任，主动参与志愿者活动、社区公益服务活动。

"至善学堂"依据课程的育人特点，突出明理笃行的教学理念，旨在提高学生在生活中的适应力与实践能力。"至善学堂"的课程理念不但把学科的关注点放在学科基本知识的内容组合上，而且将学习的过程、学习的方法与学习的结果综合起来设计，尤其关注学习方式的多样性，力求学生能通过多种方式的学习，增长见识，更好地生活，与一百个世界相遇。

四、课程内容

在尊重学科特点和学生认知规律的基础上，"至善学堂"依据不同年级学生的学习能力和身心发展规律，由浅入深、从易到难，设定了不同的课程内容。（见表4-6）

表4-6 "至善学堂"课程内容安排表

学期	课程名称	课程内容
一上	走进集体	熟悉班级中的每一位同学，向他人介绍自己；尊重老师，友爱同学；知道自己是班集体的一员，自己的成长离不开班集体。
一下	集体主人	通过设计班徽的活动，让自己做班级的主人，培养良好的学习习惯、作息习惯，遵守班级的规则，愿意在集体中生活，感受集体生活的快乐，愿意为集体做事。
二上	责任教育	通过班级岗位选举，在班级里找到适合自己的小岗位。知道每个岗位的职责，践行岗位工作内容。
二下	榜样树立	通过岗位活动，树立为他人着想的价值观，努力成为榜样，坚定在岗位上认真服务的恒心，与伙伴分享经验。
三上	能手比拼	通过"岗位能手大比拼"活动，了解学校历史，熟悉学校的各部门、建校理念等。
三下	感恩教育	通过教师节、父亲节、母亲节、重阳节等各类节日，表达对他人的关心与感恩。
四上	劳动教育	通过"我为家庭出份力"的比一比活动，体会到劳动创造美好家庭氛围。
四下	品格教育	学会与人相处，换位思考，勇于担责；在学习生活中明察道理，分辨是非，区分善恶。
五上	爱国教育	通过爱国教育活动，明白个人与国家的命运息息相关，树立爱祖国、爱人民、爱他人、爱自己的核心价值观。
五下	社会实践	通过社会实践活动，做懂法守法小公民，用道德的准则严格要求自己，踏实笃行，乐于奉献。

五、课程实施

"至善学堂"重在培养学生为他人着想的善良品质、强烈的社会责任感、高尚的道德情操，让学生在各种活动中体验到作为社会一分子、集体一分子、家庭一分子的价值感；让学生学会与人相处、换位思考、勇于担责，努力营造积极向上的学习氛围。学校以多种活动展示，促进"至善学堂"课程的全面落实，为孩子的全面发展提供一些展示的舞台。"至善学堂"的课程内容贯穿一至五年级。

在低年段，结合《道德与法治》教材内容，利用班队课、十分钟队会等活动形式，使学生充分了解作为集体一分子的使命和担当。低年段的孩子多以自我为中心，对常规认识不足，缺乏自我控制能力，缺乏集体观念，所以我校还利用每班的班徽设计、班级"荣誉树"、"金点子信箱"等对学生进行集体荣誉教育。除此之外，为加强学生的身份意识，我校还结合《小学生日常行为规范》，通过开展"顶呱呱"中队评选、"优秀小团员选举"等活动，使学生愿意在集体中学习生活、感受集体生活的快乐，收获作为集体一分子的价值感。

在中、高年段，"至善学堂"侧重于帮助学生建立起在学校、家庭、社会中的身份责任意识，充分利用学校的校园文化墙、"一班一品"文化墙、中队角等，让学生意识到自己是学校的小主人，树立校园主人翁意识，为学校的长足发展建言献策。除此之外，"我和校长有个约会""雏鹰假日小队"等活动让学生明确在社会中的责任，自己的健康成长与社会上无数不知名的人们的努力和关爱息息相关，学会换位思考，懂得感恩，以志愿者的身份服务他人、奉献社会，用实际行动来体现自己的主人翁身份。假期利用网络平台落实劳动教育，鼓励学生学会一项劳动技能，并且参与一项公共事务，培养作为社会公民的民主意识，做现代化的合格小公民。

六、课程评价

课程评价包含对课程设计的各个方面的评价，包括课程目标、课程内容、课程实施、课程效果。本课程的评价重在围绕教学实施主体和教学对象展开，目的在于通过教师的教促进学生的发展，使学生通过学校组织的各级各类活动，对社会道德与法治的知识有所认知、了解，并能根据社会生活中的实践经历做出正确判断，做一个明察道理、区分善恶、心怀善良的"明理"少年。本课程的评价关注每一位学生，从每一位学生的原有基础出发，充分考虑学生的个体差异性，尊重学生的性格特点。我们采用量性评价和质性评价相结合的形式，从教师和学生两个维度进行评价，突出评价的多元性和激励性原则。

1. 多元性原则

单一的维度数值不能客观地评价学生在对新知的建构过程中达到的效果，所以在评价方面要考虑多维度和综合能力的体现，如在学习某知识点时，不仅要考查学生的理解能力，还要考查学生对知识的应用和拓展能力。因此，评价也应该是多方面的。课程评价的多元性包含评价对象、评价维度、评价要素、评价指标。

2. 激励性原则

评价是对教学活动效果最直接和极有效的反馈。激励性的评价能够从不同角度，给不同层次学生以肯定、鼓励和赞扬，使学生激发学习时的自信心，促进学习内驱力的形成，诱发学习兴趣，从而达到积极主动学习、提升学习效果的目标。长此以往，积极正面的评价会成为一种激励学生不断发展的动力。

结合评价的目的与原则，为加强教师对"至善学堂"的理解，丰富教师的课程经验，促进教师的专业发展，本课程以形成性评价为主对教师的课堂教学和学生的学习成果进行评价。

1. 以教师为主的形成性评价

收集学生在课堂和活动中的有关信息资料，运用测试、调查和老师观察的方法对学生的活动及知识掌握情况进行评价，如用测验的方式考查学生对儿童团、少先队、党史的知识的掌握情况，用调查问卷的方式考查学生对于国家观、家庭观的建立情况，用课堂观察的方式考查学生的习惯养成、活动组织能力等。

2. 以学生为主的形成性评价

以学生为主的评价，评价主体是学生本人，依靠学生自主探索、自主发现、自主判定进行评价。评价方式可以是通过小组对个人的评价和学生个人的自我评价。评价标准主要是自主学习能力、协作学习过程中做出的贡献、是否达到意义建构的要求等。

表4-7 "至善学堂"教师评价量化表

学校		班级		学科		教师	
课题					课型		
一级指标	二级指标						得分
目标 （20分）	符合课程标准及道德与法治课程的核心素养，为学生成为"明理"少年奠定基础； 目标设定清晰，符合学生的身心发展特点。						
内容 （20分）	立足道德与法治学科的核心素养，设计合理，重、难点突出，难度循序渐进； 内容丰富，能有效激发学生的学习兴趣； 分层设计，兼顾到每位学生的学习水平。						

续表

过程 (30分)	教师发挥引领作用，促进学生运用多种方式学习； 鼓励探究式学习方法，允许质疑，鼓励质疑； 充分发挥学生的主体作用，以学生的认知水平为基础，开展合作学习、交流互动； 课堂学习氛围浓厚，学生积极参与。	
效果 (30分)	培养良好的道德行为规范； 初步具备道德认知和判断的能力； 践行基本的道德要求。	
评语		总分
说明	等级：85—100分为优秀课，75—84分为良好，60—74分为合格，60分以下为不合格。有违师德师风或有学科性错误的判定为不合格。	

表4-8 "至善学堂"学生评价量化表

姓名		班级		指导教师				
评价项目	评价要点				过程性评价 (优，良，合格，需努力)			形成性评价 (优，良，合格，需努力)
					自评	他评	师评	
课堂表现	积极参与课堂，能回答出核心素养的内涵； 为自己身为中国人而自豪，传播正能量； 指出生活中不道德的行为，表达自己感受。							
行为习惯	学习中，主动承担自身的责任，认真学习，友善他人； 生活中，承担家庭的责任，主动做家务，理解父母，宽容待人。							
实践运用	敢于阻止和谴责不道德的行为和现象； 能团结他人，主动沟通，辨明是非； 能主动分享，乐于奉献，做正义的传播者、社会公益活动的热爱者。							
评语					总评 (优，良，合格，需努力)			

不论是"至善学堂"的课程内容还是具体的实施方法，都贴近学生的生活实

际，对学生的价值观的建立起到了四两拨千斤之用，课程围绕学校教学宗旨，充分考虑学生的发展规律和实际特点，涵养了学生的精神世界，帮助学生更好地学习与生活。

（撰稿人：蔡巧玲）

第五章
情美音乐：在拨动心弦中成长

音乐是对思想和情感的表达，是对美的感知和理解；音乐蕴含着丰富的文化和历史内涵，是审美教育的核心。"情美音乐"让儿童在"情美合一"的理念中徜徉于多彩音乐中，感悟音乐、表现音乐、探索音乐、创造音乐，在婉转的歌声、曼妙的舞步中与缤纷世界相遇，从而获得智慧的启示、愉快的合作，滋养心灵，收获成长。

上海市青浦区教师进修学院附属小学音乐学科组是一个朝气蓬勃、充满活力的团队，组内的三位音乐教师均为硕士研究生学历，在歌唱、舞蹈、器乐等方面各具特长，立足教育本质，扎实教学、培养兴趣，用艺术传递向上的人生观、价值观，用音乐播撒美和正能量，在培育儿童核心素养的道路上孜孜以求。组内教师多次承担教学展示任务，一次次的课堂磨砺使教学精益求精，在不同级别的优秀课评比中收获了优异的成绩。音乐学科组为儿童提供多种他们喜闻乐见的艺术活动，辅导的学生在我区中小学艺术展演比赛中多次获得优异奖项。结合教育部《义务教育艺术课程标准（2022年版）》以及我校师资与课程建设逐步完善的实际情况，我们构建"情美音乐"课程体系，推进音乐学科课程群建设。

第一节　与多彩艺术的世界相遇

小学阶段是儿童学习音乐的基础阶段，通过音乐课程的学习，学生不仅能增长音乐知识、提升音乐技能，而且能培养欣赏音乐美的能力，激发热爱生活、探索世界、创造美、传递美的思想情感，促进全面、持续、健康的发展，在音乐实践中与多彩世界相遇。

一、学科性质

音乐是人类最古老、最具普遍性和感染力的艺术形式之一，是人类表现与交流思想和感情的必不可少的听觉艺术，是人类精神生活的有机组成部分。《义务教育艺术课程标准（2022 年版）》指出：艺术是人类精神文明的重要组成部分，是运用特定的媒介、语言、形式和技艺等塑造艺术形象，反映自然、社会及人的创造性活动。艺术教育以形象的力量与美的境界促进人的审美和人文素养的提升。艺术教育是美育的重要组成部分，其核心在于弘扬真善美，塑造美好心灵。义务教育艺术课程包括音乐、美术、舞蹈、戏剧（含戏曲）、影视（含数字媒体艺术），是对学生进行审美教育、情操教育、心灵教育，培养想象力和创新思维等的重要课程，具有审美性、情感性、实践性、创造性、人文性等特点。[①]

《义务教育艺术课程标准（2022 年版）》指出，"义务教育艺术课程以立德树人为根本任务，培育和践行社会主义核心价值观，……坚持以美育人、以美化

---

① 中华人民共和国教育部. 义务教育艺术课程标准（2022 年版）[S]. 北京：北京师范大学出版社，2022：1.

人、以美润心、以美培元，引领学生在健康向上的审美实践中感知、体验与理解艺术，逐步提高感受美、欣赏美、表现美、创造美的能力"①。音乐学科的性质决定了这门课程要在培养儿童基础知识与技能的基础上，为他们提供审美体验，陶冶其情操，启迪其智慧，使其开发创造性发展潜能，提升创造力；传承民族优秀文化，增进对世界音乐文化丰富性和多样性的认识和理解；促进人际交往、情感沟通。音乐学科是富有情感的、富有审美的，是潜移默化的艺术审美教育，它将会伴随儿童不断成长，让儿童热爱生命、热爱生活，逐步养成健康、高尚的审美情趣和积极乐观的生活态度，激活儿童的表现欲望和创造冲动，使他们的想象力和创造思维得到充分发挥，推动他们养成共同参与活动的群体意识和相互尊重的合作意识，增进对不同文化的理解，体验美感、丰富情感，从而绽放精彩、展示自我，实现课程价值目标。

二、学科课程理念

《义务教育艺术课程标准（2022年版）》提出学科的课程理念是：坚持以美育人、重视艺术体验、突出课程综合。②

基于此，音乐学科组提出了"情美音乐"学科课程，通过美妙的音乐、律动的节奏来表现对音乐的理解，传承弘扬民族音乐文化。"情"即情感化，提倡以情怡情、以情感人，循着旋律感受体验；"美"释义漂亮与美好，即审美化，提倡以美育美、以美育人。我们的"情美"理念指的是音乐的形式、风格完美，在教育的过程中，尊重每一位儿童内心对音乐艺术美感的感知与追求，以审美为核心，以爱好为动力，以实践为途径，以启发为契机，鼓励儿童对所听音乐表达独立感受与见解。我们根据儿童音乐素养现状，以"情美"为基础理念，开发富有特色的感受与体验的多彩音乐课程；以"与多彩世界相遇"为出发点，让儿童的兴趣和向往、生活和理想、生命和创造在生机勃勃的课堂环境中焕发和飞扬。

---

① 中华人民共和国教育部. 义务教育艺术课程标准（2022年版）[S]. 北京：北京师范大学出版社，2022：1.
② 中华人民共和国教育部. 义务教育艺术课程标准（2022年版）[S]. 北京：北京师范大学出版社，2022：2.

1. "情美音乐"是感受美的音乐

"音乐感受与欣赏"是学生形成音乐感知、体验和理解能力的有效途径。《义务教育艺术课程标准（2022年版）》指出，"重视学生在学习过程中的艺术感知及情感体验，激发学生参与艺术活动的兴趣和热情"[①]。通过学习这一主题，学生能形成体验音乐艺术美好情感内涵的能力和积极求知探索的态度，进而热爱祖国优秀的音乐文化，了解世界音乐文化的多样性，在增强民族自豪感的同时，形成正确的审美观念和积极的实践态度。通过课堂内外的学习和活动，在实施音乐教育的过程中，教师创设良好的学习情境，适当运用观察、比较和练习等方法引导儿童积极主动、全身心地投入音乐实践活动中，去体验、发现音乐的美，实现学习音乐知识至体验音乐乐趣的转移，感悟生活之美。

2. "情美音乐"是表现美的音乐

"音乐表现"是形成音乐乐感和美感的实践方式，包括由识读乐谱、演唱、演奏和舞蹈组成的表演技能，以及由歌表演和综合表演组成的综合技能。"音乐表现"的重点是在感知、理解音乐要素及其表现作用和了解音乐相关文化背景的基础上，学习识读乐谱、演唱、演奏以及综合艺术表演的基本方法，并运用音乐表演基本技能，表达对音乐思想情感与文化内涵的理解，形成丰富、健康的审美情趣。

3. "情美音乐"是创造美的音乐

《义务教育艺术课程标准（2022年版）》指出："创意实践的培育，有助于学生形成创新意识，提高艺术实践能力和创造能力，增强团队精神。"[②] "音乐创造"是培养音乐创造性思维、创新意识和创新能力的有效手段，其重点是学会即性创编的简单技能和基本方法。"音乐创造"的学习，有助于学生形成自主探究、独立思考、合作表现的习惯和态度，懂得理解规则，尊重和欣赏他人的学习成果，进而激发热爱和创造美好事物的热情。"情美音乐"通过营造自然和谐的氛围，设定生动有趣的创造性活动内容、形式和情境，让儿童从时间性、空间性、

---

① 中华人民共和国教育部. 义务教育音乐课程标准（2022年版）[S]. 北京：北京师范大学出版社，2022：2.

② 中华人民共和国教育部. 义务教育音乐课程标准（2022年版）[S]. 北京：北京师范大学出版社，2022：6.

表演性和情感性等方面获得直观感受；使儿童开拓创新，激发创作灵感，从音乐活动的参与者成为音乐的创造者；给予儿童发挥想象力和潜能的空间，也为儿童提供积累音乐创作经验和激发思维能力的机会。

综上所述，"情美音乐"遵循儿童身心发展的特点，培养学生的审美素养和创新能力，全面提升学生的综合素养，在音乐实践运用中塑造学生健全的人格。

第二节　建立儿童对音乐的持久兴趣

"情美音乐"课程围绕核心素养，以系统单元教学目标为核心进行单元整体架构，体现课程性质，反映课程理念，学科组据此制定课程总体目标和年级目标。

一、学科课程总体目标

《义务教育艺术课程标准（2022年版）》对课程总目标做出以下阐述和要求："感知、发现、体验和欣赏艺术美、自然美、生活美、社会美，提升审美感知能力。丰富想象力，运用媒介、技术和独特的艺术语言进行表达与交流，运用形象思维创作情景生动、意蕴健康的艺术作品，提高艺术表现能力。发展创新思维，积极参与创作、表演、展示、制作等艺术实践活动，学会发现并解决问题，提升创意实践能力。感受和理解我国深厚的文化底蕴和党的百年奋斗重大成就，传承和弘扬中华优秀传统文化、革命文化、社会主义先进文化，坚定文化自信，铸牢中华民族共同体意识。了解不同地区、民族和国家的历史与文化传统，理解文化与构建人类命运共同体的关系，学会尊重、理解和包容。"[1] 因此，抓住音乐的特点，突出音乐的魅力，提高学生的核心素养是音乐教育的核心理念和价值追求。

基于这一理念，我校结合实际情况，结合音乐学科三类核心活动，综合"知识与技能""过程与方法""情感态度与价值观"三个维度开展了"情美音乐"的课程体系构建与实践研究，关注学习方式的转变，确定了"情美音乐"的课程总目标：通过小学五年的音乐学习，学生能够以个人或集体合作的方式主动参与

---

[1] 中华人民共和国教育部. 义务教育艺术课程标准（2022年版）[S]. 北京：北京师范大学出版社，2022：6—7.

音乐活动，丰富情感体验，培养对生活的积极乐观态度，树立积极健康的生活态度、高尚情操和友爱精神，获得对音乐学习的持久兴趣；通过"情美音乐"课程中体验、模仿、探究、合作、综合的学习，具备一定的音乐基础知识、音乐基本技能和音乐相关素养，敢于表达自己的情感与思想；尊重艺术，理解世界文化的多样性，传承优秀的中华文化；通过系统的音乐学习，培养"向善尚美"的艺术审美，提升音乐素养和创新能力。

二、学科课程年级目标

结合"情美音乐"课程的理念，我们将学科课程目标进行了细化，在目前教材编制突出人文性倾向的情况下，突出重点，把握关键，形成了以单元为单位的课程目标，依据课程内容，规格化呈现教材教法分析要素，结构化概括单元教学内容重点。这里分别以各年级课程目标和四年级音乐学科课程单元目标为例。（见表5-1、5-2）

表5-1　"情美音乐"各年级课程设置

	情美欣赏	情美表现	情美创造	情美探究
一年级	·感受音乐的情绪并做出反应； ·联想、想象音乐表现的情境与形象并做出反应； ·感知节拍的强弱规律并做出反应； ·感知速度及其变化并做出反应； ·感知力度及其变化并做出反应。	·感知常用音符与休止符时值； ·借助听觉认识唱名音位并模唱（奏）短小旋律； ·以模仿、听唱的方式齐唱歌曲； ·按指挥动作的提示演唱； ·用整齐、自然的声音演唱； ·按音乐的速度与节拍演唱； ·以模仿的方式学会课堂乐器的演奏方法； ·按指挥动作的提示演奏； ·用整齐的声音演奏； ·按音乐的速度与节拍演奏； （转下页）	·探索利用发声材料模拟表现自然界或生活中声音的音乐表现手段； ·探索利用发声材料表现音的强弱的形式手段； ·探索利用发声材料表现音的长短的形式手段； ·探索利用发声材料表现音的高低的形式手段； ·模仿范例知道开展即兴节奏编创的形式； （转下页）	·感知短小歌（乐）曲的风格特点； ·感知中外民族民间音乐的风格特点； ·知道几位音乐家的生平与代表作； ·知道不同社会、生活场景中音乐的不同表现作用； ·知道中国传统戏曲和曲艺的相关知识。

续表

	情美欣赏	情美表现	情美创造	情美探究
二年级	• 感知器乐音色的特点并做出反应； • 感知旋律特点并做出反应； • 感知结构简短的常见声乐体裁并做出反应； • 感知简单的声乐演唱形式并做出反应； • 感知结构简短的常见器乐体裁并做出反应； • 感知简单的器乐演奏形式并做出反应。	（接上页） • 以模仿的方式学会歌表演和舞蹈； • 知道开展综合艺术表演的基本方法。	（接上页） • 模仿范例知道开展即兴旋律编创的形式； • 知道使用常用打击乐器即兴伴奏的方法。	• 知道几位音乐家的生平与代表作； • 知道音乐作品的民族、地域文化与创作背景； • 知道不同社会、生活场景中音乐的不同表现作用； • 知道中国传统戏曲、曲艺的相关知识。
三年级	• 辨别音乐的不同情绪； • 阐释对不同音乐情境与形象的联想； • 辨别不同音乐节拍的强弱规律； • 辨别音乐的速度及其变化； • 辨别音乐的力度及其变化； • 感知人声音色的特点并做出反应； • 感知器乐音色的特点并做出反应； • 感知旋律特点并做出反应； • 感知结构简短的常见声乐体裁并做出反应； • 感知简单的声乐演唱形式并做出反应； • 感知结构简短的常见器乐体裁并做出反应； • 感知简单的器乐演奏形式并做出反应。	• 按音符与休止符时值正确识读节奏； • 视唱（奏）短小旋律； • 按音乐记号与术语读谱唱（奏）； • 以视听结合的方式齐唱； • 以模仿、听唱的方式合唱； • 按指挥动作的提示演唱； • 学会用统一的音色演唱； • 按音乐的速度与节拍演唱； • 以模仿的方式学会课堂乐器的演奏方法； • 按指挥动作的提示演奏； • 学会控制音量演奏； • 按音乐的速度与节拍演奏； • 以模仿的方式学会歌表演和舞蹈； • 知道开展综合艺术表演的基本方法。	• 学会选用发声材料创造音乐音响； • 学会选用发声材料参与音乐表演的方法； • 领会开展即兴节奏编创的方法与规则； • 领会开展即兴旋律编创方法与规则； • 知道简单音乐创作的方法与规则； • 知道创造性综合表演的形式与方法。	• 知道几位音乐家的生平与代表作； • 知道音乐作品的民族、地域文化与创作背景； • 领会不同社会、生活场景中音乐的表现作用； • 领会中国传统戏曲、曲艺的相关知识； • 领会电影、戏剧和舞蹈中音乐的表现作用。

续　表

	情美欣赏	情美表现	情美创造	情美探究
四年级	• 辨别音乐的不同情绪； • 阐释对不同音乐情境与形象的联想； • 辨别不同音乐节拍的强弱规律； • 辨别音乐的速度及其变化； • 辨别音乐的力度及其变化； • 辨别不同的人声音色； • 辨别不同的器乐音色； • 辨别不同音乐旋律的特点； • 辨别结构简短的常见声乐体裁； • 辨别不同的声乐演唱形式； • 辨别结构简短的常见器乐体裁；	• 视唱（奏）短小旋律； • 按音乐记号与术语读谱唱（奏）； • 以视听结合的方式齐唱； • 以模仿、听唱的方式合唱； • 按指挥动作的提示演唱； • 学会用统一的音色演唱； • 学会控制音量演唱； • 按音乐的速度与节拍演唱； • 熟悉课堂乐器的演奏方法； • 按指挥动作的提示演奏； • 学会控制音量演奏； • 按音乐的速度与节拍演奏； • 领会开展歌表演和舞蹈表演的基本方法； • 领会开展综合艺术表演的基本方法。	• 学会选用发声材料创造音乐音响； • 学会选用发声材料参与音乐表演的方法； • 领会开展即兴节奏编创的方法与规则； • 领会开展即兴旋律编创方法与规则； • 领会简单的音乐创作的方法与规则； • 领会创造性综合表演的形式与方法。	• 知道几位音乐家生平与代表作； • 区分不同时代、民族、地域等文化背景的音乐； • 区分音乐在不同社会、生活场景中的运用； • 区分不同的中国传统戏曲和曲艺； • 知道电影、戏剧和舞蹈中音乐的表现作用。
五年级	• 辨别不同的器乐演奏形式； • 辨别不同风格的歌（乐）曲。	• 视唱（奏）短小旋律； • 按音乐记号与术语读谱唱（奏）； • 以视听结合的方式齐唱； • 以视听结合的方式合唱； • 按指挥动作提示演唱； • 学会用统一的音色演唱； • 学会控制音量演唱； • 以符合音乐节拍韵律感的方式演唱； • 熟悉课堂乐器的演奏方法； • 按指挥动作的提示演奏； • 用统一的音色演奏； • 学会控制音量演奏； • 按音乐的速度与节拍演奏； • 领会开展歌表演和舞蹈表演的基本方法； • 领会开展综合艺术表演的基本方法。		• 知道几位音乐家生平与代表作； • 区分不同时代、民族、地域等文化背景的音乐； • 区分音乐在不同社会、生活场景中的运用； • 区分不同的中国传统戏曲和曲艺； • 举例说明音乐在电影、戏剧和舞蹈中音乐的表现作用。

表 5–2　四年级上学期音乐学科课程①单元目标表

单元主题	教学内容	学 习 目 标
1. 快乐的活动	《郊外去》《捉迷藏》 《唱京戏》 《乒乓变奏曲》 《火车快跑》	1. 欣赏丁善德钢琴组曲《儿童组曲》中的《郊外去》和《捉迷藏》，感受乐曲活泼欢快的情绪，充满愉悦、调皮氛围的音调以及它所表现的童趣；能感知两首乐曲所表现的不同音乐主题及其形象，能运用想象、联想表演乐曲所表现的故事情景。 2. 能以明亮的音色、清晰的吐字和欢快的情绪正确演唱歌曲《唱京戏》，感受歌曲浓郁的京调风味，了解并基本把握京调唱腔。 3. 欣赏管弦乐曲《乒乓变奏曲》，感受乐曲充满活力、形象鲜明的旋律，欢乐轻松的情绪以及跳跃、绚丽的色彩；感知、辨别乐曲主题，理解、联想音乐形象。 4. 能以活泼欢快的情绪演唱歌曲《火车快跑》，能体验并初步用急切渴望、高兴愉悦，以及紧凑跳跃和舒展连贯的对比方法表达歌曲所表现的"回家"那种愉快、渴望而急切的心情。
2. 美妙的旋律	《苗岭的早晨》 《我和提琴》 《G大调小步舞曲》 《我们大家跳起来》	1. 欣赏小提琴独奏曲《苗岭的早晨》，感受乐曲表现的优美、欢快的情绪，联想山寨的风光和人们幸福生活的场景。 2. 演唱歌曲《我和提琴》，能基本做到音色优美、气息连贯，表现出三拍子歌曲的韵律，感受歌曲所表达的热爱音乐的美好情感。 3. 欣赏贝多芬的《G大调小步舞曲》，感受乐曲的优雅、抒情的情绪，初步感知弦乐合奏的音色特点。 4. 演唱歌曲《我们大家跳起来》，感受歌曲优美抒情的情绪，能用对比的方法唱好歌曲，在优美的歌声中表现活泼轻快的情感。 5. 认识反复记号中的从头反复和反复跳跃记号，并在歌曲演唱等音乐活动中运用。
3. 美丽的农村	《天鹅》 《我的家园》 《保尔的母鸡》 《老爷爷赶鹅》	1. 欣赏大提琴独奏曲《天鹅》，感受大提琴深沉、柔和的音色所表现的优雅的天鹅形象，能哼唱《天鹅》的主题旋律。 2. 能用自然、连贯的声音演唱歌曲《我的家园》，感受歌曲所描绘的田园美景，表达对自然与生活的热爱。 3. 欣赏弦乐四重奏《保尔的母鸡》，感受乐曲幽默诙谐的旋律所表现的农村美好的生活场景，能听辨乐曲中演奏乐器的音色。 4. 演唱歌曲《老爷爷赶鹅》，感受歌曲活泼、愉悦的情绪，能用优美明亮的声音、轮唱的形式演唱歌曲。 5. 认识渐强、渐弱记号，感受力度变化的效果，并能在歌曲演唱时运用。

---

① 上海音乐出版社. 教师教学用书　音乐　四年级上册［M］. 上海：上海音乐出版社，2019：4.

续 表

单元主题	教学内容	学 习 目 标
4. 可爱的童年	《小螺号》 《牧童短笛》 《童心是小鸟》 《山童》	1. 感知旋律、节奏、衬词和装饰音等音乐要素，体验欢乐美好的童年时光和生动有趣的童年生活情景。 2. 结合具体音乐作品学习要点的提示，在感知音乐主题、段落的过程中，结合图示、手势、动作等视、听、动方式，巩固对音乐节奏、节拍和速度的听觉注意力，并加强对不同乐段主题旋律的记忆和辨别。 3. 结合教师启发、指导下的肢体律动、旋律模唱、多声部打击乐伴奏、图谱手势等方法，正确表现"对比性乐段""带有过渡的对比性乐段"的不同情绪特点以及所描绘的音乐画面。 4. 结合对歌曲的情绪体验、内容理解以及对旋律、节拍、节奏和装饰音等的感知，在图示、手势、教师示范与钢琴提示下，词曲正确地演唱歌曲《小螺号》和《童心是小鸟》。 5. 选择、运用适合表现音乐形象与音乐情境的打击乐器，合理组合、创编多声部打击乐伴奏，创编歌表演与综合表演的合作表现。
5. 多彩的歌声	《赛马》 《鸿雁》 《幸福年》 《丰收的节日》	1. 欣赏二胡独奏曲《赛马》，感受乐曲表现的情绪和描绘的情境，感知辨别二胡的音色特点。 2. 能运用连贯的气息、明亮优美的声音演唱歌曲《鸿雁》，感受歌曲优美抒情的情绪，体验人们对家乡的思念之情。 3. 欣赏民乐合奏《幸福年》，体会乐曲所表现的喜庆丰收的喜悦心情，感知辨别板胡的音色特点。 4. 演唱新疆塔塔尔族民歌《丰收的节日》，感受歌曲欢快活泼、热情奔放的情绪，体验人们丰收后载歌载舞的喜悦心情，抒发对美好生活的赞美和热爱。 5. 认识全音符，并结合歌曲的演唱，感受其时值。 6. 结合单元中的两个欣赏作品，认识二胡、板胡的构造和音色特点，了解中华民族拉弦乐器。

第三节　在情美世界中载歌载舞

音乐作品通过艺术化的声音组合，作用于人的听觉，激发情感，促进思维，展现音乐艺术的审美内涵；它通过音乐艺术中不同地域、不同时代、不同风格的文化脉络和民族情感，体现鲜明的人文价值。音乐课程引导学生去主动参与音乐实践活动，掌握音乐基础知识和基本技能；丰富音乐学习经历，发展音乐实践与创造能力，培养音乐的表达、交流、合作与协同能力；激发音乐兴趣，引发情感共鸣，培养音乐审美情趣，培育终身热爱音乐的情感态度，提高音乐学科核心素养。它以音乐活动为渠道，通过音乐经验与情感体验的获得，凸显课程的实践性质。核心素养视野下的音乐课程应凸显学科主题内容的架构、学科关键能力的培养以及音乐审美情趣的培养。

为实现上述课程目标，我们依照《义务教育艺术课程标准（2022年版）》和音乐学科核心素养的要求，以国家课程为基础，结合我校文化和学科课程理念，设立了校本音乐与相关文化的"情美音乐"课程体系，力求让儿童在快乐与灵动中，从音乐文化、人文精神等各种角度学会感受与鉴赏、表现与创造。

一、学科课程结构

《义务教育艺术课程标准（2022年版）》中指出："音乐学科课程内容包括'欣赏''表现''创造'和'联系'4类艺术实践，涵盖14项具体学习内容，分学段设置不同的学习任务，并将学习内容嵌入学习任务中。"[1] 从中可以看出，音

---

[1] 中华人民共和国教育部. 义务教育艺术课程标准（2022年版）[S]. 北京：北京师范大学出版社，2022：15.

乐课程的教学内容整合为"感受与欣赏"和"表现"两个教学领域，原来隐含在教学中的音乐文化知识和分散的音乐创编活动集中并拓展为"创造"和"联系"两个领域。

为了凸显音乐课程的美育功能，强调音乐课程的人文属性和对学生创造性潜能开发的课程价值，我们结合"情美音乐"学科课程哲学以及儿童发展的特点，将音乐课程分为"情美欣赏、情美表现、情美创造、情美探究"四个领域。"情美音乐"课程结构见图5-1。

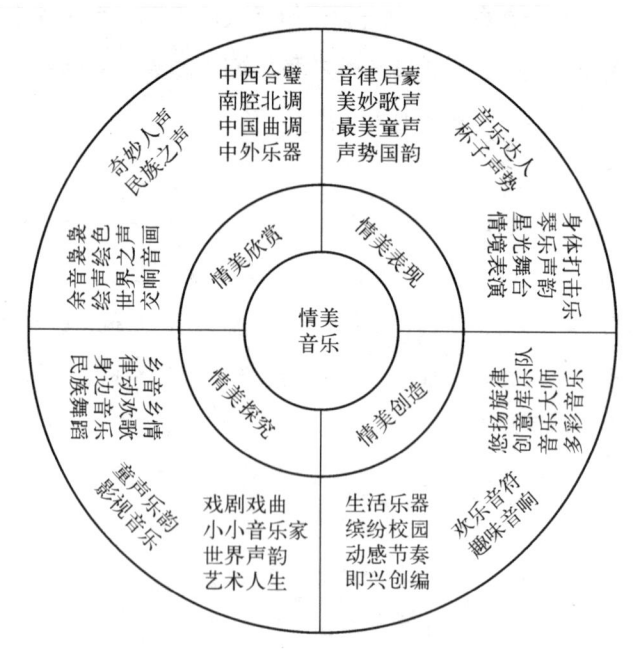

图 5-1 "情美音乐"课程结构图

1. 情美欣赏

达尔克罗兹认为，音乐的本质在于对情感的反应，人类通过身体将内心情绪转译为音乐。中国音乐学家王光祈对音乐这样认知：音乐中含有"美感"，能使人态度娴雅，神思清爽，去野入文，怡然自得，以领略有生之乐。"感受与欣赏"是音乐学习的重要领域，是整个音乐学习活动的基础，是形成学生音乐感知、体验和理解能力与培养学生音乐审美能力的有效途径。良好的音乐感受能力与欣赏能力的形成，对于学生丰富情感、提高文化素养、增进身心健康具有重要意义。

涵养美感是一个润物细无声的长期熏陶的过程，在"情美音乐"课程中，通过学习"情美欣赏"这一主题，儿童能体验音乐的情绪与情感，了解音乐的表现要素、表现形式，感知、理解音乐的体裁与风格等，发展音乐听觉与感知能力，丰富音乐审美体验，深化音乐情感体验，提升审美感知和文化理解素养。在实施音乐教育的过程中，教师创设良好的学习情境，适当运用观察、比较和练习等方法，引导儿童在欣赏音乐活动时能参与其中，找到适合自己的表达形式，积极主动、全身心地投入音乐实践活动中，感受感悟音韵之美，体验发现生活之美，陶冶情操、提升修养。

2. 情美表现

卡尔·奥尔夫和佐丹伊·柯达伊这两位著名的音乐教育家都认为音乐是解放天性的教育。奥尔夫的教学体系将音乐律动与人体律动紧密相连，通过自身的运动，将音乐律动转化为身体律动，也可以将内心情绪转化为音乐律动。在其看来："音乐出于动作，动作出于音乐。"音乐是一种表现的艺术，音乐表现是形成音乐乐感和美感的实践方式，也是艺术呈现教育成果的最直接途径，包括由识读乐谱、演唱、演奏和舞蹈组成的表演技能，以及由歌表演和综合表演组成的综合技能。表现是学习音乐的基础性内容，是培养学生音乐审美能力的重要途径。

"情美音乐"课程体系按照年级设置了乐理、歌唱、器乐、舞蹈、综合性艺术表演、戏曲和音乐欣赏等丰富的表现活动，让学生在感知、理解音乐要素及其表现作用的基础上，提升读谱能力、演唱演奏能力，在不同的空间以及不同类别的音乐活动中展示自我、表现自我；让学生敢唱、敢演、敢表现，能够自信地演唱、演奏，从时间性、空间性、表演性和情感性等方面获得直观感受，不仅习得技能，更能在音乐中释放天性、解放思维。通过"情美表现"，儿童能掌握声乐、器乐、综合性艺术表演所需的基础知识和基本技能，在艺术表现中表达思想和情感，表达个人对音乐思想情感与文化内涵的理解，丰富音乐活动经验，学会与他人沟通、融洽感情，提升艺术表现素养。

3. 情美创造

创造是发挥学生想象力和思维潜能的音乐学习领域，是学生进行音乐创作实践和发掘创造性思维能力的过程和手段，对于培养创新人才具有十分重要的意义。音乐可以锻炼思维的灵活性和创造性，而"音乐创造"是培养音乐创造性思维、创新意识和创新能力的有效手段，其重点是学会即兴创编和创作实践的简单技能和基本方法。"情美创造"的学习，有助于学生形成自主探究、独立思考、合作表现的习惯和态度，使学生懂得理解规则、尊重和欣赏他人的学习成果，进而激发热爱和创造美好事物的热情。

"情美创造"包括两类创作学习内容：一是以开发学生潜能为目的的即兴音乐编创活动；二是运用音乐材料进行音乐创作的尝试与练习。通过开设"情美创造"这一主题，营造自然和谐的氛围，设定生动有趣的创造性活动内容、形式和情境，创设有趣的音乐课堂、音乐活动、音乐节日、音乐实践，带领儿童一起合作、探究、创造，用他们自己喜欢的艺术表达方式来展示自我，激发儿童的创作灵感，从音乐活动的参与者成为音乐的创造者，给予儿童发挥想象力和挖掘潜能的空间，也为儿童提供积累音乐创作经验的平台。通过"情美创造"，儿童能对音乐及其他各种声音进行探索，综合运用所学知识、技能和创造性思维，通过有趣、益智的音乐提升主动参与活动的积极性，在创造的过程中使身体各部分一起配合，以趣味的形式开展即兴表演和音乐创编活动，表达个人想法和创意，提升创意实践素养。

4. 情美探究

音乐不是一门独立的学科，它的发展总是伴随着历史、政治、人文的发展，从一段音乐中我们能感知当时的社会历史和人文。音乐与相关文化是音乐课人文学科属性的集中体现，是直接增进学生文化素养的学习领域，有助于扩大学生的音乐文化视野，促进学生对音乐的体验与感受，提高学生音乐欣赏、表现、创造以及艺术审美的能力。

"情美探究"以具体的音乐作品和生动的音乐实践活动，通过中外艺术家、中西乐器民歌民俗等板块，让儿童了解和热爱祖国的音乐文化，培养其爱国主义情怀；通过让儿童学习世界上其他国家和民族的音乐文化，拓宽他们的审美视野，增进其对不同文化的理解、尊重和热爱。让以音乐审美为核心的基本理念，贯穿音乐教学的全过程，在潜移默化中培育儿童美好的情操和健全的人格。醇香的文旅音乐让音乐教育历久弥香，多元艺术文化与社会发展相结合，通过音乐看世界，通过音乐了解和传承中华传统文化。通过"情美探究"，儿童将音乐与社会生活、姊妹艺术及其他学科加以关联和融合，在增强民族自豪感的同时，形成正确的审美观念和积极的实践态度，并在欣赏、表现和创造等实践中结合相关文化，理解音乐的人文内涵和社会功能，开阔文化视野，提升文化理解素养。

二、学科课程设置

"情美音乐"依据音乐的育人目的，遵循儿童身心认知发展规律，通过综合的体验式教学让学生体验、感知、学习音乐；其价值不仅在于知识、技能的传授，更体现在启迪、激励、呼唤、感染和吸收等效应上。除了基础课程之外，根据课程标准要求，结合我校音乐课程总目标和一至五年级的学情，我们还设置了拓展课程。（见表5-3）

表5-3 "情美音乐"课程设置表

	情美欣赏		情美表现		情美创造		情美探究
一上	余音袅袅	·快乐的早晨 ·国歌 ·小小葫芦娃 ·三只小猪 ·风和雨 ·小芽快快长 ·小狗与口哨 ·金色的童年	音律启蒙	·上学 ·我们爱国旗 ·一对好朋友 ·小雨沙沙 ·小树快长高 ·小叶子 ·摇啊摇 ·音乐好朋友	生活乐器	·上学去了 ·大雨和小雨 ·可爱的动物 ·叶儿飘飘 ·我是小芽 ·编节奏叫名字 ·拼拼拍拍	乡音乡情	·音有高低 ·音有强弱
一下	绘声绘色	·赞歌要比星星多 ·采茶灯 ·鸭子拌嘴 ·妈妈告诉我一句话 ·小星星变奏曲 ·遥望我的蓝色星球 ·玩具兵进行曲 ·快速波尔卡	美妙歌声	·我的家在日喀则 ·数高楼 ·大鹿 ·竹子冒尖尖 ·月儿弯弯 ·摇篮 ·小小音乐会 ·小脚丫	缤纷校园	·编队形 ·拍手拍肩 ·大鹿的故事 ·你说我拍 ·画画唱唱 ·编歌词 ·演演唱唱 ·编编跳跳	律动欢歌	·民族器乐 ·进行曲 ·波尔卡

续表

	情美欣赏		情美表现		情美创造		情美探究
二上	世界之声	• 雪莲献北京 • 我是人民小骑兵 • 野蜂飞舞 • 路边童谣 • 四小天鹅舞曲 • 暴风雨 • 铃儿响叮当	最美童声	• 同唱一首歌 • 我们把祖国爱在心窝 • 草原就是我的家 • 在遥远的森林里 • 猜冬猜 • 在欢乐的节日里 • 欢乐的小雪花 • 白雪公主的小马车	动感节奏	• 编编演演 • 小猫钓鱼 • 草原之声 • 对歌 • 拍大麦 • 吃豆豆 • 风雨雷电 • 新年好	身边音乐	• 节日的歌 • 过新年 • 小拜年 • 新年好 • 咙咚呛
二下	交响音画	• 孔雀舞 • 民族舞曲联奏 • 龟兔赛跑 • 水草舞 • 摇篮曲 • 在钟表店里 • 快乐的节日 • 中国少年先锋队队歌	声势国韵	• 金孔雀轻轻跳 • 布衣娃娃爱唱歌 • 我是一粒米 • 小红帽 • 我的小宝宝 • 洋娃娃和小熊跳舞 • 萤火虫 • 只怕不抵抗	即兴创编	• 美丽的小孔雀 • 听听做做 • 我是一粒米 • 林中小红帽 • 咪咪摇篮曲 • 快乐的早晨 • 操场上的歌 • 向英雄敬礼	民族舞蹈	• 金孔雀轻轻跳 • 新疆是个好地方
三上	奇妙人声	• 马车夫之歌 • 快乐的诺苏 • 真善美的小世界 • 小白鸽之歌 • 森林铁匠 • 阿细跳月 • 彩云追月	音乐达人	• 杯子声势 • 乃哟乃 • 小白船 • 快乐的歌 • 理发师 • 夜晚多美好 • 钟声	欢乐音符	• 编创与展示 • 小型歌舞剧表演 • 爱劳动 • 勤快人和懒人	童声乐韵	• 独唱与合作演唱 • 生活音乐 • 了解国外音乐
三下	民族之声	• 斑鸠调 • 新春乐 • 美丽的草原我的家 • 在那桃花盛开的地方 • 阳光牵着我的手 • 飞来的花瓣 • 小青蛙 • 乘雪橇 • 星星月亮太阳 • 黄昏放牛	杯子声势	• 春天来了 • 新疆是个好地方 • 放牛山歌 • 哦，十分钟 • 我给太阳提意见 • 花蛤蟆 • 猫虎歌 • 黄昏 • 晚风	趣味音响	• 编创与展示 • 即兴表演 • 小型歌舞剧表演 • 春天的歌 • 快乐课间	影视音乐	• 独奏与合作演奏 • 生活音乐 • 民族音乐

续 表

	情美欣赏	情美表现	情美创造	情美探究
四上	中西合璧	• G大调小步舞曲 • 加沃特舞曲 • 打字机 • 捉迷藏 • 郊外去 • 天鹅 • 保尔的母鸡 • 花的圆舞曲 • 牧童短笛 • 赛马 • 幸福年	身体打击乐	• 我们大家跳起来 • 我和提琴 • 唱京戏 • 火车快跑 • 老爷爷赶鹅 • 童年多美好 • 童年像一串糖葫芦 • 唱歌的白云 • 丰收的节日	悠扬旋律	• 编创与展示 • 即兴表演 • 小型歌舞剧创编及表演 • 小音符的快乐活动 • 剪刀步舞 • 节奏小品《小鸡和小鸭》 • 音乐迷宫 • 多彩乐苑	戏剧戏曲	• 合作演唱 • 合作演奏 • 生活音乐 • 中国戏曲1 • 中国戏曲2
四下	南腔北调	• 洞庭新歌 • 欢乐的火把节 • 鸟投林 • 花儿与少年 • 少年中国梦 • 梦幻曲 • 采茶舞曲 • 天山之春 • 检阅进行曲 • 土耳其进行曲	琴乐声韵	• 箫 • 吹起我的小竹笛 • 小奶牛 • 小老鼠找朋友 • 叶儿船 • 愉快的梦 • 春雨 • 我们像快乐的小鸟 • 行进到普勒多利亚 • 小小少年	创意库乐队	• 编创与展示 • 即兴表演 • 小型歌舞剧创编及表演 • 旋律接龙 • 森林音乐会 • 判断拍号 • 记录节奏 • 音乐小品《少年军校的一天》	小小音乐家	• 探索生活中的音乐 • 西洋乐器 • 民族乐器
五上	中国曲调	• 长城谣 • 草原牧歌 • 牧笛 • 紫竹调 • 淘金令 • 庆丰收 • 常回家看看 • 回家	星光舞台	• 身体打击乐 • 夏天来了 • 剪羊毛 • 甜甜的大家园 • 小牧笛 • 故乡的小路 • 摇船调 • 可爱的家 • 小酒窝	音乐大师	• 编创与展示 • 即兴表演 • 小型歌舞剧创编及表演 • 微快闪之我和我的祖国 • 创编节奏 • 编旋律 • 情景剧《游子吟》	世界声韵	• 合作演唱 • 合作演奏 • 生活音乐 • 世界音乐家

第五章　情美音乐：在拨动心弦中成长

续 表

	情美欣赏		情美表现		情美创造		情美探究
五下	中外乐器	• 国家 • 少年运动员进行曲 • 喜洋洋 • 彼得与狼 • 牧场上的家 • 让我们荡起双桨 • 上海，你越长越高	情境表演	• 采一束鲜花 • 雨花石 • 少先队进行曲 • 嘹亮的歌声 • 吹响我的小芦笙 • 踏雪寻梅 • 牧童 • 一把雨伞圆溜溜 • 阳光少年	多彩音乐	• 编创与展示 • 即兴表演 • 小型歌舞剧创编及表演 • 创编节奏型 • 选择合适的打击乐器 • 音乐加油站之西洋乐器 • 音乐符号行进棋 • 创编旋律 • 欢乐的节日	艺术人生	• 探索生活中的音乐 • 中国音乐家

第四节　在情美活动中收获成长

《义务教育艺术课程标准（2022年版）》指出："聚焦中国学生发展核心素养，培养学生适应未来发展的正确价值观、必备品格和关键能力，引导学生明确人生发展方向，成长为德智体美劳全面发展的社会主义建设者和接班人。"[①] 因此，本校音乐课程体系以培养学生的核心素养为最终目标，根据学生学习的规律和发展需求，有效整合课程资源，从感受与欣赏、演唱、演奏、识读乐谱、创造五个方面设计整体课程目标和分级目标，学生通过参与、体验、合作、展示、交流等多种形式，调动多个感官进行学习，真正全身心投入音乐的海洋。为追求学科发展、满足学生需求，达成"情美音乐"的课程总目标，将"情美音乐"的基础理论充分运用于教学实践，音乐学科组主要从建构"情美课堂"、打造"情美社团"、创设"情美艺术节"等方面实施"情美音乐"课程，从基础培养学生，让孩子终身受益。

一、建构"情美课堂"，让儿童在精品课中乐享精彩

建构我校音乐学科"情美课堂"，主要包含基本要求、组织形式和评价标准三个方面。

（一）"情美课堂"的基本要求

"情美课堂"立足"情美音乐"理念，从音乐教学实际出发，以多元、多维的课堂表现形式贯穿其中，遵循"突出学生主体地位、注重学生过程体验、培养

---

① 中华人民共和国教育部. 义务教育艺术课程标准（2022年版）[S]. 北京：北京师范大学出版社，2022：前言2.

学生核心素养"三大基本要求，是儿童掌握知识、开发潜能、提升审美、释放天性的课堂，儿童在音乐实践和情感体验的过程中，逐步发现自我、实现自我，在不同的音乐领域中拥有自己的特长。

（1）音乐是听觉艺术，听觉体验是学习音乐的基础。"情美课堂"遵循听觉艺术的感知规律，以感受和体验为引导，教师在课堂中创设生动的情境，充分挖掘作品所蕴含的音乐美，带领儿童多听音乐，制定符合儿童心理和认知的活动，加深其对音乐的理解，使其在课堂中主动参与体验，激起情感共鸣，提升欣赏能力，在艺术的氛围中获得审美的愉悦，从而实现以美感人、以美育人。

（2）"情美课堂"旨在提升学生的音乐表现能力，教学中积极引导学生参与聆听、演唱、演奏以及综合性艺术表演等实践活动，多唱歌，多演奏乐器，多接触乐谱，不断积累音乐实践经验；有效利用音乐教科书、音响音像资料及网络资源等，培养儿童乐于思考、勤于实践的意识和习惯，有效提升儿童的音乐实践能力，进而提高音乐素养。

（3）"情美课堂"立求激发儿童的创造能力，引导儿童在编创活动中释放天性、开拓视野、加深对生活的感悟，从而培养儿童在各领域的创新思想和创造能力；引导儿童发现生活中的音响，体验音乐创作带来的快乐和美好；让儿童通过节拍、节奏、音律、唱奏、欣赏和综合艺术的表演形式，找到适合自己的创造方式创造声音、体验音乐、提高审美，从而乐于思考、敢于创新，感受生活处处有创造，创造处处有音乐，音乐处处有童年。

（4）以音乐审美为核心是中小学音乐教育最基本的理念。"情美课堂"综合拓展儿童的音乐学习内容，丰富具有区域文化和民族文化特色的教学内容，使儿童在了解各国、各民族、各地域音乐文化的同时，增强民族文化自信，传承优秀传统文化，在多元的课堂中感受中外文化，汲取各民族文化智慧，形成具有开阔视野、博大胸襟的中国少年精神。学生通过相关文化的学习，培养审美感知，丰富审美情感，发展审美想象，深化审美理解，有效提高音乐审美能力。

（二）"情美课堂"的组织形式

"情美课堂"以聆听欣赏、唱游律动、编创演奏为课堂载体，组织教师积极学习研读国内外先进的教学理念，学习用"以学定教"的方法来推进课堂教学。音乐学科组教师利用音乐课堂时间和社团活动时间进行"情美音乐"课程群以及

"情美课堂"的实施，以波浪式前进和螺旋式上升的学习过程，引导儿童循序渐进地传承音乐技能和音乐文化，打造"情美课堂"。

1."情美欣赏"课堂整体范式

第一阶段：创设情境，激趣导入。第二阶段：新作赏析，感知体会。第三阶段：理解体验，展示实践。第四阶段：拓展延伸，小结升华。

2."情美表现"课堂整体范式

第一阶段：情境导入，引发兴趣。第二阶段：新作赏析，感知体会。第三阶段：综合表演，风采展示。第四阶段：归纳拓展，小结升华。

3."情美创造"课堂整体范式

第一阶段：游戏导入，引发兴趣。第二阶段：灵动想象，创编实践。第三阶段：理解体验，巩固加强。第四阶段：拓展延伸，小结升华。

4."情美探究"课堂整体范式

第一阶段：情境导入，激发兴趣。第二阶段：新作赏析，感悟体验。第三阶段：走进文化，深度理解。第四阶段：拓展延伸，巩固加强。

(三)"情美课堂"的评价标准

为了激发儿童兴趣、提升儿童学习能力、检验儿童课堂目标达成情况、指导教师课堂教学，我们以"基于情境、问题导向、深度思维、高度参与"为主题，尊重和发挥形成性评价的反馈、引导、调节等作用，从以下几方面设计了"情美课堂"评价量表。(见表 5-4、5-5)

表 5-4 "情美课堂"评价量表

教师：	学校：		学科：		年级：
课题：			时间：		听课教师：
评 价 维 度					分值	得分
教师教学清晰(15分)	熟知学科内容	准确解释、表达学科基本概念和核心内容，将抽象的教学内容转换为理解、解决问题的学习活动。			5	
	建立教学结构	围绕核心内容，有系统和条理、由简到繁地呈现教学内容。			5	
		适时概括学习要点，并能简明扼要、突出重点，设计有意义的课堂反馈训练或练习。			5	

续 表

引导学生学习（30分）	维持学习动机	针对不同类型的课程知识，以学生兴趣为动力，创设源于生活的真实情境或贴近生活的"假设性情境"。	5	
		给予大多数学生成功的体验。	5	
	采用多元方式	运用除讲授以外的多种教学方式，选用合适的媒体资源。	5	
		提供给大多数学生参与学习活动的机会，组织和促进学生间的互动与合作。	5	
	善用发问技巧	体现从"领会"到"探究"的问题设计（如活动与体验、联想与结构、本质与变式、迁移与创造、价值与评判）。	5	
		问题明显呈示，表达清楚，指向明确，留出适当的待答时间，对学生的答问不是笼统地给出评语，而是有区别地理答。	5	
师生有效沟通（25分）	恰当运用表达	用学生能理解的语言文字，解释核心内容；学生善于积极思考，学习动力持久。	5	
		以适当的眼神、表情、手势、走动等促进与学生的沟通。	5	
	积极促进对话	鼓励和引发学生提问或质疑。	5	
		知识建构体现逻辑性、系统性。	5	
		问题解决反映生成性、创新性。	5	
课堂环境管理（10分）	营造和谐气氛	以和善的表情和亲切的口吻与学生互动，以幽默、机智带动轻松愉快的气氛，激发小组或团队的荣誉感。	5	
	创设良好环境	教学场所的选择和座位的安排符合教学活动的需要；利用图片、图表、模型或学生作品等布置教室环境。	5	
教学目标达成（20分）	完成教学准备	课时目标基于课程标准，符合学生的水平；依据教学目标设计课堂教学活动和课后练习。	5	
	掌控教学时间	巧妙连接教学活动，维持流畅的教学节奏；利用走动察看等方式督促学生集中精力；导课不拖沓，下课不拖堂。	5	
	关注反馈指导	运用多种方式获取教学目标达成状况的信息；给予有特殊需要的学生及时的帮助。	5	
	达成预期效果	学生用心学习，专注于学习活动；能理解并运用所学的概念和技能；能感受学习内容和学习活动的价值。	5	

续 表

评价 等第	优秀	良好	合格	不合格	等第	总分
	100—85 分	84—75 分	74—60 分	60 分以下		
总评：						

表 5-5　"情美音乐"儿童自我评价量表

问　　题	非常愿意	愿　意	一　般
我愿意与同伴合作开展音乐表演并分享对歌曲的理解	☆☆☆	☆☆	☆
我愿意依据创编规则与表演标准开展活动	☆☆☆	☆☆	☆
我愿意听取创编、表演成果的评价反馈	☆☆☆	☆☆	☆

二、打造"情美社团"，拓展儿童体验

为了培养儿童对音乐的兴趣爱好、拓展儿童的音乐知识、提高儿童的音乐技能、丰富儿童对音乐的体验，音乐学科组在课程群的框架下开设了多类型的"情美社团"，在学校统一规划的社团活动时间里，用丰富的课程内容和"比学赶超"的状态提升儿童的音乐素养和音乐能力。

（一）"情美社团"的实施

结合我校各年级学生的特点及兴趣爱好，我校在每天课后服务时间实施"情美社团"课程。"情美社团"主要分两种类型，包含了丰富多彩、富有特色的社团微课程："美妙歌声"合唱团是以表演、比赛为主的音乐社团，由我校音乐学科教师开展实施，教师以多元化课题为学生营造快乐的学习环境，激发学生内在的学习兴趣，提升学生的音乐学科唱、奏、演的专业技能；音乐剧社团、中国舞社团、街舞社团、中国鼓社团，由外聘教师组织开展实施，旨在拓展学生的学习兴趣，丰富儿童的校园音乐生活，具有普及性。两种类型的社团相辅相成，通过多种多样的音乐活动，激发并促进儿童对专业技能训练的热情和积极性，为儿童

提供了多样化、个性化的自由展示空间。儿童在丰富的社团活动中似一个个跳跃的音符，在艺术的海洋中自由遨游。社团的实施还根据儿童的能力做好了年段分层，有目标可遵循，有内容可实践，让艺术滋养更加科学有效。

（二）"情美社团"的评价方式

"情美社团"主要从儿童的情感态度、合作交流、表现能力、成果展示、出勤率等几个方面进行评价，采用多样的实施策略和多维度的评价方式，更加客观全面地进行评价。

1. 优秀社团及优秀指导教师评选

表 5-6　"情美社团"教师评价表

评价对象	评价内容	评价形式	评价结果
"情美社团"教师	能挖掘、开发有意义的"情美社团"课程内容，满足学生兴趣发展的需求，促进学生互助、共进、交往，内容有趣味，并能及时修整。	查看社团活动方案、学期活动小结。社团活动记载本的记录认真完整，活动方案的制定规范细致，可操作性强；活动过程较详细；学期结束有活动反思或小结。	
	能制定简要的课程纲要，并根据课程纲要制定一份课程实施计划。	查看活动记载本中的社团活动纲要。	
	能根据计划精心准备，坚持因材施教、认真指导。指导教师能进行有效的指导，帮助学生发展特长。	查看社团活动记录。加强社团管理，社团活动文明有序；注重社团文化建设，体现社团主题的特色。	
	课程开发实施能满足学生的兴趣发展需求，重视发展学生的个性特长，能开发出适合学生特点和利于学生发展的校本课程，重视培养学生的实践能力和创造能力，受到学生喜爱。学生对社团活动满意率超过60%。	学生问卷调查、随机访谈；查看学生活动感受记录。	
	按照课程要求制定出个性化的学生评价方案，组织好对学生的发展评价，认真做好评价工作。	查看评价方案；查看学生成果展示。	
	学期结束时，社团能以个性的方式展示社团活动成果。	被评为"优秀社团"的社团的指导老师，根据学期的授课获"优秀社团指导教师"。	

2. 优秀学员评选

指导教师根据自己负责的社团课程内容灵活地设计个性化学生成绩评价方案，评价内容和形式见表5-7。

表5-7 "情美社团"学生评价表

社团名称：	辅导教师：	实施时间：	姓名：
评价项目	评价标准		评价结果
情感态度15%	1. 参与活动的情况及表现。		
	2. 提出对活动的设想、建议。		
	3. 克服困难和挫折。		
	4. 在活动过程中文明有序，不做与社团活动无关的事。		
合作交流10%	1. 帮助同学。		
	2. 倾听同学的意见。		
	3. 对社团的学习有贡献。		
实践能力15%	1. 会用多种方法搜集、处理学习信息并运用于自己的学习过程。		
	2. 对音乐活动的兴趣度、参与程度。		
	3. 会与别人交流合作。		
	4. 掌握基本音乐知识与技能。		
成果展示40%	1. 能积极协助指导老师，认真记录活动感受。		
	2. 音乐综合性实践展示。		
	3. 成果有创意。		
出勤率20%	学员积极参加每一次社团活动，不迟到、早退。出勤率低于60%无学分，超过90%计满分。		

备注：① 在社团成员评选过程中投票有效率不少于60%；② 每个社团"优秀学员"的比例不超过社团总人数的20%。

由此可见，"情美社团"体现出三大特点：一是辐射范围广，老师、家长、学生都参与其中，在互动中成长；二是全员参与，"情美社团"课程的设置全方位发展和提升学生的兴趣爱好，为学生的有效成长奠基；三是鼓励学生主持，提升其参与感，促进其管理能力。"情美社团"在不断探索中完善、充实微课程内涵，力求有计划、定时、定点、定内容地上好每一次的社团活动课程，为学生的可持续性健康成长保驾护航。我们期待在这样的共生发展的平台上，达到促进儿童成长的最优化，期待坚持用这样的途径继续发展学生个性特长，"润物细无声"地全面提升师生的综合素养。

三、创设"情美艺术节"，浓郁艺术氛围

学校致力于丰富艺术学科的内涵，以节日为途径，有主题、有内容地开展"情美艺术节"活动。

（一）"情美艺术节"的实施

每年3—5月，学校以各种形式的艺术比赛为"情美艺术节"活动设计目标，给全体师生提供分享、交流的平台。"情美艺术节"在丰富课程内涵的同时，为校园文化增添色彩，逐步探索出提升全校师生综合素养、有利于全校师生持续发展的学科艺术节系列活动。

以2021年艺术节活动方案为例，为了让全校师生了解党的光辉历程，学习党的优良传统，引导学生树立正确的审美观念、陶冶高尚的审美情操、成为德智体美劳全面发展的社会主义建设者和接班人，推动学校艺术教育的改革和发展，全面营造文明高雅、求美向善的校园氛围，学校举办"夏天，我们一起向阳生长——'小青椒夏耘季'"综合实践主题活动，活动内容分"艺术畅想"和"艺术节庆"两个板块。

表5-8 "情美艺术节"之"艺术畅想"活动安排表

比赛类型	参与年级	主题
椒园五年	一至五年级	校歌征集：歌词、谱曲
		文创作品设计
		祝福母校：文字、视频

续　表

比赛类型	参与年级	主　　题
艺术表演类	一至五年级集体	"歌声悦动人生，梦想绽放校园"班班唱比赛
	一至二年级个人	"童声悠扬，相伴成长"亲子才艺展示活动
	二至五年级个人	"最美童声，喝彩梦想"校园歌手大赛
		"琴乐声韵，奏响校园"器乐展评
		"声势国韵，艺抒年华"舞蹈比赛
	三至五年级个人	"启红色之旅，做红色传人"COSPLAY秀

在"艺术节庆"板块，学校分别设置了艺术展示的主题集会和项目式学习场馆体验活动，为儿童提供了丰富的展示舞台。儿童不仅在舞台上崭露头角，还在各班精心打造的场馆中进行深度畅游，用丰富的艺术活动进行闯关，通过音乐互动小游戏进行体验和感受。一系列活动都是在庆祝中国共产党成立100周年的活动背景下；运动会各班方阵展示的主题，将100年来中国共产党走过的四个重要阶段中的重大历史事件进行深入探究和挖掘。整个活动以儿童为主体，用多种形式和多样活动引导儿童体验、实践、探索，让每个孩子都有施展自己才华的舞台，与音乐为伴，得到音乐的浸润和滋养。

（二）"情美艺术节"的评价要求

"情美艺术节"采用综合评价法进行评价，从组织建设、活动目标和计划等得出评价结果。在每次活动后，学科组进行教研会议，归纳活动中的亮点并提出建议，进而调整下一次的活动方案，不断完善。

表5-9　"情美艺术节"评价表

评价对象	指标体系	评　价　内　容	评定等级
"情美艺术节"相关工作	组织建设	1. 章程、制度健全。 2. 有专业老师负责。	
	活动目标和计划	1. 有年度活动目标。 2. 活动目标明确具体。 3. 有实现目标的行动计划。 4. 计划科学、合理，可行性高。	

续 表

评价对象	指标体系	评价内容	评定等级
"情美艺术节"相关工作	学生活动	1. 积极主动，活动到场率高。 2. 生生、师生合作互动好。 3. 学生有问题意识。 4. 学生有较多的体验和感受。	
	负责教师表现	1. 参与活动的理念高，服务意识强。 2. 积极参加学校组织的培训和会议。 3. 指导实施活动的老师顺利开展节日活动。 4. 工作能力强。	
	活动成效	1. 活动按计划有序开展，受到社团成员、家长、校领导的肯定。 2. 学生参与活动自主性高，得到充分锻炼。 3. 活动在校园（校园网）有宣传或是活动有成果。 4. 活动在区教育网或报纸杂志等宣传报道。	
	活动记录和资料保存	1. 记录及时。 2. 各种活动记录分档保存完好。 3. 建立每一年节日活动档案袋。	
	活动安全	1. 无重大安全事故。 2. 活动开展期间安全措施到位。 3. 注重培养学生参与活动的安全意识。	

总之，"情美音乐"坚持让音乐与情感和谐共生，启迪儿童在聆听、欣赏、歌唱、创编等多种活动中感受、表现、探索、创造音乐之美，使其得到熏陶、浸润、磨砺、成长。"情美音乐"将以创造性合作和自主性学习的方式，激发儿童的音乐审美，促进儿童的艺术发展，提升儿童的音乐素养，从而陶冶儿童的情操，启迪儿童的智慧，丰富儿童的经历，培养儿童的能力，使其乐享精彩和乐趣。

（撰稿人：李钰）

学科实践创意 | 变奏曲的音乐魔法

标准要求与内容结构

一、标准要求

"变奏曲的音乐魔法"是一个整合重构的小微单元，聚焦于变奏曲这一音乐体裁。变奏曲是由主题及其一系列变化反复按照统一的艺术构思而组成的乐曲。它有两点鲜明的特征：有一个鲜明的音乐主题；经过单一或系列音乐要素对这一音乐主题进行变化反复。

《义务教育艺术课程标准（2022年版）》的"听赏与评述"这个学习任务领域中说明，3—5年级的学生要能够"听出音乐的主题，随音乐哼唱或默唱"；"能初步辨别节拍的不同，能对常见节拍音乐做出相应的体态反应"；"能听辨音乐力度、速度的变化，感知、辨别常见旋律的进行方式，认识不同的节奏型，并用动作、图示等做出恰当的反应；能用语言简单描述这些要素的特点"。[1] 对照着如此具体而明确的课标要求，我们舍弃了聚焦"变奏曲的多种变奏手法""变奏曲的多种风格变化"这两种单元架构的思路，参考了上海市小学音乐四年级音乐学科《教学基本要求》以及我校四年级学生的基础学情，最终将本小微单元的核心内容确定为"变奏曲中音乐要素的变化表现"，旨在从"多种音乐要素变化"这一个切入口来帮助学生理解音乐主题是如何进行变奏的。

二、内容结构

（一）单元概述

此小微单元取材于上海音乐出版社出版的四年级《音乐》"快乐的活动"这一单元，主教材作品为《乒乓变奏曲》，补充作品《小星星变奏曲》选自上海音乐出版社出版的一年级《唱游》"星光亮"单元。

本单元围绕核心概念"变奏曲中音乐要素的变化表现"整理出两条理解线索：第一，变奏曲中旋律与节奏的变化；第二，变奏曲中多种音乐要素的变化。

---

[1] 中华人民共和国教育部. 义务教育艺术课程标准（2022年版）[S]. 北京：北京师范大学出版社，2022：23.

通过基于上述音乐核心概念所重构的小微单元，学生将初步了解变奏曲的基本特征，对简短音乐主题的变奏形成听觉理解，初步理解旋律、节奏、速度、力度、节拍等音乐要素的变化对变奏曲主题所起到的表现作用，感受并想象音乐情绪与情境的变化，发展音乐即兴创演的能力。

（二）单元教材分析

1. 单元教学内容

表5－10 "变奏曲的音乐魔法"单元教学内容

教材内容	关键特征与学习重点	教学内容关联性分析
听《乒乓变奏曲》	•《乒乓变奏曲》是根据儿童歌曲《小小球儿闪银光》改编创作的钢琴独奏曲。 • 变奏1的主题就是歌曲的主题，旋律以四分、八分音符为主，左手弹奏分解和弦伴奏，表现了小朋友们打乒乓你来我往的场景和愉悦的心情。 • 变奏2由左手移低一个音区弹奏主题，右手弹奏分解和弦伴奏。 • 变奏3通过增加旋律音的方式创作出节奏均匀而密集的主题旋律，同时将其移高一个音区演奏，左手弹奏分解和弦伴奏。	• 两首作品皆为变奏曲体裁的钢琴，都根据一个简洁、短小的歌曲主题变奏创作而成。 • 两首作品的主题在多种音乐要素的变化中不断变奏，表现出各不相同的音乐情绪和情境。
听《小星星变奏曲》	•《小星星变奏曲》是莫扎特根据法国流行歌曲《妈妈请听我说》改编而成的钢琴独奏曲，后又被改编成儿童歌曲《闪烁的小星》，两首歌曲的主题旋律几乎完全相同，《小星星变奏曲》正是根据此主题进行了十二次变奏。 • 变奏5运用变化音、八分休止符和八分音符使主题的旋律起伏和节奏形态发生了明显的改变，音乐轻快而宁静。 • 变奏7通过保留骨干音、增加旋律音的方式创作出节奏均匀而密集的音阶式旋律，整体力度强，音乐雄壮而奔放。 • 变奏11在改变主题旋律和节奏的同时，速度变慢，力度变弱，音乐柔美而温和。 • 变奏12将2/4拍的主题旋律变成3/4拍，旋律与节奏中的装饰音和休止符记号伴随着快而强的速度和力度变化，将音乐渲染得更加热烈、欢腾。	

续 表

教材内容	关键特征与学习重点	教学内容关联性分析
说明	《小星星变奏曲》这首补充作品贯穿了单元两课时的教学。 其中变奏5与《乒乓变奏曲》整合在第一课时进行学习，目的是利用其作品关键特征的共性特点，引导学生理解变奏曲主题在旋律、节奏方面的变化，呼应单元理解线索1； 而变奏7、变奏11和变奏12等教学素材的运用，目的是与第一课时核心知识内容形成递进、关联，促进学生进一步理解变奏曲主题除了可以改变旋律、节奏等要素之外，还可以在速度、力度、节拍等要素方面进行变化，循序渐进地促进学生认知的提升，呼应单元理解线索2。	

2. 单元基本问题

本单元教学内容侧重于三项学科核心内容中的"音乐的表现力"。单元基本问题可概括为：

① 变奏曲是如何变化音乐要素来实现音乐主题的变奏并表现出迥异的音乐情绪与情境的？

② 我们如何运用模唱、声势、律动、即兴编创等表现方式表达对主题变奏手法的理解呢？

（三）单元教法分析

表5-11 "变奏曲的音乐魔法"单元教法分析

理解线索	学科基本要求标引	单元教学基本要求与关键学法设计 （有助于叙写课时目标）	课时
① 变奏曲中旋律与节奏的变化	☑感受与欣赏 **音乐情感与形象：** 1.1.1①②B 1.1.2①②B **音乐要素：** 1.2.6①②B **音乐体裁与风格：** 1.3.3①B	• 听觉与联觉反应 ① 借助音乐动画、特效钢琴、图形谱等媒体技术，在视唱、声势、律动中表达对《乒乓变奏曲》变奏乐段中旋律音高、节奏变化的感受理解； ② 结合对比聆听、观察图谱、辨识音符、音乐记号等方法，感受《小星星变奏曲》变奏5通过增加变化音并运用大量八分休止符和八分音符使主题的旋律起伏和节奏形态发生了明显的改变。	1

续 表

理解线索	学科基本 要求标引	单元教学基本要求与关键学法设计 （有助于叙写课时目标）	课时
② 变奏曲中多种音乐要素的变化	☑ 表现 **识读乐谱：** 2.1.2①②B **演唱：** 2.2.1B 　　　　2.2.6B	• 乐感与美感表现 ① 以符合2/4拍拍韵律的方式，跟随《乒乓变奏曲》的速度，两人一组相互配合用肢体律动模仿表现打乒乓的音乐情境； ② 在动画谱例和钢琴的辅助下，跟随变奏音乐的速度和节拍，用视唱、声势、律动等方式表现《乒乓变奏曲》和《小星星变奏曲》变奏5片段。	1
	☑ 感受与欣赏 **音乐情感与形象：** 1.1.1①②B 1.1.2①②B **音乐要素：** 1.2.1①②B 1.2.2①②B 1.2.3①②B 1.2.6①②B **音乐体裁与风格：** 1.3.3①B	• 听觉与联觉反应 ① 结合对比聆听、画旋律线、辨识音符、音乐记号等方法，感受《小星星变奏曲》变奏7级进的旋律、密集的节奏、强的力度及表现的雄壮而奔放的音乐情绪； ② 结合对比聆听、辨识音符和音乐记号、保持恒定速度打拍子等方法，感受《小星星变奏曲》变奏11在改变旋律和节奏形态的同时还结合了弱的力度、慢的速度，表现柔美而温和的音乐情绪； ③ 结合对比聆听、辨识音符和音乐记号、保持恒定速度打拍子、捕捉强拍、声势等方法，感受《小星星变奏曲》变奏12以强而快的三拍子旋律，表现热烈而欢腾的音乐情绪。	
	☑ 表现 **识读乐谱：** 2.1.2①②B	• 乐感与美感表现 在教师示范和多媒体谱例的辅助下，按乐谱中的音乐记号，跟随音乐的速度和节拍有韵律感地即兴模唱、律动表现。	
	☑ 创造 **即兴编创：** 3.2.2①②B	• 创意思维与创造实践 用改变音乐要素的变奏方式选择歌曲《闪烁的小星》中8小节旋律进行即兴旋律编创，小组分工协作构思创意并演绎创编成果。	

目标分解与教学设计

一、单元目标设计

① 辨别"变奏曲"体裁的基本特点。

② 辨别旋律、节奏、节拍、速度、力度等音乐要素的变化在变奏曲中的表现作用。

③ 阐释对变奏曲不同段落音乐情境与形象的联想，表达自己的独特见解。

④ 按乐谱及音乐符号的提示，随音乐速度视唱或模唱音乐主题及变奏片段。

⑤ 根据变奏片段的音乐节拍和速度进行声势、律动。

⑥ 小组协作开展《小星星变奏曲》即兴编创活动，交流对旋律编创方法与规则的学习体验。

二、单元课时设计

第1课时　变奏曲中旋律与节奏的变化

一、教学内容

辨别《乒乓变奏曲》变奏1、2、3以及《小星星变奏曲》变奏5中旋律与节奏的变化。

二、课时教学目标

① 正确辨别《乒乓变奏曲》《小星星变奏曲》主题的旋律和节奏在不同变奏片段中的变化。

② 结合对音乐情绪和情境的感受与联想，跟随音乐的速度和节拍有韵律感地进行视唱、声势、律动。

三、学习难点

正确辨别变奏片段与主题相比，在旋律音数量、旋律的起伏形态、节奏的疏密形态上发生了变化。

四、课时关键问题

① 一个变奏曲主题是如何通过旋律、节奏的变化来表现不同的音乐情绪与情境的？

② 我们如何运用视唱、模唱、声势、律动来表达对主题变奏手法的理解？

五、学习过程设计

（一）组织教学

（二）感知并记忆《乒乓变奏曲》的主题

关键设问：音乐主题的旋律、节拍、节奏有着怎样的特征？

（1）结合呈示图片，联想乐曲所表现的运动情景。

第五章　情美音乐：在拨动心弦中成长　　169

（2）伴随音乐的速度律动模仿打乒乓球，感受乐曲节拍。

（3）视唱主题旋律。

① 辨别旋律中出现的音符。

② 在钢琴伴奏下，用有弹性的声音视唱主题旋律并律动表现。

③ 视唱《小小球儿闪银光》前半部分歌词并律动表现。

④ 用图形谱记录主题 A。

（4）简单介绍《乒乓变奏曲》的创作背景。

感知并记忆《乒乓变奏曲》主题活动设计说明

- 结合八分音符、四分音符等时值所营造的声音和音色特点，关联"乒乓球弹跳"的音乐形象。
- 在模唱旋律、主题听辨的音乐实践活动中，能跟琴唱准并准确记忆主题旋律，并用轻巧短促的声音演唱。
- 结合师生模拟打乒乓的声势律动、图形谱等，强化对主题的记忆。

（三）辨别并表现《乒乓变奏曲》的变奏片段

1. 辨别并表现变奏 1

关键设问：变奏 1 中主题是如何进行变奏的？

（1）聆听变奏 1，听辨主题旋律的变化。

（2）视听结合，借助特效钢琴感知伴奏声部。

（3）结合乐谱，辨别变奏 1 中的主题和伴奏声部，呈示图形谱。

（4）伴随变奏 1 的速度与节拍进行律动表现。

（5）小结归纳：变奏 1 通过增加伴奏声部进行变奏。

辨别并表现变奏 1 活动设计说明

- 以听觉为主，通过听辨初步感知变奏 1 中主题旋律仍然存在、同时增加了伴奏声部的变化。
- 结合对比聆听及特效钢琴的演示，了解钢琴中左右手配合的演奏方式，进一步感知右手弹奏主题旋律、左手加入伴奏声部。
- 结合乐谱，辨别主题与伴奏声部，联想运动情景，理解增加伴奏声部的变奏方式。
- 创设赛场上拉拉队员为乒乓选手呐喊助威的情境，引导学生以声势律动来表现对伴奏声部的认知，深化学生对主题的理解。
- 围绕"听辨音乐主题旋律的不同变奏并做出即时反应"这一评价要点，每个聆听步骤均体现对全体学生音乐聆听反应情况的观察与指导。

2. 辨别并表现变奏2

关键设问：变奏2中主题是如何进行变奏的？

（1）聆听变奏2，听辨主题旋律的变化。

（2）视听结合，借助特效钢琴感知主题旋律和伴奏声部。

（3）结合乐谱，辨别主题旋律与伴奏旋律在变奏2中的变化，揭示图形谱。

（4）小结归纳：变奏2通过改变主题旋律音区进行变奏。

（5）律动表现变奏1和变奏2。

辨别并表现变奏2活动设计说明

- 首先以听觉为主，通过听辨感知变奏2中仍然存在主题旋律与伴奏声部，初步感知旋律音区的交换。
- 结合对比聆听及特效钢琴的演示，进一步感知主题旋律变为左手弹奏、伴奏声部变为右手弹奏。
- 结合乐谱，辨别主题与伴奏声部，联想运动情景，进一步理解音区交换的变奏方式。
- 联想运动情景，以小组合作的方式，引导学生伴随变奏1和变奏2的速度与节拍以交换"唱主题""拍手拍腿"的声势律动分别来表现主题与伴奏声部，深化对音区交换的变奏手法理解。
- 围绕"听辨音乐主题旋律的不同变奏并做出即时反应"这一评价要点，每个聆听步骤均体现对全体学生音乐聆听反应情况的观察与指导。

3. 辨别并表现变奏3

关键设问：变奏3中主题是如何进行变奏的？

（1）初听变奏3，听辨主题旋律的变化。

（2）视听结合，通过特效钢琴，感受主题旋律音区的变化。

（3）结合乐谱，辨别节奏的疏密形态发生变化。

（4）律动表现变奏3。

（5）小结归纳：变奏3通过改变主题旋律的节奏及音区进行变奏。

（6）认识"变奏曲"，了解其基本特征。

辨别并表现变奏3活动设计说明

- 首先以听觉为主，通过听辨变奏3中主题旋律音色变明亮，感知主题旋律音区再次变高。
- 结合对比聆听及特效钢琴的演示，进一步感知主题旋律变回右手弹奏并再次移高了一个音区、伴奏声部变回左手弹奏，同时右手弹奏变密集，进一步理解音区交换的变奏方式，初步感受主题旋律节奏变密集。

- 结合乐谱，进一步感知改变节奏的变奏方式；视唱变奏3前两节旋律，并结合与主题旋律的二声部合唱，辨别主题旋律隐藏在变奏旋律中，添加旋律音的变奏方式。
- 联想运动情景，以小组合作的方式，伴随变奏3的速度与节拍律动表现主题节奏的变化，深化其对改变节奏的理解。
- 围绕"听辨主题旋律的变奏并做出即时反应"这一要点，每个聆听步骤均体现对全体学生音乐聆听反应情况的观察与指导。

（四）辨别并表现《小星星变奏曲》变奏片段

关键设问：变奏5中的旋律和节奏发生了怎样的变化？

（1）了解《小星星变奏曲》的相关人文知识，复习回忆歌曲《闪烁的小星》。

（2）对比聆听《闪烁的小星》前8小节与变奏5，联想音乐形象。

（3）视唱变奏5片段，感知休止符的加入改变了主题原本的节奏形态。

（4）师生合作，随变奏5的前8小节的速度进行律动表现。

（5）对比聆听、识读乐谱，感知变奏5增加了变化音使旋律发生了变化。

（6）小结归纳：《小星星变奏曲》变奏5用增加变化音和休止符的方式进行了变奏。

辨别并表现《小星星变奏曲》变奏片段活动设计说明

- 通过跟琴视唱旋律，回顾歌曲《闪烁的小星》，并能在演唱的同时用动作表现小星的形象，为后续感知音乐形象的变化做好铺垫。
- 通过对比聆听、演绎不同音色及观察乐谱前8小节，辨别节奏的变化。
- 律动体验休止符在音乐中的效果。
- 通过对比聆听、观察乐谱前9—16小节，辨别旋律的变化。

六、课堂小结

第2课时 变奏曲中多种音乐要素的变化

一、**教学内容**

辨别并体验《小星星变奏曲》变奏7、11、12中多种音乐要素的变化，即兴编创8小节旋律。

二、课时教学目标

① 正确辨别《小星星变奏曲》变奏 7、11、12 中发生变化的音乐要素，表述对音乐情绪情境的感受与联想。

② 在教师示范和多媒体谱例的提示下，跟随音乐的速度和节拍有韵律感地视唱、模唱和律动。

③ 在教师指导下与小组同伴协作，用改变音乐要素的方式，即兴编创并表现《闪烁的小星》8 小节旋律。

三、学习难点

① 能以即兴模唱的方式正确表现《小星星变奏曲》变奏 11 的速度。

② 能正确辨别《小星星变奏曲》变奏 12 的节拍为 3/4 拍。

③ 能以《闪烁的小星》为原型，用改变音乐要素的方式即兴编创 8 小节旋律。

四、课时关键问题

①《小星星变奏曲》是如何通过旋律、节奏、节拍、速度、力度的变化进行变奏并表现迥异的情绪与情境的？

② 我们如何运用模唱、声势、律动、即兴编创等方式表达对主题变奏手法的理解？

五、学习过程设计

（一）复习回顾

（1）复习回顾《乒乓变奏曲》《小星星变奏曲》。

（2）归纳旋律、节奏等音乐要素在变奏片段中的变化表现。

（二）辨别并表现《小星星变奏曲》变奏 7

关键设问：变奏 7 中有哪些音乐要素发生了变化？具体是怎样变化的？

（1）复习演唱《闪烁的小星》。

（2）初听变奏 7，联想音乐画面。

（3）对比聆听，辨别变奏 7 中旋律音增多、节奏变密集、力度变强。

（4）归纳总结变奏 7 在旋律、节奏和力度方面的变化。

（5）跟随变奏 7 的音频片段视唱《闪烁的小星》前 8 小节唱名。

辨别并表现《小星星变奏曲》变奏7活动设计说明

- 对比听辨《闪烁的小星》与变奏7，不断强化学生在变奏曲中"守住原型、找出变化"的欣赏习惯。
- 结合对比辨识两段乐谱中的音符数量和时值，引导学生辨别原本疏松的节奏变密集了。
- 对比聆听主题与变奏7，用在固定速度中打稳定拍的方式帮助学生判断速度没有变快。
- 用对比聆听并辨识乐谱、音乐记号的方法，引导学生辨别《小星星变奏曲》变奏7以强的力度表现出雄壮而奔放的音乐情绪。
- 对于学生跟随变奏7的音频片段视唱这个活动，评价的关键在于：① 用明亮的声音、活泼的情绪演唱；② 跟着音乐的速度和节拍；③ 正确视唱《闪烁的小星》前8小节的唱名。

（三）辨别并表现《小星星变奏曲》变奏11

关键设问：变奏11中有哪些音乐要素发生了变化？具体是怎样变化的？

（1）初听变奏11，联想音乐画面。

（2）对比聆听，辨别变奏11速度变慢、力度变弱、增加旋律音、节奏型变为附点和切分节奏。

（3）归纳总结变奏11在旋律、节奏、力度、速度方面的变化。

（4）跟随变奏11的音频片段即兴模唱《闪烁的小星》前8小节歌词。

辨别并表现《小星星变奏曲》变奏11活动设计说明

- 对比听辨《闪烁的小星》与变奏11，进一步巩固学生在变奏曲中"守住原型、找出变化"的欣赏习惯。
- 结合对比聆听、声势律动、保持恒定速度打拍子等方法，引导学生知道在变奏11旋律、节奏发生变化的基础上，与主题相比速度变慢，力度变弱了，表现出柔美而温和的音乐情绪。
- 对于学生跟变奏11即兴模唱这个活动，评价的关键在于：① 用轻柔的声音、舒缓的情绪演唱；② 跟着音乐的速度和节拍；③ 正确演唱《闪烁的小星》前8小节的歌词。学生虽然能听出音乐速度变慢了，但是在模唱时可能会出现"第一小节跟不上音乐"的问题，老师可以用指挥手势提示一下，帮助学生准确把握速度。

（四）辨别并表现《小星星变奏曲》变奏12

关键设问：变奏12中有哪些音乐要素发生了变化？具体是怎样变化的？

（1）对比聆听《闪烁的小星》及变奏12，辨别音乐要素的变化并完成答题板。

（2）师生互动交流，交流对旋律、节奏、节拍、速度、力度变化的感受与体验。

辨别并表现《小星星变奏曲》变奏12活动设计说明

- 听辨变奏12时，老师在与学生互动交流时可引导追问"乐曲中还有哪些音乐要素变化"。老师可将学生分成多个小组，指导他们协作进行纸笔记录或提供其他教具进行排列呈示，具体形式不限，简洁明了即可。
- 此环节学生可能会比较容易听辨出旋律、节奏、速度、力度的变化，对于节拍变化的感受需要教师一步步引导，在体验中进行感知。比如识读乐谱的拍号，可用捕捉强拍、对比二拍子和三拍子强弱规律等方式引导学生正确听辨判断；设计3/4拍声势律动引导学生感受音乐表现强而快的三拍子旋律所带来的热烈而欢腾的音乐情绪。

（五）分组即兴编创旋律，协作完成《小星星变奏曲》

关键设问：如何灵活运用音乐要素、音乐记号即兴编创旋律，表现你心中的小星星形象？

（1）媒体呈示即兴旋律编创的三个主题素材。

（2）组织学生选择素材并划分好三个小组。

（3）介绍编创的方法、规则以及评价标准。

（4）各小组编创旋律，教师巡视指导。

（5）各小组反馈交流，师生互评并完善集体的编创成果。

协作完成《小星星变奏曲》活动设计说明

- 老师将《闪烁的小星》谱例用三种色块区分开，组织学生进行选择，虽然1、3旋律是相同的，但两组学生的编创成果一定会有所区别，在比较中学生对"相同主题的多次变奏"会有更加深刻的理解，在最后三组编创成果合为一首乐曲呈现的时候，音乐层次感也会更加丰富。
- 各小组的编创成果应该是在全体成员达成共识的基础上产生的，在此过程中教师要指导学生充分讨论、规范地记录简谱旋律、以统一的速度齐唱演绎，并从以下三个方面来进行评价。①流畅性：能以统一的速度齐唱变奏旋律，无卡顿。②规范性：8小节旋律的简谱书写规范，无错漏。③创新性：能清晰、明确地阐述变奏手法，变奏旋律与主题对比显著。

三、单元小结

单元评价设计

表 5-12 "变奏曲的音乐魔法"单元评价设计

评价维度	评价内容（课程主题）	观测指标	评价标准	单元目标指向
认知/能力（成果）	审美感知 1.2 音乐要素	辨析《乒乓变奏曲》音乐要素与表现特点的情况	□正确听辨音乐的主题及变奏，阐释对变奏曲不同段落音乐情境与形象的联想，表达自己的独特见解； □正确判断各变奏乐段在主题的基础上旋律、节奏发生了变化； □能阐释旋律、节奏等音乐要素的具体变奏方式。 等第转换标准说明： ☆☆☆ 能完成以上3项 ☆☆　 能完成以上2项 ☆　　 能完成以上1项	单元目标 1—3
		辨析《小星星变奏曲》音乐要素与表现特点的情况	□正确听辨音乐的主题及变奏，阐释对变奏曲不同段落音乐情境与形象的联想，表达自己的独特见解； □正确判断各变奏乐段在主题的基础上旋律、节奏、速度、力度、节拍发生了变化； □能阐释旋律、节奏、速度、力度、节拍等音乐要素的变化及具体的变奏方式。 等第转换标准说明： ☆☆☆ 能完成以上3项 ☆☆　 能完成以上2项 ☆　　 能完成以上1项	
	艺术表现 2.1 识读乐谱	模唱《乒乓变奏曲》主题及变奏乐段旋律的情况	□跟随钢琴伴奏速度和节拍，以轻巧跳跃的声音、和谐的音色正确地演唱《乒乓变奏曲》主题旋律； □以符合2/4拍节拍韵律的方式，在动画谱例和钢琴的辅助下，跟随变奏乐段的速度和节拍，用视唱、声势、律动等方式表现打乒乓的音乐情境。 等第转换标准说明： ☆☆　 能完成以上2项 ☆　　 能完成以上1项	单元目标 4—5

续 表

评价维度	评价内容（课程主题）	观测指标	评价标准	单元目标指向
认知/能力（成果）	艺术表现	2.1 识读乐谱	视唱《闪烁的小星》乐谱的情况	□跟随钢琴弹奏《小星星变奏曲》主题的速度和节拍，以和谐的音色正确地演唱《闪烁的小星》旋律； □在教师示范和多媒体谱例的辅助下，跟随变奏5的速度和节拍，视唱前8小节的唱名并即兴律动表现； □在教师示范和多媒体谱例的辅助下，跟随变奏7的速度和节拍，以明亮的声音、活泼的情绪，正确视唱《闪烁的小星》前8小节的唱名并律动表现。 等第转换标准说明： ☆☆☆ 能完成以上3项 ☆☆　 能完成以上2项 ☆　　 能完成以上1项	
		2.2 演唱	齐唱《闪烁的小星》的情况	□跟随钢琴弹奏《小星星变奏曲》主题的速度和节拍，以和谐的音色正确地演唱《闪烁的小星》歌词并律动表现； □在教师示范和多媒体谱例的辅助下，跟随变奏11的速度和节拍，以轻柔的声音、舒缓的情绪，正确视唱《闪烁的小星》前8小节的歌词并律动表现。 等第转换标准说明： ☆☆ 能完成以上2项 ☆　 能完成以上1项	
	创意实践	3.2 即兴编创	用改变音乐要素的变奏方式选择歌曲《闪烁的小星》中8小节旋律进行即兴旋律编创，小组分工协作构思创意并演绎创编成果的情况	□流畅性：能以统一的速度齐唱变奏旋律，无卡顿。 □规范性：8小节旋律的简谱书写规范，无错漏。 □创新性：能清晰、明确地阐述变奏手法，变奏旋律与主题对比显著。 等第转换标准说明： ☆☆☆ 能完成以上3项 ☆☆　 能完成以上2项 ☆　　 能完成以上1项	单元目标6

续 表

评价维度		评价内容（课程主题）	观测指标	评价标准	单元目标指向
情感（兴趣/习惯）	审美观念	4.1 审美观念	在音乐实践活动中对变奏曲的学习兴趣程度以及活动参与意愿的情况	① 与以往学过的音乐作品相比，我对变奏曲的学习兴趣程度为：很感兴趣、较感兴趣、一般、稍有兴趣、不感兴趣 ② 对课堂中打节拍、辨析音乐、阐述观点、视唱视奏、齐唱歌曲、声势律动等实践活动，我的参与意愿是：非常愿意、愿意、一般、不太愿意、很不愿意	单元目标 1—6
	实践态度	4.2 实践态度			

（撰稿人：李钰）

第六章
趣味体育：玩转多彩童年

健康快乐地成长，让每一个生命都含花怒放。遵循生命成长的规律，用爱心和耐心关注生命的点滴，让儿童快乐健康地成长。遵循儿童个体发展的规律，重视儿童生命成长的特征，在其生长的关键时期给予所需的必备品格和运动能力，让其在童年时光充分展现精彩的生活。

上海市青浦区教师进修学院附属小学体育学科组现有教师6人,其中,二级教师4人,一级教师1人,高级教师1人,在这个以"老"带教、以"新"促教的团队中,他们富有朝气、乐学善思、敢于创新。学科组不断参与各种教学研究活动,在教学实践中不断探索,在市、区级各类比赛中取得了优异成绩。

第一节　让体育变得有趣

《义务教育体育与健康课程标准（2022年版）》指出，体育与健康课程坚持"健康第一"教育理念，以中国学生发展核心素养为引领，重视育体与育心、体育与健康教育相融合，充分体现健身育人本质特征，引导学生形成健康与安全的意识及良好的生活方式，促进学生身心健康、体魄强健、全面发展。[①] 小学阶段对培养学生参与体育活动的兴趣和养成良好的锻炼习惯是非常重要的时期，兴趣的激发和锻炼习惯的养成为坚持"健康第一"教育理念和促进学生全面发展奠定了基础。

一、学科性质观

义务教育体育与健康课程以身体练习为主要手段，以体育与健康知识、技能和方法为主要学习内容，以发展学生核心素养和增进学生身心健康为主要目的，具有基础性、健身性、实践性和综合性等特点，是学校教育的重要组成部分，对促进学生德智体美劳全面发展具有非常重要的价值。[②] 基于学科性质，学校体育课程强调培养学生掌握必须的体育与健康知识、技能和方法，创设多种趣味性的活动，培养学生养成参与运动的习惯和健康的生活方式，同时渗透德育教育，融合心理健康与社会适应、安全与预险等相关知识，在实践中让学生享受运动带来的快乐。

---

① 中华人民共和国教育部. 义务教育体育与健康课程标准（2022年版）[S]. 北京：北京师范大学出版社，2022：2.
② 中华人民共和国教育部. 义务教育体育与健康课程标准（2022年版）[S]. 北京：北京师范大学出版社，2022：1.

二、学科课程理念

有人说:"播下一个行动,收获一种习惯;播下一种习惯,收获一种性格;播下一种性格,收获一种命运。"教育的本质不是灌输,其目的是引导每一位学生激发兴趣,发现自己的闪光点,收获属于自己的成功与快乐。

为此,坚持"健康第一"的教育理念,面向全体学生,落实"教会、勤练、常赛"要求,注重学、练、赛一体化教学,重视系统安排多种运动项目,强调以学生发展为本,重视学习综合性评价,关注学生个体差异,学校提出了"趣味体育"系列课程,教师在课程中注重多样化、趣味化的教学,打造趣味健康课堂,根据学生个体差异,激发学生的学习兴趣,引导学生有效学习,让学生在课堂中愿学、乐学、善学,在运动中身心健康成长。

"趣味体育"是小学阶段培养学生基本体育素养、激发学生广泛的体育与健康兴趣,引导学生热爱体育、乐于参与体育活动,提高学生身体活动能力和基本运动技能,使学生养成日常锻炼习惯、促进身心健康发展的体育课程。

"趣味体育"是"个性"的体育,是以学生为本,教师发挥主导作用,采用形式多样、内容丰富的体育项目以及开放、多元的评价方式和教学方法激发学生的体育兴趣,让学生获得体育健身的乐趣、审美能力和成就感,促进学生个性健康发展的课程。

"趣味体育"是"全面"的体育,是突出"健身育人",让学生获得健身知识、技能、方法,并培养其自尊自爱、诚实守信、顽强进取等品质和良好的心理素质,培养其积极主动健身的意识、科学健身的行为和乐观开朗的人生态度,促进学生身心健康和社会适应能力全面发展的课程。

"趣味体育"是"持续"的体育,是强调以学生"自主健身"为目标,教师在教学中探寻兴趣化的教学方法与手段,体现自主、合作、探究学习,调动学生积极性和主动性,引导学生选择适合自己的锻炼方式与方法,培养其自我健康管理意识与能力,为其终身体育奠定基础的课程。

因此,我们将"趣味体育"的理念确定为:让快乐的体育与健康的身体一路前行，玩转精彩的童年，享受健康之乐。学生通过课程的学习体验自我锻炼和自我健康管理等教育教学活动，获得良好的运动技能、健康的行为习惯和必备的体育品格，适应未来的社会需求。

第二节　让运动收获身心健康

《义务教育体育与健康课程标准（2022年版）》指出，学生通过课程的学习，掌握与运用体能和运动技能，提高运动能力；学会运用健康与安全的知识和技能，形成健康的生活方式；积极参与体育活动，养成良好的体育品德。[①] 体育与健康课程总目标不仅要求学生获得基本运动知识，还要求培养学生健康的生活方式、良好的行为规范。

一、学科课程总目标

基于对课程标准目标的解读与认知，结合体育与健康学科三大核心概念"运动能力、健康行为、体育品德"，我校"趣味体育"课程总目标从"良好的运动能力、健康的行为习惯、必备的体育品格"三个方面进行设置。

1. 良好的运动能力

良好的运动能力主要包括体能与技能两大方面，体能是基础，技能是关键。根据学生的身体发展规律，我校课程在不同年级设置了相应的身体素质练习，发展学生的速度、耐力、协调、灵敏、柔韧等身体素质，为学生打好体能基础。同时我们在每个年级进行每学期两项以上技能的教学，发展学生良好的运动能力，让学生掌握多项运动技能及提升运动认知、运动安全知识等，并通过各项运动比赛提升运动技能，达到以赛促练、以赛促评的效果。

2. 健康的行为习惯

健康的行为习惯是增进身心健康和积极适应外部环境的综合表现，是改善健

[①] 中华人民共和国教育部. 义务教育体育与健康课程标准（2022年版）[S]. 北京：北京师范大学出版社，2022：6—7.

康状况并逐渐形成良好生活方式的关键。因此，希望学生通过本课程学习能够积极主动参与校内外的体育锻炼，掌握简单的锻炼方法和技能，养成一种锻炼习惯，形成乐观开朗、乐于交往合作的性格，提高适应自然环境的能力，关注身心健康状况，提高生活和生存能力。

3. 必备的体育品德

体育品德是指学生在体育运动中应当遵循的行为规范和体育伦理，以及形成的价值追求和精神风貌。[①] 因此，本课程注重培养学生不惧困难、勇于挑战、自信向上、团结合作的品质；引导学生遵守运动规则，并通过长期的历练，帮助学生养成自尊自信、强烈的责任意识和正确的胜负观。

二、学科课程年级目标

依据《义务教育体育与健康课程标准（2022年版）》和学校"趣味体育"课程理念，我们从"良好的运动能力、健康的行为习惯、必备的体育品德"三个方面构建了"趣味体育"课程体系三维一体的目标体系，以年级为单位设置课程目标，详见表6-1。

表6-1 "趣味体育"课程年级目标表

年级	领域目标	课 程 目 标
一年级	良好的运动能力	掌握队列队形与日常体育课的行为习惯要求，重点掌握正确的身体姿态和走、跑、单双脚跳、并脚跳短绳等；掌握广播操和体操类基本技能，发展柔韧性、灵敏和协调性；重点掌握网球正反手击球基本技能和其他球类游戏，并学会简单的爬、攀登与爬越、滚动等动作游戏。
	健康的行为习惯	积极参与运动和体育锻炼，主动完成学习任务，自主参与各项体育活动，并有良好的自我情绪管理能力和游戏规则意识，能和同伴团结合作与正常交流。
	必备的体育品德	遵守游戏规则，和同伴能积极配合、主动交流，有不惧困难、勇往直前的精神，能关心与帮助同伴，并能在比赛中胜不骄、败不馁，正确看待比赛结果。

[①] 中华人民共和国教育部. 义务教育体育与健康课程标准（2022年版）[S]. 北京：北京师范大学出版社，2022：6.

续 表

年级	领域目标	课程目标
二年级	良好的运动能力	掌握并能用正确的动作技术完成快速跑、模仿操、投掷轻物、立定跳远、推起成桥、单脚交替跳短绳等；重点掌握篮球运、传技术动作和其他球类游戏。
	健康的行为习惯	积极参与运动和体育锻炼，主动完成学习任务，自主参与各项体育活动，并有良好的自我情绪管理能力和游戏规则意识，能和同伴团结合作与正常交流。
	必备的体育品德	遵守游戏规则，和同伴能积极配合、主动交流，有不惧困难、勇往直前的精神，能关心与帮助同伴，并能在比赛中胜不骄、败不馁，正确看待比赛结果。
三年级	良好的运动能力	重点掌握50米快速跑、前掷实心球、立定跳远、1分钟跳绳等体能项目和后滚翻、前滚翻分腿起、爬墙手倒立、花样拍毽子等技能项目；重点掌握羽毛球正确技术动作和其他球类游戏。
	健康的行为习惯	养成锻炼的习惯，掌握科学合理的锻炼方法，知道如何自我锻炼。有良好的精神面貌和健康的心理，与同伴和谐相处、团结互助、积极进取。
	必备的体育品德	遵守游戏规则，和同伴能团结互助，敢于创新，不断挑战自我、展示自我，自强不息，并能在游戏中有责任意识与安全意识。
四年级	良好的运动能力	重点掌握25米×2、40米×8、蹲踞式跳远、1分钟跳绳等体能项目和快速跑基本姿势、跨越式跳高、远撑前滚翻、武术动作组合等技能项目；重点掌握足球运、传技术和其他球类技术，并了解比赛规则。
	健康的行为习惯	养成锻炼的习惯，掌握科学合理的锻炼方法，知道如何自我锻炼。有良好的精神面貌和健康的心理，与同伴和谐相处、团结互助、积极进取。
	必备的体育品德	遵守游戏规则，和同伴能团结互助，敢于创新，不断挑战自我、展示自我，自强不息，能在游戏中有责任意识与安全意识。
五年级	良好的运动能力	重点掌握50米、400米或50米×8、走和跑几步垒球掷远、前掷实心球等体能动作和后滚翻接跪跳起、有人扶持手倒立、山羊分腿腾越、五步拳等技能动作。重点掌握足球运、传技术和其他球类技术，并了解比赛规则。
	健康的行为习惯	养成锻炼的习惯，掌握科学合理的锻炼方法，知道如何自我锻炼；有良好的精神面貌和健康的心理，与同伴和谐相处、团结互助、积极进取。
	必备的体育品德	遵守游戏规则，不断挑战自我、展示自我，自强不息，在比赛中有竞争意识，能正确面对输赢，并能在游戏中有责任意识与安全意识。

第三节　设计丰富多彩的体育课程

依据《义务教育体育与健康课程标准（2022年版）》，本校体育学科设置了"趣味体育"系列课程。"趣味体育"课程面向全体学生，根据学生的个体差异，增加灵活丰富的教学内容以满足不同层次学生的学习需求，帮助学生形成初步的健康意识和健身兴趣，培养学生的创新精神和实践能力。

一、学科课程结构

根据"趣味体育"课程理念与学科目标，结合学校体育特色项目，学校从"乐参与、乐技能、乐健康、乐品质"四大板块架构"趣味体育"课程体系，详见图6-1。

各板块课程内涵具体表述如下：

1."乐参与"课程

力求使学生积极参加各类体育游戏活动和比赛，通过趣味游戏来提高学生的学习积极性，在游戏中发展其身体基本的活动能力，培养学生奋勇争先、团结协作的体育精神。

2."乐技能"课程

让学生学习运动知识，学会学习和锻炼，掌握技能和方法，增强

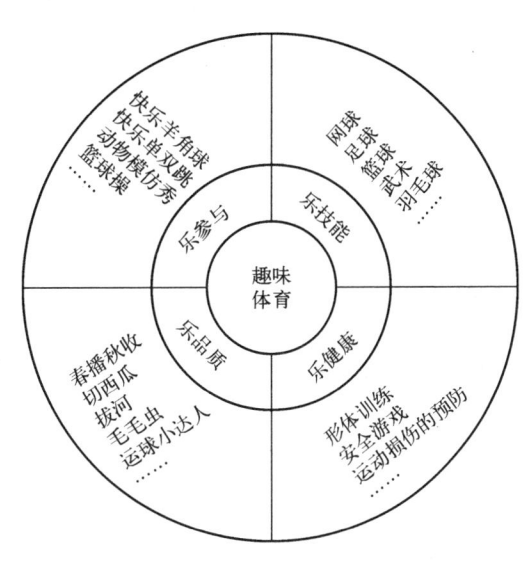

图6-1　"趣味体育"课程结构图

安全意识和防范能力。课程内容的选择兼顾基本身体活动、体操类运动和专项运动，这样能够发挥教师的专长，丰富课程内容，扩大学生的认知范围和选择空间。

3. "乐健康"课程

根据小学生身心发展的特点，有针对性地教授体育与健康知识，使学生掌握基本的保健知识和方法，提高安全意识，培养其健康生活的习惯。

4. "乐品质"课程

通过学习和比赛来增强学生的心理健康与社会适应性，使学生学会自我调控情绪，形成合作意识与能力，培养坚强的意志和品质。

以上四类课程是基于教材的四个方面开发的，这些教学内容的开展和实施，既有侧重点，又互相融合互为补充，渗透在整个体育教学活动中，共同实现"趣味体育"课程理念与学科目标。

二、学科课程设置

学校基于体育与健康教学的四个方面和学校体育学科课程实际，遵循体育教育教学和学生成长规律，逐步完善"趣味体育"课程设置，满足学生个性化的学习需求，开发和培育学生的潜能与特长，使学生在学习中展现生命成长的精彩。"趣味体育"课程设置表见表6-2。

表6-2　"趣味体育"课程设置表

	乐参与	乐技能	乐健康	乐品质
一上	快乐羊角球	网球 足球	形体训练	春播秋收
一下	快乐单双跳			切西瓜
二上	动物模仿秀	篮球 武术	安全游戏	拔河
二下	篮球操			毛毛虫
三上	排山倒海	羽毛球 武术	运动损伤的预防	运球小达人
三下	障碍接力赛			拦截导弹

续　表

	乐参与	乐技能	乐健康	乐品质
四上	旋风跑	足球 武术	健康科普	双人跳绳
四下	勇闯难关		人体解读	多人"8"字跳
五上	趣味接力	足球	健康小卫士	五人足球赛
五下	你追我赶			

第四节 在"趣味体育"中茁壮成长

本校"趣味体育"特色课程以"趣味"为统领，从创设"趣味课堂"、推进"趣味大课间"、打造"趣味社团"、开设"趣味体育节"、组织"趣味体育赛事"等方面进行实施，旨在通过趣味性的学习方法，发展学生的基本运动能力和必备的运动技能，加深学生对更多项目的了解，使学生掌握多种基本的练习方法，改善身体形态和身体姿势，促进体能发展，培养拼搏精神。通过"趣味大课间"确保学生每天锻炼一小时，强化学生的体育技能，丰富运动内容，激发学生的体育兴趣；"趣味社团"更进一步满足学生个性化的学习需求，开发和培育学生的潜能与特长；课程结合"趣味体育节""趣味体育赛事"等多种途径实施，并以"学、练、赛"保障学习成效。

一、创设"趣味课堂"，推进学科课程实施

学校"趣味课堂"秉承"健康第一"的教育理念，以特色课程为主，培养拥有健康体魄的少年。

（一）"趣味课堂"的内涵与操作

按照学校课堂教学的"三优标准"，即"优备、优上、优评"，引领教师"功在课前、活在课中、思在课后"，要求学生"学在课堂、练在课间、用在生活"。学科责任领导从课程纲要、教学计划、活动设计的撰写到听课、参与教研等，对教师跟进指导，进行适度调控，确保教育教学质量稳步提升。

1. 贯彻学科理念

"趣味课堂"应让快乐的体育与健康的身体一路前行，让学生玩转精彩的童年，享受健康之乐。学生通过课程的学习、体验、自我锻炼和自我健康管理等教

育教学活动，获得良好的运动技能、健康的行为习惯和必备的体育品格，适应未来的社会需求。

2. 丰富的教学内容

课堂内容要具有层次性和多样性，满足学生的学习兴趣，让学生感到上体育课很开心，同时在内容上也丰富学生的学习感知觉，使其体验到乐趣。

3. 教学方法要灵活

根据不同学生的兴趣和不同年龄段特点，运用多样的教学方式调动学生参与活动的积极性，让学生内心得到满足，在训练中得到体验，从而踊跃参与活动，学会有效处理人际关系。

4. 教学评价多样性

评价内容既要关注健康的基本知识与技能，又要关注健康意识和行为养成，要鼓励学生参与到评价中来。

（二）"趣味课堂"的评价标准

对"趣味课堂"的评价从活动设计、学习过程、学习结果三个方面进行，不断在对课堂的完善中促进教师善于教学、学生乐于学习。

1. 活动设计有趣好玩

课堂资源要丰富有趣，关注学生乐玩的天性，以学生的学习运动兴趣为中心，充分满足学生的需求。

2. 学习过程自由发展

教师适时适度地引导学生进行技能学习与训练，开发学生的兴趣，激发其学习激情，培养其大胆自信、乐于参与的精神，课堂评价要多元化。

3. 学习结果扎实有效

学生能够掌握课堂学习的技能，形成有效的练习策略，能够调控自我情绪、乐于与他人合作，在运动中能够顽强拼搏。

二、推进"趣味大课间"，助力健康成长

在学校推进"趣味体育"课程的进程中，我们始终坚持让每位学生都能享受到运动的快乐，大课间为每位学生提供了尽情舒展、快乐运动的大平台。基于学

校体育特色，我们将广播操和韵律操作为大课间活动实施的主要内容，在大课间活动中加强学生身体协调性的练习，同时还进行体能的训练。

（一）大课间的实施内容

根据季节的变化，大课间分为春秋季和冬季。大课间春秋季的内容包括"广播操大课间"和"韵律体能大课间"。"韵律体能大课间"是结合音乐创编而成的大课间活动，主要包括8个体能小练习。学生在欢快的音乐伴奏中，让身体跳起来，凸显大课间活动的激情。冬季大课间的主要内容为长跑，但考虑到冬季雾霾天气较多的实际情况，我们还精心编排了室内操。

（二）大课间的实施评价

学校建立了多元评价体系，形成了"校长为组长、中层领导巡视、体育教师分年级管理、班主任主抓、学生干部监督"的管理机构网，有严格的管理、明确的分工，分项目进行评价，切实促进大课间活动的可持续发展。具体评价内容如下：

（1）每天大课间活动时，由值周生做好观察记录，对上下楼的速度与秩序、课间活动的人数、活动情况、活动效果进行观察记录。

（2）德育处对大课间进行每周评比，汇总至各班大课间评价表上，公布在校园公告栏中。

三、打造"趣味社团"，全面优化兴趣特色课程

体育学科为了更好地满足不同学生的个体需求，丰富学生的校园生活，提升学生的体育兴趣爱好，增进师生情感的沟通，以学生自愿为原则，组建内容丰富的"趣味社团"。

（一）"趣味社团"的实施

"趣味社团"开设丰富多彩的社团内容，遵循儿童身体发育的特点，结合学校的实际情况，主要依据教师的专业优势和学生的兴趣进行双向选择，同时也把各年级普修课中专项成绩比较好的学生挑选进入社团，实行分层教学，把学生对体育运动的兴趣发挥到最大，组建一个有实力的社团队伍。在社团的组建上，学校充分利用资源，开发学生乐于学习、学有所获的校本课程，开设了轮滑、乒乓

球、足球、武术、篮球、羽毛球、网球、圈操、排球等课程，争取让学生通过社团课程掌握一项体育技能。

（二）"趣味社团"的评价标准

"趣味社团"满足学生不同的兴趣爱好，发挥学生的体育兴趣特长；为了社团良性持久的发展，制定了"趣味社团"评价量表。（见表6-3）

表6-3　"趣味社团"评价量表

评价项目	评价标准	分值	得分
社团管理有方法	社团有规范的名称、宗旨、口号、标志，制定章程并及时完善、严格执行。	5	
	社团内部有严密的机构设置，有团长、团员，社团学生人数应在10人以上（包括10人）；各项事务分工合理。	5	
	社团活动场地及体育器材有严格使用制度且贯彻良好。	5	
	服从学校管理及领导，按时参加各项会议，及时递交各种材料。	5	
	社团内部及社团之间团结协作，友爱共处。	5	
社团活动有创意	活动有计划方案，有活动程序记载、活动总结等文字资料及图片存档。	5	
	活动有创意并能充分体现社团特色，积极向上，文明健康，符合小学生发展个人专长、拓展自身素质的需求，参与面广，影响范围大。	10	
	活动期间，组织纪律严谨，工作安排到位，整个活动井然有序。	10	
	活动结束后，认真搞好现场卫生，保持整个校园的整洁。	5	
展示宣传有影响	积极参加并承担教育行政部门及学校组织的相关体育活动。	10	
	主动参与校内大型活动，独立开展对外开放活动，且主题突出，特色鲜明，受师生们的欢迎，影响较大。	10	
	每次活动利用海报或新闻媒体进行宣传报道，且有一定的影响。	5	
活动成果有成效	以社团名义参加校内外大型赛事并获得名次。	20	

四、开设"趣味体育节",彰显学生健康风采

"趣味体育节"的开展,充分调动了学生参与的主动性和积极性,促使广大学生扩大知识领域、领略节日风情,同时增强学生参与体育锻炼的意识,提高学生的身体素质,为学生培养终身锻炼的良好习惯奠定基础。

(一)"趣味体育节"的实施

"趣味体育节"的实施秉承"贵在参与、勇于展示"的原则,为学生搭建体育运动的舞台,丰富的内容与多样的形式充分体现体育运动的全员性、趣味性、技能性等特点,努力让每一位学生都绽放精彩。具体活动安排见表6-4。

表6-4 "趣味体育节"活动安排

活动时间	活动主题	参与对象
4月	春季全员运动会	全体师生,部分家长
9月	体质达标节	全体学生
10月	秋季运动会	全体师生,部分家长
12月	跳长绳节	四、五年级学生

(二)"趣味体育节"的评价

"趣味体育节"是校园文化的重要组成部分,其以节日系列活动的形式开展,是全校性体育活动的一种有效组织形式。为了更好地达成体育节活动的目标,我们主要从活动目标、活动内容、学生参与及效果等方面进行评价。具体活动见表6-5。

表6-5 "趣味体育节"评价表

评价项目	评价内容	分值	课程组评	教师评
目标设置	活动目标明确、清晰。	20分		
内容要求	根据学生年龄特点,确定内容设置与具体要求,引导学生热爱生活、积极参与,增强活动的现实性和亲近感。	20分		

续 表

评价项目	评价内容	分值	课程组评	教师评
活动过程	过程具有整体性,学生在情境中参与活动,在活动过程中得到体验和感悟,增强活动的有效性。	20分		
学生参与	学生充分发挥主体作用,乐于参与,自主体验。	20分		
目标达成	学生目标达成度高,通过活动得到技能提升,获得丰富的目标达成情感体验,形成积极的生活态度,养成良好的行为习惯。	20分		

五、组织"趣味体育赛事",为终身体育打下良好基础

学校体育学科组依据学校特色项目,积极组织学生参加各级别比赛,努力搭建赛事平台,帮助学生健康成长,培养其竞争意识,为其终身体育打下良好基础。

(一)"趣味体育赛事"的实施

"趣味体育赛事"的实施,让儿童可以在多种平台上展示自己、增强信心、勇于拼搏,培养学生坚强的意志品质。具体活动见表6-6。

表6-6 "趣味体育赛事"活动安排表

比赛时间	比赛内容	比赛级别
5月	区阳光体育大联赛田径	区级
6月	市阳光体育大联赛圈操	市级
9月	区阳光体育大联赛篮球	区级
11月	区阳光体育大联赛羽毛球	区级
12月	踢跳比赛	校级

(二)"趣味体育赛事"的评价要求

每次赛事活动前,都需要成立专项委员会制定活动方案,印制详细的计划书,指定各项负责人,进行责任到人的筹备。为保证赛事顺利圆满完成,不同赛

事设置相应的评价方案。

田径运动会评价原则：集体项目录取前六名，单项积分按7、5、4、3、2、1计算。4×100米接力预赛按成绩取前四名参加决赛，第五、六名按成绩直接取名次，其他径赛项目和田赛项目均按成绩直接取名次。

综上所述，"趣味体育"以发展学生身体和心理健康为出发点，以多样化的教学内容为基础，拓展丰富多彩的体育社团和赛事，打造良好的校园体育文化和氛围，让学生在欢乐中成长。

（撰稿人：吴秋菊　周小玲）

学科实践创意 ｜ 投掷超人联盟队

——小学体育与健身二年级"投掷：掷轻物"单元教学设计

一、指导思想

本单元注重"结构化"的教学，学科组把握单元主旨，关注教材和教学过程的完整性，强调知识、技能的关联性和层次性，强调知识技能的运用；以"健身育人"为指导思想，遵循"以学生发展为本"和小学体育"兴趣化"教学理念，为学生营造一个自主体验、快乐学习的环境。在投掷轻物单元教学中，通过一系列投掷游戏，激发学生的学习兴趣和积极性，培养学生的自主学习意识；教师采用讲解示范法、比较学习法、情景教学法等，指导学生进行不同远度和准度的练习，在此基础上体验与掌握投掷轻物的动作方法，感知快速挥臂和出手方向的动作要领，并通过引导学生相互评价及教师直接评价来树立学生的自主意识。

二、教材教法分析

（一）教材分析

1. 运动技能

投掷轻物是由持轻物掷远和持轻物掷准两部分组成。持轻物掷远要求两脚前后站立，侧向投掷方向，手持轻物高于头，肘高于肩，快速转体，挥臂将轻物由肩上掷向前方。持轻物掷准要求两脚前后站立，面向投掷目标，手持轻物高于头，肘关节向前，快速挥臂将轻物投向目标物。其动作要点（技术要点）有：（1）手持轻物高于头、肘高于肩、快速挥臂；（2）上下肢协调配合。

2. 相关体能

投掷轻物是一项由肩上投掷的方法和投掷时自然挥臂的动作组成的运动，需要上下肢的协调配合，对于学生的方向感和出手时的速度、力量等能力有较高要求。

3. 理论依据

从斜抛运动分析该动作，投掷项目是通过人体的运动将器械掷出，器械的抛出近似物体斜抛运动。物体的水平射程为 $S = \dfrac{Vo^2 \cdot \sin 2a}{g}$，公式中重力加速度（$g$）是一个常数，所以器械飞行的距离（$S$）主要取决于器械出手时的初速度（$Vo$）和出手角度（$a$）。

4. 育人价值

在情景教学中，学生合作学习、师生合理有效评价，有助于学生培养与他人协作的能力，树立自信心和勇于挑战的良好品质。快速挥臂、出手方向合适是投掷轻物动作技术的关键点，因此，要以不同的练习方法，以递进式难度要求，不断提高学生投掷的能力。

（二）学情分析

二年级学生具有活泼好动、喜欢模仿，但注意力不稳定、不持久的特点，对投掷这一基本活动项目很熟悉，有一定的投掷基础；但对于动作学习仍以无意识、无具体形象和机械记忆为主。他们缺乏体育运动的基本概念，意志薄弱，自制力较差，互帮互助意识较弱，有些概念需要在反复学练中逐步建立。对于二年级学生应该选择主题式内容，以情景式教学为主，通过游戏进行兴趣化培养，让他们在趣味游戏中逐步掌握并巩固提高投掷轻物动作。

学生在能力水平方面已初步掌握简单的肩上投掷的方法和投掷时自然挥臂的动作，大部分学生较好掌握了动作方法。投掷轻物动作方法对上下肢协调能力要求有所提高，教师要重点关注学生快速挥臂、出手方向，对不协调的学生，教学中需要区别对待、降低难度，帮助他们树立自信心，逐步提高投掷轻物动作技能。

（三）教法分析

讲解示范法：新授时教师通过具体的讲解示范使学生在头脑中建立起持轻物掷远动作表象和直接的感性经验，以了解所学动作的要领及重、难点，帮助学生逐渐建立完整的、正确的动作概念。

比较学习法：在学生自主练习以及分组练习中，通过师生、生生间的动作对比和相互评价，让学生及时发现自己的不足以及别人的亮点，并及时加以纠正，提高学生持轻物掷远动作的准确性。

游戏竞赛法：以场景激趣为目的，通过设计持轻物掷远的游戏形式来调动学生的学习积极性，注重学生的主动参与，培养学生对投掷的兴趣。

分解法：通过对动作的分解，将投掷三要素（出手速度、高度、角度）分别融入前三课次中，并不断强化整合。有利于学生对于动作的学习以及对于投掷重、难点的掌握。

情景教学法：通过主题情境的"投掷超人联盟队"的创设，将原本枯燥无味的投掷课程转化为学生所喜欢的角色扮演，让学生找寻方法完成任务，充分调动学生的学习兴趣，同时提高学生参与学习的积极性和主动性。

（四）单元教学问题

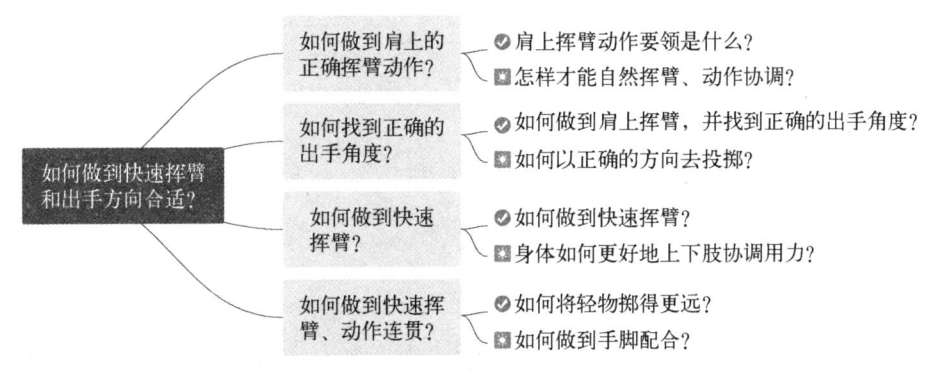

图 6-2　"投掷：投掷轻物"单元教学问题

三、"投掷：投掷轻物"单元教学流程

（一）单元学习目标

（1）了解投掷轻物的相关知识，基本掌握投掷轻物的动作要领，学会正确的肩上挥臂动作、出手角度和速度，能持轻物投掷得有一定远度。

（2）通过多种情景的投掷游戏以及掷过一定高度、快速对墙掷反弹球等投掷练习，增强上肢、腰腹和腿部力量，提高身体协调性。

（3）积极参与各项投掷游戏，体验活动乐趣和成就感，通过小组间的鼓励和团队帮助，表现出合作、信任、责任、安全及敢于挑战的自信，体现动作美、表现美、和谐美，具有问题意识、思维能力和美的素养。

（二）教学重、难点

快速挥臂，出手方向合适。

表6-7 "投掷：投掷轻物"单元教学流程

课次	重、难点	教 学 内 容	学 习 目 标
1	重点： 肩上挥臂 难点： 挥臂动作自然、协调	"投掷超人联盟队"之"超人模仿秀"投掷轻物： 1. 技能训练营 （1）模仿投掷轻物的完整动作 （2）结合口诀原地徒手肩上投掷。练习口诀：手高于头，肘高于肩 2. 超人大练兵（击打空中物） 3. 怪物来袭（投掷怪兽）	1. 了解投掷轻物的动作方法，学会正确、完整的投掷轻物动作。做到肩上挥臂，动作自然。 2. 能根据口令完成肩上挥臂动作，提高上肢力量与身体协调性。 3. 在学练中感受活动的愉悦，体验成功的乐趣，培养勇往直前的良好品质。
2	重点： 肩上挥臂与出手角度的结合 难点： 方向正确	"投掷超人联盟队"之"超人争夺战" 投掷轻物： 1. 蓄势待发（错肩正面击掌） 2. 汲取能量（对高处目标物投掷） 3. 超人流星弹（两人对掷）	1. 继续学习投掷轻物的方法动作，能够通过肩上挥臂找到正确的出手角度，发展向正确的方向投掷的能力。 2. 学会综合活动"超人争夺战"的方法与规则，发展奔跑、投掷和灵敏协调的能力。 3. 学习阳光自信、不惧困难、勇往直前的精神，懂得热爱生命的意义与价值，体验合作学练的乐趣，树立团结协作的良好品质。
3	重点： 快速挥臂 难点： 上下肢协调用力	"投掷超人联盟队"之"年兽大作战" 投掷轻物： 1. 纸炮惊年兽（甩纸炮） 2. 战前准备（对墙反弹球） 3. 打败年兽（投掷轻物比远）	1. 进一步学习投掷轻物的动作方法，努力做到快速挥臂，提高掷远能力。 2. 了解快速挥臂的动作要领，通过练习，提高挥臂速度、力量、动作协调等能力。 3. 了解中国传统文化，通过自主学练，互帮互助，逐步形成不畏艰苦、积极思考、敢于拼搏的精神，树立安全学练意识。
4	重点： 快速挥臂、上下肢协调用力 难点： 掷得有一定的远度	"投掷超人联盟队"之"超人挑战赛" 投掷轻物： 1. 飞越彩虹桥（双人持不同轻器物掷远） 2. 掷远彩虹线（持轻物掷过一定高度的标志线） 3. 运输彩弹（持轻物掷远比赛）	1. 了解和巩固轻物掷远的知识与动作，学会转体蹬地动作方法，做到快速挥臂、身体协调用力，完成一定远度的投掷。 2. 通过各种游戏的练习，提高上下肢协调能力及力量、灵敏等身体素质。 3. 能和伙伴一起做到遵守规则、积极参与，养成认真观察、主动交流的好习惯。

活动与评价	根据单元教学重点"快速挥臂，出手方向合适"确定单元基本问题"如何做到快速挥臂方向合适？"。为解决单元基本问题，设计以下4个单元主要活动： **主要活动一：** 解决问题： 1. 肩上挥臂的动作要领是什么？ 2. 怎样才能自然挥臂、动作协调？ 活动实施： 1. 情境导入："投掷超人联盟队"。 2. 教师语言导入，引导学生进行各种投掷动作的练习，并讲解示范原地投掷轻物的完整动作，再和学生一起分小组边回忆边练习；学生练习5—8次，并在练习中改进动作。 3. 教师根据原地投掷轻物练习引出肩上投掷轻物的口诀"手高头、肘高肩"和动作要领，并讲解示范。 4. 教师组织学生4人小组分散尝试练习肩上挥臂动作10—12次。 5. 教师集中提示动作要领，讲解肩上挥臂投掷动作能使投掷角度更高的原因；学生学会认真听讲并根据理解体验击打空中物游戏，完成8—10次肩上挥臂动作。 6. 教师组织学生进行驱赶"怪物"的挑战练习1—2次，激发学生的挑战欲望。 7. 教师组织学生通过不同的任务情景，由浅入深、由易到难地导入教学，引导学生在练习的过程中，学习肩上挥臂的动作方法，并做到自然协调。 8. 师生共同评价。 评价要点： 自然挥臂，肩上投掷；积极参与，遵守规则。 **主要活动二：** 解决问题： 1. 如何做到肩上挥臂，找到正确的出手角度？ 2. 如何以正确的方向去投掷？ 活动实施： 1. 继上节课情景后续，教师语言导入，组织学生复习巩固肩上挥臂动作6—8次。 2. 通过甩纸炮的方法，进一步让学生感知快速挥臂的动作要领，学生在情景下学练8—10次。 3. 设计"汲取能量"环节，通过教师的示范与敲章的教学手段，学生用粘粘球投掷以及自选任务的多样练习方式，学习朝正确的方向投掷，通过反复练习解决方向正确性的问题。 评价要点： 出手方向正确，快速挥臂；积极参与，遵守规则。 **主要活动三：** 解决问题： 1. 如何做到快速挥臂？ 2. 体验快速挥臂的同时感受身体如何上下肢协调用力。 活动实施： 1. 教师语言导入，引导学生复习上节课出手角度正确的投掷练习，通过"纸炮惊年兽"来强调学生在投掷时的快速挥臂，同时激发学生的互帮互助，进行德育渗透。 2. 设计"战前准备"环节，通过听由慢到快的节奏变化，学生跟着节奏练习对墙快速挥臂，完成投掷海绵球的动作练习，知道海绵球触墙反弹越远说明速度越快，练习8—10次。 3. 通过"打败年兽"环节，教师讲解示范比赛比分规则，组织学生5人一组进行竞赛，并根据各小组的积分进行评价。

	4. 师生共同交流与评价。 评价要点： 快速挥臂，上下肢协调；积极参与，评价合理，遵守规则。 **主要活动四：** 解决问题： 1. 如何将轻物掷得更远？ 2. 如何做到手脚配合？ 活动实施： 1. 教师组织学生温故知新，巩固徒手投掷动作，练习5次。 2. 教师示范"飞越彩虹桥"游戏并讲解规则，学生分A、B组进行投掷练习游戏；教师提示问题，组织学生体会游戏胜利的窍门，游戏练习6—8次。 3. 教师讲解"掷远彩红线"游戏的动作要领，引导学生明白想要击打最远的目标就必须上下肢共同快速协调发力，学生分小组根据动作要领积极参与练习，教师巡视与帮助，游戏练习8—10次。 4. 教师讲解示范"运输彩弹"的游戏方法，并组织学生体验练习。 5. 学生能积极参与不同挑战游戏的练习，提高投掷能力。 评价要点： 蹬地转体，身体协调用力；积极参与，遵守规则。
安全保障	1. 选择平整、无杂物的场地。 2. 引导学生做好充分的准备活动，加强学生学练的安全意识。 3. 提醒学生在活动中注意观察四周，强调游戏时遵守安全的活动规范，以免发生不必要的碰撞。

四、"投掷：投掷轻物"单元评价设计

（一）单元过程性评价

根据教材特点、低龄学生特点和创设的各类情景练习内容，本单元主要从"学习兴趣""学习习惯"和"学业成果"三个维度入手，选择有针对性的观测点确定评价标准给予评价。

表6-8 "投掷：投掷轻物"过程性评价表

单元主题		"投掷超人联盟队"			
评价对象		评价者		评价时间	
评价维度	观测点	评价标准			评价结果
学习兴趣	观察能力	我能在看视频或图解回答问题以及教师示范和学生展示过程中，积极观察，认真投入		自评	☆☆☆☆☆
	模仿能力	我能主动模仿教师持轻物掷远的教学动作，并达到一定的正确率			☆☆☆☆☆

续 表

学习习惯	自主练习	我们在自主和小组合作练习过程中积极主动	互评	☆☆☆☆☆
	合作交往	我们在练习过程中,主动和小伙伴合作,互相学练指正		☆☆☆☆☆
学业成果	表达能力	学生能讲出正确的动作要领	师评	☆☆☆☆☆
	自我展示	学生能主动展示活动,正确完成持轻物掷远的动作		☆☆☆☆☆
	动作正确	学生能做到快速挥臂,肩上投掷方向合适		☆☆☆☆☆
	掷远能力	学生能投掷达到一定远度		☆☆☆☆☆

（二）单元终结性评价

表6-9 "投掷：投掷轻物"单元终结性评价表

单元主题	投掷：投掷轻物			
班级		姓名		评价者
等级评价	评价标准			
	动作技能评价50%	远度评价50%		
			男生	女生
优秀	做到肩上挥臂，挥臂快速，出手角度合适，且达到一定远度		能够将轻物投掷至11.5米及以上	能够将轻物投掷至9.7米及以上
良好	做到肩上挥臂，且挥臂快速，出手角度合适		能够将轻物投掷至10.5米及以上	能够将轻物投掷至8.7米及以上
合格	做到肩上挥臂，挥臂动作自然协调，方向正确		能够将轻物投掷至9.0米及以上	能够将轻物投掷至7.2米及以上
有待提高	需要在教师指导下才能完成动作		未能够将轻物投掷至9.0米	未能够将轻物投掷至7.2米
评价结果				
总评				

五、单元作业设计

表 6-10 "投掷超人联盟队"个人练习

选择题
(1) 在投掷轻物练习中，我们要做到____（哪里）挥臂。 A. 肩上　　　　　　　　B. 肩下　　　　　　　　C. 与肩同高 (2) 在投掷轻物练习中，我们要做到____（怎样）挥臂。 A. 慢速　　　　　　　　B. 中速　　　　　　　　C. 快速 (3) 在投掷轻物练习中，我们的出手角度是____。 A. 向下　　　　　　　　B. 向上　　　　　　　　C. 向斜上方 (4) 在投掷轻物练习中，我们的目标是将轻物投掷得更____。 A. 高　　　　　　　　　B. 远　　　　　　　　　C. 快 (5) 在体育活动前，需要做准备活动吗？____ A. 需要　　　　　　　　B. 不需要　　　　　　　C. 无所谓 每答对一题获得一颗★

评价标准	
满分	得到五颗★
优秀	得到四颗★
良好	得到三颗★
合格	得到两颗★
有待提高	得到一颗或未得到★须努力（要加油咯！）

反馈表					
单元主题	"投掷超人联盟队"				
班级		姓名		学号	
等级评定					

六、单元教学资源

表 6-11 "投掷：投掷轻物"单元教学资源设计

	相关资源	资源应用	解决问题
活动资源	纸炮、图片、粘纸、棉花球、粘球、小炮弹	持轻物掷准和持轻物掷远教学	让学生掌握持轻物掷准和持轻物掷远的动作方法

续 表

相关资源	资源应用	解决问题
泡泡枪、氢气球	教学中利用泡泡枪与氢气球来设置不同的练习场景和练习参照物，合理划分区域	让学生做到快速挥臂以及找到正确的投掷方向
移动黑板、投掷标靶、氢气球	教学中利用移动黑板、投掷标靶、氢气球来设置不同的练习场景和练习参照物，合理划分区域	让学生做到快速挥臂以及找到合适的出手角度

（撰稿人：吴秋菊）

第七章
斑斓美术：绘就五彩缤纷的童年

"生活中不是缺少美，而是缺少发现美的眼睛。"美是春天初绽的鲜花，是微雨轻拂的脸颊；美是夏夜渐浓的晚霞，是稚童斑斓的涂鸦；美是恣意欢快的笑颜，是五彩缤纷的童年。让儿童在纯良的心性中，用真心去感受美，用慧心去欣赏美，用潜心去表现美，用匠心去创造美。

上海市青浦区教师进修学院附属小学美术学科组是一支充满活力、积极向上的团队，现有美术教师5人，其中区学科带头人1人，区学科教坛新秀2人。美术学科组充分发挥团队合力，以《义务教育艺术课程标准（2022年版）》为依据，构建"斑斓美术"课程，团队教师不断丰富知识储备，努力提高专业素养，致力营造缤纷校园艺术氛围，让艺术浸润校园，滋养生命。优质的师资队伍为学科课程发展提供了有力的支撑，在区域范围内起到了示范引领作用。

第一节　在斑斓的艺术世界里发现自己

小学是学生学习美术的起始阶段，小学美术课堂注重引导学生在美术学习实践的过程中发展想象能力、实践能力和创造能力，启迪学生用真心去感受美、用慧心去欣赏美、用潜心去表现美、用匠心去创造美；为学生营造开放的学习和探索的空间，培养学生的核心素养，提升学生的综合能力，是我校美术学科课程构建的追求。

一、学科价值观

《义务教育艺术课程标准（2022年版）》指出："艺术是人类精神文明的重要组成部分，是运用特定的媒介、语言、形式和技艺等塑造艺术形象，反映自然、社会及人的创造性活动。艺术教育以形象的力量与美的境界促进人的审美和人文素养的提升。艺术教育是美育的重要组成部分，其核心在于弘扬真善美，塑造美好心灵。义务教育艺术课程包括音乐、美术、舞蹈、戏剧（含戏曲）、影视（含数字媒体艺术），是对学生进行审美教育、情操教育、心灵教育，培养想象力和创新思维等的重要课程，具有审美性、情感性、实践性、创造性、人文性等特点。义务教育艺术课程以立德树人为根本任务，培育和践行社会主义核心价值观，着力加强社会主义先进文化、革命文化、中华优秀传统文化的教育；坚持以美育人、以美化人、以美润心、以美培元，引领学生在健康向上的审美实践中感知、体验与理解艺术，逐步提高感受美、欣赏美、表现美、创造美的能力，抵制低俗、庸俗、媚俗倾向；引导学生树立正确的历史观、民族观、国家观、文化观，增强爱党、爱国、爱社会主义的情感，坚定文化自信，提升人文素养，树立人类命运共同体意识，为实现中华民族伟大复兴而不懈奋斗。"①

因此，学校力求创设轻松愉悦的学习氛围，让学生能够体验美术学习的快乐，保持对美术学习的积极性与持续性，促进学生在美术课程中自由抒发情感、创意个性表达，促进学生的个性形成与全面发展。

二、学科课程理念

为进一步优化小学美术课堂教学，学校美术学科组充分挖掘地域资源，大胆进行美术课程的探索和实践，帮助学生提升思想情感和审美趣味，激发学生无限的创造潜能。我们依据《义务教育艺术课程标准（2022年版）》提出的学科课程理念"坚持以美育人、重视艺术体验、突出课程综合"②，将"绘就五彩缤纷的童年"确定为学科课程理念，力求激发学生的艺术兴趣；以认知为主，技法为辅，运用综合材料，创设艺术源于生活又高于生活的有效的学习方式，助力学生感受美、欣赏美、表现美、创造美。

1. 以美启智·感受美

"斑斓美术"课程希望在教学中以美启智，让学生在感受、体验、联想、分析和判断中获得审美享受，在不断的美感启蒙中发展美术兴趣，从而使对美的感性认识转化成理性的深刻认识。

2. 以技促能·欣赏美

美术教育不仅是一种单纯的技能机巧的训练，更是一种文化的学习、探索和表达，注重培养学生的人文素养与美术素养，使它们在情感、思想的表达、交流中产生和发展。因此，"斑斓美术"课程以学生发展为本，通过规范的引导和训练培养发展学生的审美力、感知力、想象力、表现力等，通过美术实践活动提高学生的整体素养，最终使学生学会学习、学会做人，终身受益。

3. 以情育德·表现美

美育是素质教育的重要组成部分，而德育是素质教育的核心。美术是情感的

---

① 中华人民共和国教育部. 义务教育艺术课程标准（2022年版）[S]. 北京：北京师范大学出版社，2022：1.
② 中华人民共和国教育部. 义务教育艺术课程标准（2022年版）[S]. 北京：北京师范大学出版社，2022：2.

艺术，任何一件艺术作品都是艺术家的情感产物，通过美术特有的方式来表现美，也正是这种"情"牵动着无数颗童心，使之受到美的触动和感染。"斑斓美术"课程的教学过程中，教师以自己对美术创作的情感去拨动学生的美术情感的琴弦，使之产生共鸣，体验以情育德、以德促学的内蕴美。

4. 以艺立人·创造美

培育社会主义核心价值观，重要途径之一就是将社会主义核心价值观这一当代道德要求落实到课程、教材和课堂，切实将社会主义核心价值观的精神实质与根本要求，转化为学生的价值判断和行为方式。"斑斓美术"课程时刻铭记教书育人的使命，立德树人，以美立人，以人格魅力引导学生心灵，以艺术人文素养滋养学生的精神家园，并将美不断地传递与发扬。

综上所述，"斑斓美术"课程根据儿童年龄和身心发展特点，在培养儿童的健康审美能力的基础上，注重与儿童日常生活紧密关联，为儿童营造开放的学习和探究空间，培养儿童的审美素养和创新能力，全面提升儿童的综合素养。

第二节 让艺术为梦想插上翅膀

"斑斓美术"课程以系统单元教学目标为核心进行课程的整体架构和设计，具体规划制定了课程总体目标和分年段目标。

一、学科课程总体目标

《义务教育艺术课程标准（2022年版）》的总目标要求是："感知、发现、体验和欣赏艺术美、自然美、生活美、社会美，提升审美感知能力。丰富想象力，运用媒介、技术和独特的艺术语言进行表达与交流，运用形象思维创作情景生动、意蕴健康的艺术作品，提高艺术表现能力。发展创新思维，积极参与创作、表演、展示、制作等艺术实践活动，学会发现并解决问题，提升创意实践能力。感受和理解我国深厚的文化底蕴和党的百年奋斗重大成就，传承和弘扬中华优秀传统文化、革命文化、社会主义先进文化，坚定文化自信，铸牢中华民族共同体意识。了解不同地区、民族和国家的历史与文化传统，理解文化与构建人类命运共同体的关系，学会尊重、理解和包容。"[1]

结合对"斑斓美术"课程的理解，我们从"知识与技能""过程与方法""情感态度价值观"三个维度制定了学校美术学科课程的总体目标：通过小学五年的美术学习，学生能够以个人或集体合作的方式参与各种美术活动，自主尝试运用各种工具、材料，学习美术欣赏和评述的方法，丰富视觉、触觉和审美经验，体验美术活动的乐趣，从而获得对美术学习的持久兴趣；与此同时了解美术基本

---

[1] 中华人民共和国教育部. 义务教育艺术课程标准（2022年版）[S]. 北京：北京师范大学出版社，2022：6—7.

的造型方法与表现方式，敢于表达自己的情感与思想，美化环境与生活；在美术学习的过程中，形成设计并应用于生活的能力；从而成为具有美术素养、人文精神、创新能力、审美品位和有社会责任感、会创造美好生活的人。

二、学科课程年段目标

根据《义务教育艺术课程标准（2022年版）》的目标要求，我们将"斑斓美术"课程分为五个学段目标。围绕"欣赏·评述""造型·表现""设计·应用""综合·探索"四类艺术实践内容①，制定了"斑斓美术"课程年段目标。（见表7-1）

表7-1 "斑斓美术"课程年段目标

年级	欣赏·评述	造型·表现	设计·应用	综合·探索
一年级	引导学生观赏大自然与各种美术作品的形状、色彩、质感。教会学生用口头或书面语言对欣赏对象进行简单的描述。鼓励学生大胆说出其特色点，敢于表达自己的感受。	引导学生初步认识形状、色彩、肌理等美术语言。让学生体验不同材料运用的效果，通过看、想想、画画、做做、说说等方法来表现所见所闻所想，从而激发丰富的想象力与创造力。	引导学生学习对比与和谐、对称与均衡等组合原理，了解一些简单的创意方法和手工制作的方法。鼓励学生尝试进行简单的设计和装饰，感受设计制作与其他美术活动的区别。	引导学生采用造型游戏的方法，充分结合语文、自然、英语、音乐等多学科的内容。鼓励学生大胆地进行美术创作，结合表演来介绍和展示创作作品，并分享自己的创作思路和创意构思。
二年级	引导学生通过观察和欣赏的方法获得审美愉悦，并用语言、文字、绘画等多种形式来表达自己的感受与认识。引导学生欣赏和表现，并用美术语言进行分享交流，表达创作意图。	引导学生通过畅想来创作和设计，培养想象力与表现力。以"二十四节气""美丽的自然"为切入点，激发学生表现节气和自然的情感，并学会用艺术的眼光观察生活。	引导学生运用点、线、面等基本形组合的表达方式，运用剪、折、撕、贴等方法完成从平面纸材到立体造型的转变。在创作过程中注重培养学生的想象能力、创意思维与设计意识。	引导学生学会观察生活，学会搜集、整理、归纳、探究生活中的综合材料，运用多种材料设计、创作，善于"观察生活、变废为宝"，体验综合探究的学习乐趣，培养低碳环保理念。

---

① 中华人民共和国教育部. 义务教育艺术课程标准（2022年版）[S]. 北京：北京师范大学出版社，2022：48.

续 表

年级	欣赏·评述	造型·表现	设计·应用	综合·探索
三年级	引导学生尝试从形状与用途的关系认识设计和工艺的造型、色彩和媒材，学习对比与和谐、对称与均衡等形式原理，运用手绘草图或立体制作的方法来表现设计构想，感受设计之美。	引导学生尝试用多种方式来表达自己的感受与认识，用语言或文字描述美术作品，特别是具有我国民族特色的美术作品。鼓励学生搜集中国民间美术作品，了解其中的特点或寓意，并进行交流。	引导学生对造型的表现活动产生较为浓厚的兴趣，并且能够表现更多的想象力与创造力。帮助学生把观察到的人和事物的特征与感受，用不同的美术语言和表现形式进行创意表达。	引导学生根据各种材料特点，自主探究和学习，采用PBL项目化学习模式进行"点亮校园"的创意设计，通过发现、设计、改造、美化校园，向老师和同学介绍校园和设计，从而点亮校园的每个角落。
四年级	通过实用设计、剪纸、编织、布艺、印染、特殊画面处理等内容培养学生的设计应用能力、动手能力和创造能力，使学生认识工艺品与日用品的造型、功能、材质等方面的实用性与美观性。	引导学生观察和关注生命世界的运动形态、空间、肌理、质感等特征与变化之美，产生了解与感受多种艺术媒体表现的兴趣，体会友情，乐于与伙伴分享合作的喜悦，感受自主表现生活的乐趣。	引导学生充分认识和使用常用的形状、色彩、肌理等美术语言，体验不同特征表现、表达方式和方法。鼓励学生表达感受或意愿，充分发展学生的空间感知能力、形象记忆能力和审美创造能力。	引导学生学会欣赏、探究作品设计的科学原理和艺术价值、趣味性，能运用对称与均衡的美感要素，通过印染、剪贴、装饰、插接、重构等平面与立体设计造型活动，感受美术设计与生活的关系。
五年级	引导学生认识设计和工艺的造型、形态与功能的关系、色彩与媒材。使学生能运用对比与和谐、对称与均衡、节奏与韵律等形式原理及各种材料、制作方法，设计和装饰各种图形与物品，并与他人交流设计意图。	引导学生欣赏古今中外优秀的美术作品，帮助学生了解具有代表性的艺术家。使学生通过描述、分析与讨论的方法，运用简单的美术语言，对美术作品的内容与形式进行分析和解说，表达对美术作品的感受、理解。	引导学生运用绘画、剪刻、印染等多种装饰性表现的艺术手法，创造性地运用点、线、面、色等造型元素来表达不同的生活感悟和体验，并记录与表现所见所闻、所感所想，发展美术构思与创作的能力，表达思想与情感。	引导学生围绕丰富多彩的民间艺术样式，探究其艺术特点，尝试实践艺术表现手法，从中领会其文化内涵与艺术魅力。使学生了解民族艺术皮影戏、泥塑、剪纸等，体会美术与传统技艺的关系，探索中国传统民间艺术的魅力。

"斑斓美术"课程总目标与年段目标在课程设计和教学活动中，相互渗透，有机融合，促进学生全面发展。

第三节　用巧手和匠心绘就五彩童年

为了更好地实现课程目标，我们设置了"斑斓美术"学科课程框架。课程遵循学生的认知发展和成长规律，面向全体学生，尊重个性差异，在学科课程理念和学科课程框架的设置规划下，稳步推进并逐步完善"斑斓美术"课程设置。

一、学科课程结构

《义务教育艺术课程标准（2022年版）》美术学科课程内容包括"欣赏·评述""造型·表现""设计·应用""综合·探索"四类艺术实践内容，学科组根据学科课程哲学及儿童发展的特点，将课程具体分为"斑斓欣赏""斑斓造型""斑斓设计""斑斓探索"四个领域，按照学段分学期设计课程。（见图7-1）

1. 斑斓欣赏

"斑斓欣赏"主要包括欣赏身边的美术、中国美术赏析、世界美术赏析及中外美术简史，旨在引导学生欣赏身边的美、感受中外美术的魅力，认知作品的艺术形式、创作风格、思想内涵、文化背景等，包括作者的思想情感，并用语言、文字等正确表达自己的感受和想法，通过美术馆、互联网、书籍等多渠道学习感悟，提高欣赏和评述能力，在文化情境中理解艺术作品，涵养人文精神。

2. 斑斓造型

"斑斓造型"主要包括平面造型、立体造型、动态造型、多维造型，旨在引导学生运用描绘、雕塑、拓印、拼贴等手段和方法，通过多种媒介进行美术创作活动，感受不同媒材和工具的表现效果；同时体验传统工艺，学做传统工艺品，运用造型元素和形式原理，表达对生活的所见所想、所思所感，培养美术造型能力和审美感知能力。

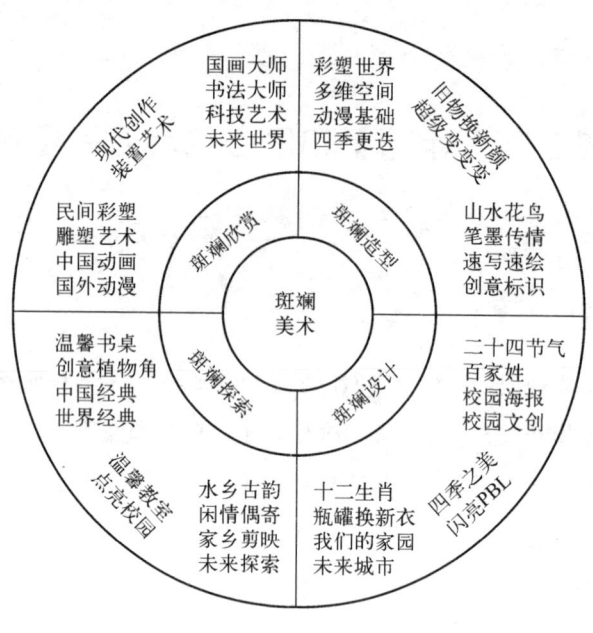

图7-1 "斑斓美术"课程结构图

3. 斑斓设计

"斑斓设计"主要包括视觉信息传达、生活与设计、工艺传承、环境营造，旨在引导学生通过观察身边的物品，主动寻找和发现不同的材料，用撕、剪、贴、刻等方法改进生活用品，装点自己的生活，积极主动地学习和探究，发挥丰富的想象力，训练美术技能，树立学以致用的思想，体验创意设计的乐趣，形成设计意识和创新能力。

4. 斑斓探索

"斑斓探索"主要涉及美术内部综合、美术与其他艺术、美术与其他学科、美术与社会，旨在引导学生参与造型游戏活动、开展跨学科学习。通过综合性的美术活动，开阔学生的视野，启发学生的想象，使学生在学科融合的学习实践过程中，发现生活之美、探索斑斓艺术。

二、学科课程设置

根据一到五年级学生不同的年龄和知识特点，进行整体规划，并设定不同的主题，为五彩缤纷的童年开启最烂漫纯真的艺术之旅。"斑斓美术"美术课程设置具体见表7-2。

表7-2 "斑斓美术"课程设置表

	"斑斓美术"课程				
	表现形式	斑斓欣赏	斑斓造型	斑斓设计	斑斓探索
一上	浅浮雕	民间彩塑	彩塑世界	十二生肖	温馨书桌
一下	立体装饰	雕塑艺术	多维空间	瓶罐换新衣	创意植物角
二上	基础临摹	中国动画	动漫基础	我们的家园	中国经典
二下	创意描绘	国外动漫	四季更迭	未来城市	世界经典
三上	综合创作	现代创作	旧物换新颜	四季之美	温馨教室
三下	立体装置	装置艺术	超级变变变	闪亮PBL	点亮校园
四上	国画	国画大家	山水花鸟	二十四节气	水乡古韵
四下	书法	书法大师	笔墨传情	百家姓	闲情偶寄
五上	电脑绘画	科技艺术	速写速绘	校园海报	家乡剪映
五下	电脑设计	未来世界	创意标识	校园文创	未来探索

第四节　在这里与最美的自己灿烂相遇

"斑斓美术"课程的实施,以学生的兴趣为前提,基于学生的学习需求以及年龄特点,构建"斑斓课堂"、实施"斑斓课程"、建设"斑斓社团"、开展"斑斓PBL"、融合"斑斓小百灵节",创设寓教于乐的学习方式,激发学生学习美术的兴趣,以多元化的综合评价培养学生良好的学习习惯,促进学生全面发展。

一、构建"斑斓课堂",培育美术素养

"斑斓课堂"是美术教育特色化、个性化、校本化的具体实践与实施。

(一)"斑斓课堂"的内涵与实践操作

"斑斓课堂"将艺术性、人文性、趣味性的内容融入教学,在课堂中凸显学生的个性发展,鼓励学生发表不同的见解和思路,让思维激荡思维,让思想碰撞思想,让智慧启迪智慧。"斑斓课堂"具体推进策略如下。

1. 全员学习,提高思想认识

学科组全员学习学科课程哲学、学科价值观、学科课程理念,明确学科课程总体目标、分年段目标,充分了解课程结构、课程设置及课程实施与评价,通过全员学习,提高思想认识。

2. 夯实常规,构建高效课堂

学科组按照教学常规,每学期至少观摩20节课,每节课观摩之后,根据评价量表进行量化评分,并就课堂进行说课、评课,做到"随时听、随堂听、随即评",课后进行总结反思,提升课堂质效。

3. 深化教研,提高教学效能

以课堂教学为主阵地,立足教师专业发展,深入开展校本教研。以"绿色指

标"为基准,以"匠心工作坊"为载体,以课题研究为抓手,针对教育热点、教学难点等进行主题教研活动,并依托进修学院专家、邀请名师指导等,深化教研,发挥校本教研在美术课堂教学中的作用。

4. 改进作业,减负提质增效

通过开展"作业菜单"的设计研究,着力激发学生的学习兴趣,促进学生的思维发展。完成"基于单元"的美术学科主题作业的设计;开展学科探究作业设计研究,形成具有校本特色的作业,通过不断改进和优化作业设计,实现减负提质增效。

5. 以生为本,尊重个性发展

学生是教育教学的对象,更是学习的主体,因此,在美术课堂教学中,教师要关注不同层次的学生,帮助每位学生产生积极的学习体验。同时,通过问卷星、学生访谈等方式,从学生的角度了解教师教学中的不足,了解学生的思想和需求,尊重每一位学生的个性发展。

(二)"斑斓课堂"的评价要求

"斑斓课堂"从教学内容、思维品质、课堂氛围、学业成果四个维度进行评价,评价量表见表7-3。

表7-3 "斑斓课堂"评价表

评价类别	评价指标	具 体 标 准	评价结果 ★	★★	★★★
教学内容	丰富	1. 教学内容设计生动、形象、富有美感,有利于学生的美术审美学习和文化学习。 2. 有利于陶冶学生的性情和高尚情操,有利于学生创造能力与实践能力等多种能力的提升和养成。 3. 创造性地使用教材,教学容量适当,富有创新意识。			
思维品质	灵动	1. 学生能主动、积极提出问题,发表不同见解。 2. 学生提出的问题具有个性、价值和创造性。 3. 学生能自主学习、合作探究、质疑。			
课堂氛围	活跃	1. 尊重学生个体差异,创设和谐共生的课堂氛围。 2. 能让学生体验到乐趣、轻松愉快、和谐融洽。 3. 学生敢于表达,勇于创新,有良好的学习习惯。			

续 表

评价类别	评价指标	具 体 标 准	评价结果 ★	★★	★★★
学业成果	显著	1. 学生具有美术探究和创新的兴趣，审美能力和实践能力得到培养，学科素养得到提升。 2. 学生能用不同视角观察感知审美对象，体验充分、想象丰富、思维活跃，能获得相应的知识技能。 3. 学生能大胆尝试，运用所学的美术知识和技能进行表达与创作，展示个性。			
教学亮点					
存在问题					
改进意见					

二、实施"斑斓课程"，提升学科能力

我们主要从以下几方面实施"斑斓课程"，不断提升学生的美术学科能力。

（一）"斑斓课程"的内涵与实践操作

1. 斑斓欣赏

在课程活动中，引导学生对自然景观、人文艺术、美术作品、美术现象等进行观察、描述和分析，逐步形成审美能力。让学生以愉悦的心情欣赏美术作品，了解美术作品的形式及含义，热爱传统艺术，尊重世界多元文化，通过课程学习更好地了解艺术与自然、艺术与社会、艺术与历史、艺术与文化的关系，涵养人文精神。

2. 斑斓造型

在课程活动中，引导学生学会主动寻找和发现生活中各种不同的综合材料，结合生活实际，观察不同艺术造型特点，积极主动地学习和探究，运用综合材料进行创意表现，训练美术技能的同时培养现代创作观，养成良好的学习习惯和思维品质。

3. 斑斓设计

在课程活动中，引导学生了解设计与工艺的知识、意义、特征与价值，以及树立"物以致用"的设计思想、"变废为宝"的现代创作观，知道设计与工艺的

基本程序，学会设计创意与工艺制作的基本方法，感受各种材料的特性，养成勤于观察、敏于发现、乐于探索、善于借鉴、精于创作的学习习惯，发展创新意识和创造能力。

4. 斑斓探索

在课程活动中，引导学生主动探索、研究、创造以及综合解决问题，要求学生了解美术与其他学科的差异和联系，学习灵活运用各学科的知识设计探究性活动的方案，参与探究性、综合性的美术活动，并以各种形式展示成果；认识美术与生活的密切关系，发展综合解决问题的能力；开阔视野，拓展想象的空间，激发探索未知领域的欲望，体验探究的愉悦与成就感。

（二）"斑斓课程"的评价要求

本课程注重对学生学习技能、习惯的培养，并从收集整理、整体观察、个性体现、学习常规等几方面来评价，评价标准见表7－4。

表7－4 "斑斓课程"评价标准

项目	要素	评价标准 达标	结果	评价标准 待达标	结果
收集整理	收集处理	课前根据预学单，收集积累综合材料、图像信息等		综合材料、图像信息收集不完整、不全面	
	激发兴趣	能运用不同的材料和表现形式，创意表达艺术之美		观察生活不够敏锐，表达内容乏善可陈	
整体观察	观察方法	能按照从整体到局部的观察顺序，对物体进行观察		过度关注物体细节而忽略整体	
	目的明确	能根据自己的创作主题和内容，对物品进行观察		观察目的不够明确	
个性体现	鲜明独特	能将自己的创意思路体现在作品创作中，并形成自己鲜明独特的风格		作品停留在简单的模仿和复制，缺乏独立的思考	
学习常规	课前准备	能根据要求准备好材料		材料不全，无法创作	
	认真倾听	认真倾听老师和同学的发言		无法集中注意力听讲	

续 表

项目	要素	评 价 标 准			
		达　标	结果	待 达 标	结果
学习常规	积极发言	积极举手表达自己的观点		无法表达自己的想法	
	善于合作	乐于、善于与同伴合作		无法融入同伴的合作学习	
	课后整理	课后归纳整理材料		桌面凌乱，没有收纳习惯	
美术语言	合理运用	能恰当运用美术语言		不能正确使用美术语言	

三、建设"斑斓社团"，打造特色品牌

美术社团旨在培养学生对美术的兴趣爱好、增长学生的美术知识、提高学生的美术技能、丰富学生的课余文化生活，实现师生共同意愿和满足学生个人兴趣。学校开展美术社团活动是学校对课堂的补充，既丰富了课程的内容，提升了学生能力，又对校园文化起到了良好的宣传作用。

（一）"斑斓社团"的内涵与实践操作

"斑斓社团"的宗旨和任务是：用艺术启迪智慧，激发儿童的美术天赋，让美术为孩子的童年无限创想。老师设计的多元化课题为学生提供简单、快乐、正确的教学方法；培养他们的审美情趣，让他们感受美、欣赏美、表现美、创造美。同时积极营造快乐美术的学习环境，激发学生内在的学习兴趣和动力。

为了丰富学校课程，我们开设了丰富多彩的社团，如"黏土乐园""动漫世界""旧物改造""艺韵书画""数绘天地"等富有特色的美术社团。社团通过多种多样的美术活动，激发和促进学生对专业技能训练的热情和积极性，让他们在艺术的星空里自由探索并熠熠生辉。

（二）"斑斓社团"的评价要求

社团采用多样的实施策略和多维的评价方式，力求为学生提供丰富的学习体验，主要从学习积极性、参与性、表现能力、探究能力、学业成果等方面进行评价，评价表见表7-5。

表 7-5 "斑斓社团"学生活动评价表

活动时间		活动地点	
活动主题		指导教师	
姓名		班级	
评价维度	自评 ★	互评 ★	师评 ★
积极性			
参与性			
表现能力			
探究能力			
学业成果			
学习小结			

四、开展"斑斓PBL",播种艺术之花

PBL 是 problem based learning 的简称,基于问题的学习,即"项目化学习"。项目化学习作为以项目为驱动的综合性学习方式,具有形式多元性、情境真实性、内容综合性、学生主体性和评价全面性等特点,有助于学生构建对客观世界的认知,有助于学生构筑良好的人际关系,有助于学生重建良好的自我经验。

(一)"斑斓PBL"的内涵与实践操作

"斑斓PBL"以"艺术点亮校园"为主题,由美术老师根据驱动性问题设计团队协作,借助问卷调查收集、信息处理,引导学生完成探究任务单,制定完整计划,通过设计公共展区、讲解展演等静态、动态的呈现方式将"艺术点亮校园"项目向家长、同学和来宾们进行现场展示,从而培养美术学科的核心素养,激发对于校园文化建设的主人翁精神,成为学校的形象大使。(见表7-6)

表 7-6 "艺术点亮校园"项目化学习进程表

项目启动	
活动 1：了解附小的校园文化	**课时**：1
学习目标：培养学生信息处理和沟通能力；提升学生主动学习、沟通的社交能力；提升学生的团队合作意识、合作精神；确立出项形式，了解评价量规。 **引导性问题**：我们学校的建筑是什么风格？学校的校园文化建设有什么特色？你会设计一些什么主题的装饰？ **任务群**：通过校园文化建设多媒体演示文稿、实地观察校园、访问老师等，学生自主梳理出学校的建筑风格、文化建设特色，设计主题的思考，并进行记录、分享。 **评价**：有关校园文化建设的 KBL 表。 **成果**：实地观察校园，确定设计地点。	**时空和资源**： • 多媒体演示文稿：简便高效地搜集信息 • 实地观察校园：直观有效地观察校园，加深对学校的了解 • 访问教师：获取更多需要的知识
项目实施	
活动 2：明确项目任务及评价方案，确定建立"我爱附小""梦想家""我们征途是星辰大海""我和我的家乡"四个小组	**课时**：1
学习目标：展示初步调查成果，学生学会根据评价量规客观、全面地评价调查的成果，同时提升表达和交流能力，讨论确定需要美化设计的地点，分小组完成任务。 **引导性问题**：你发现了校园哪些地方需要设计美化？你们小组美化校园的主题是什么？ **任务群**：在班级初步讨论交流，根据成果展示评价量规打分，选择评分最高的作品进行交流。确定四个设计小组，根据四个不同的主题设计探究学习单，建立家校互动亲子微信群。 **评价**：项目化学习评价表。 **成果**：建立"我爱附小""梦想家""我们征途是星辰大海""我和我的家乡"四个小组，进行任务分工。	**时空和资源**： • 多媒体演示文稿：交流分享前期调查结果 • 家校互动亲子微信群：根据主题和学生特长进行分组，建立家校活动亲子群，及时沟通信息，搭建家校合作平台
活动 3：静态公共展览的设计构思与设计活动	**课时**：1
学习目标：学习与主题相关的公共展览布景的设计，并选择与自己小组主题相关的美术作品进行布置、展示。 **引导性问题**：你将如何设计你们的展示区域？如何按照静态作品的特点凸显小组的主题？如何设计静态公共展览的名称、介绍？ **任务群**：尽量在有限的时间内寻求各方资源的支持，通过头脑风暴商量并确定每个小组的设计草图。 **评价**：项目化学习评价表。 **成果**：四个小组展览区域的设计草图。	**时空和资源**： • 家校互动亲子微信群：根据主题交流讨论设计草图，解决在设计中的困难困惑，寻求家长的支持，扩大校园文化设计的参与面与认知度

续 表

项目实施	
活动4：动态公共展览的设计构思、排练展示	**课时**：1
学习目标：学习与主题相关的动态公共展览的设计，并选择与自己小组主题相关的展示形式，进行撰稿、分工、排练。 **引导性问题**：你将如何向来宾介绍你们的设计？如何发挥小组和个人的才艺来凸显小组的主题？如何设计动态公共展览的节目、撰写文稿、角色分配、排练？ **任务群**：通过头脑风暴，商量并确定每个小组的动态公共展览的设计内容，对于内容进行分工布置任务，创变动态展演的具体内容，并进行排练。 **评价**：项目化学习评价表。 **成果**：四个小组展示节目的形式、内容。	**时空和资源**： • 家校互动亲子微信群：根据主题交流讨论展示内容，解决在构思过程中的困难困惑，链接家长资源，寻求更多支持
成果展示	
活动5：四个小组以不同的主题进行项目成果展示、交流与评价	**课时**：1
学习目标：向现场会来宾、全校师生展示成果，学会根据评价量规客观地、全面地评价各组成果，同时提升表达和交流能力，通过不同的形式、各种渠道宣传小组的成果。 **引导性问题**：你们如何展示自己的成果？如何让自己的成果吸引更多的观众？ **任务群**：在四个不同的区域，展示自己小组的静态、动态成果，向来宾介绍附小文化、创意来源、设计成果，让更多人了解并爱上附小校园。 **评价**：项目化学习成果展示评价表。 **成果**：静态、动态公共展览。	**时空和资源**： • 区现场会：向参与区现场会的来宾展示小组学习成果，提高参与项目化学习的成就感和自信心 • 微信群：向学校老师、家长等宣传项目化学习成果，提升参与的自豪感 • 微信公众号：面向社会进行项目化学习成果展示，提升项目化学习的社会知晓度和影响力
项目结项	
活动6：项目反思与迁移	**课时**：1
学习目标：总结本次活动的收获与不足，对于小组的合作能力、沟通能力、展示能力等技能予以评价。 **引导性问题**：我们如何为校园设计更多有温度、有深度的景观？如何去向更多的来宾，向大家介绍我们的校园文化？如何完成"十四五"规划中的校园文化建设？ **任务群**：四个小组撰写小结，反思本次项目化学习的收获，以及未来可以改进的地方，进一步思考怎样去美化校园更多的地方，形成更多的特色景观。 **评价**：师生总结会、反思日志。 **成果**：反思日志与下阶段设想。	**时空和资源**： • 家校互动亲子微信群：利用微信群分享参与本次项目化学习的小结，相互评价，相互学习，提高学习效率

（二）"斑斓 PBL"的评价要求

为使"斑斓 PBL"能够成为一种学习的常态，并对学习进行综合测量和评估，以期能够不断优化和提升项目化学习方式，学科组设计了以下评价计划和评价量表。（见表 7-7、7-8、7-9、7-10）

表 7-7　"斑斓 PBL"项目化学习评价计划

评　价　计　划		
阶段	评价工具	评价目的
项目启动	·KWL 表	通过 KWL 表，帮助学生快速建构知识，有效提升其学习效果。
项目实施	·项目化学习过程评价表	通过项目化学习过程评价表，在项目实施过程中进行阶段性评价，并根据评价结果不断地进行方案调整和设计美化，以达成预设方案的目标。
成果展示	·静态、动态项目化学习成果展示评价表	以小组为单位，对画出的设计图、做出设计的模型进行评价，对最终成果的展示和演示开展评价。
项目结项	·反思总结会	对各小组的展示总结及反思做出引导和评价，为后续"艺术点亮校园"的项目化学习打下良好基石。

表 7-8　"艺术点亮校园"KWL 表

组别	What I Know 创变前 我眼中的附小	What I Want to Know 创变中 我想要创变的附小	What I Learned 创变后 我改变后的附小
第 1 组	展示内容比较陈旧。	现代的、时尚的、开放的、充满创意的。	以"我爱附小"为主题设计公共区域展示，让大家能感到充满创意的附小。
第 2 组	走过走廊的时候，觉得有点空。	想将我们超轻黏土社团的作品展示给所有人欣赏。	以"梦想家"为主题设计公共区域展示，大家欣赏彩泥社团的作品，编织梦一样的家园。
第 3 组	走廊有的区域没有装饰。	我们想了解中国共产党的历史。	以"我们的征途是星辰大海"为主题设计公共区域展示，让大家了解中国共产党的历史，热爱祖国。
第 4 组	美术创新实验室经过冬天的"洗礼"，有点萧条。	把家乡的特色展示给更多的老师和同学。	以"我和我的家乡"为主题设计公共区域展示，让大家了解家乡、走进家乡、热爱家乡。

表7-9 "艺术点亮校园"项目化学习过程评价表

小组名称_____ 负责教师_____ 组长_____

评价指标	简要描述	满分分值	组长自评	小组互评	教师评价	观众评价	总分
主题设计	充分体现符合主题设计的特色，突出"艺术点亮校园"大主题特点，巧妙运用学生社团现成的美术作品。	20					
文化内涵	设计主题符合学校文化建设的主体风格、色调，符合校园文化内涵。	20					
布景造型	布景设计新颖别致，造型独特优美，风格突出，富有现代感、设计感、科技感。	20					
色彩美感	色彩搭配和谐统一，符合校园文化主色调，富有形式美感。	20					
动态内容	动态内容贴合主题，符合年龄特点，能发挥团队特点，挖掘成员特色，与时代主题接轨。	20					
合计							

表7-10 "艺术点亮校园"项目化学习成果展示评价表

小组名称_____ 负责教师_____ 组长_____

评价指标	简要描述	满分分值	组长自评	小组互评	教师评价	观众评价	总分
展示主题	主题鲜明、独特，有创意	20					
展示内容	切合主题，立意深刻	20					
静态展示	展示内容丰富，主题突出	20					
动态展示	展示形式新颖，特色明显	20					

续 表

评价指标	简 要 描 述	满分分值	评 分				总分
			组长自评	小组互评	教师评价	观众评价	
现场效果	讲解准确流畅	4					
	仪表自然大方	4					
	善于挖掘特色	4					
	互动氛围活跃	4					
	应变能力突出	4					
合计							

"艺术点亮校园"项目化学习基于学校校园文化特质，引导学生运用所学的美术学科知识参与校园环境布置活动，小组合作完成静态、动态公共区域的设计、装饰和美化，并向前来参观校园的客人进行讲解，让艺术之花开遍校园。

五、融合"斑斓小百灵节"，彰显艺术特色

学校一年一度的"斑斓小百灵节"，是学生自我展示艺术作品和学习成果的舞台，在丰富多彩的各项比赛活动中，学生的艺术才华得到充分展示，学校艺术特色充分彰显。

（一）"斑斓小百灵节"的内涵与实践操作

黑格尔曾经说过："意蕴总是比直接显现的形象更为深远的一种东西。艺术作品应该具有意蕴。"艺术作品通过媒介，如色彩、线条、声音、动作、文字等来表现，通过整体的艺术形象，去诠释一种内在的气质、情感、灵魂、风骨和精神，这就是美术作品的意蕴。一场有内涵的学生美术作品展，能淋漓尽致地发挥学生的创意和想象，使每位学生都能从艺术作品中汲取养分，感受艺术作品的深邃和延展。通常学校在"斑斓小百灵节"展出的艺术作品有静态和动态两种形式。

1. 静态展示以美术作品展为主

结合学校特色和校园文化，设计美术主题创作，展出的作品涉及儿童画、动漫、国画、书法、版画、旧物改造等不同的形式，充分激发学生的创意和才华。学生的作品充分体现了丰富的想象力、创造力和时代感，创意新颖、形式多样。展示地点安排在校门大厅、校园长廊、专业教室、班级园地等，以及在学校微信公众号平台开启"云上美术馆"进行云展示，让艺术之花开遍校园，点亮每个角落。

2. 动态展示以项目化学习出项、场馆活动为主

展示内容分手工制作区和各种互动体验区，在艺术社团选拔出优秀学员进行现场表演，有美术课程教师辅导，有现场解说和现场绘画、制作、表演，解说员讲解本社团的经验和表演的绘制过程，如："旧物改造艺术——布艺篇"，学生现场表演布艺作品、阿婆茶道、手工制作，并向观众介绍课程内容、课程特色、作品内涵等。

（二）"斑斓小百灵节"的评价要求

"斑斓小百灵节"活动从五个方面进行评价，评价量表见表 7-11。

表 7-11 "斑斓小百灵节"活动评价量表

项　　目	自评 ★★★	互评 ★★★	师评 ★★★
能积极主动参与活动，对活动充满兴趣			
能从美术视角，感知、理解作品内涵			
能用自己的艺术语言创作作品			
能向同伴、老师展示并解读自己的作品			
能在活动中及活动后不断总结提升			

"斑斓美术"课程，以丰富多样的学习内容、寓教于乐的学习方式，启迪学生用真心去感受美、用慧心去欣赏美、用潜心去表现美、用匠心去创造美，在斑斓多彩的艺术世界里，绘就五彩缤纷的童年。

（撰稿人：姚玉佩）

学科实践创意 | 我和电脑交朋友

标准要求与内容结构

一、标准要求

1. 研读新课标

依据《义务教育艺术课程标准（2022年版）》，本单元属于"造型·表现"艺术实践门类。对于一、二年级的要求是："能使用不同的工具、材料和媒介，按照自己的想法，以平面、立体或动态等表现形式表达所见所闻、所感所想。"[1]

2. 细化"教学基本要求"

《上海市小学美术学科教学基本要求》中小学阶段（一至二年级）与本单元相关的具体学习要求是：初步学会线条表现造型。[2] 具体为：

（1）初步学会用排列组合的方法表现画面。

（2）能发现生活中重复、对称的现象与效果，并能在画面中表现。

（3）能通过观察，发现物体的结构和外形，将物体的结构画完整。

二、内容结构

本单元的主要内容：认识"ArtRage"软件；知道"ArtRage"软件中基本工具的操作方法和模板素材的运用技巧。（见图7-2）

学科知识 { 认识"ArtRage"软件
知道软件中的基本工具和操作方法

学科技能 { 能正确使用"ArtRage"软件中铅笔、笔刷、矩形、椭圆等工具
能用"ArtRage"软件"模板"中的方形、圆形组合成富有装饰美的画面

图7-2 "我和电脑交朋友"单元内容结构图

---

[1] 中华人民共和国教育部. 义务教育艺术课程标准（2022年版）[S]. 北京：北京师范大学出版社，2022：8.

[2] 上海市教育委员会教学研究室. 上海市小学美术学科教学基本要求（实验本）[M] 上海：上海书画出版社，2018：1.

学情分析与单元目标

一、学情分析

二年级学生可以熟练地做自己想做的事,并能把自己的想法简单地记下来,无论写字、绘画还是课余时间的游戏都比较自如。由于个人能力的提高和思维方式的变化,学生的心理趋于稳定,显示出一定的个性特征。二年级的学生也渐渐产生竞争意识,因为能够判断自己的能力大小,也已产生集体荣誉感。

在能力基础方面,二年级学生的手绘能力已初步形成,他们能用点、线、面去表现简单的形象,但用压感笔代替鼠标作画还没有实践经验,所以需要教师设计精细化的导学去激励学生自主探索,体会电脑绘画的独特魅力。

二、单元教学目标

1. 知识与技能

知道"ArtRage"软件中铅笔、笔刷、矩形、椭圆等工具的操作方法,能用压感笔描绘美丽的雪花,用"模板"中的矩形和椭圆排列组合成富有装饰美的作品。

2. 过程与方法

在示范导学、美图和大师作品欣赏中,发现节气文化,懂得"ArtRage"软件基本工具的操作方法和抽象画的艺术特色;在自主探索和互动交流中学习用压感笔作画的方法。

3. 情感态度和价值观

感受电脑绘画软件功能的强大和超强的表现力,激发学习电脑美术的兴趣,增强创意表现的能力。

三、学习重点

能用"ArtRage"软件中铅笔、笔刷、矩形、椭圆等绘画工具画雪花,用"模板"中的方形和圆形进行排列组合,画一幅具有装饰美的作品。

四、学习难点

(1)不同工具的交替使用;(2)模板的移出和移除;(3)画面的个性化表达。

五、单元活动说明

表 7-12 "我和电脑交朋友"单元活动说明

活动序号	活动名称	活动目标	活动任务	关键问题
活动 1	"ArtRage"软件初体验	体验"ArtRage"软件不同笔刷与调色盘等功能。	自主体验"ArtRage"软件的功能。	不同的笔刷给你带来什么样的感受?
活动 2	雪景初表现	探索用不同笔刷表现雪花和雪景的方法。	在实践中思考雪花与雪景的表现方法。	不同雪花和雪景可以用什么笔刷来表现?
活动 3	名画欣赏,认识抽象派	通过抽象派代表人物及作品,初步感受抽象派风格与特点。	对比欣赏大师抽象绘画与普通作品,发现两者的差异。	大师的作品和我们的作品有什么不同?
活动 4	体验"ArtRage"软件中的"模板"功能	知道如何运用"ArtRage"软件中"模板"功能表现图形的方法。	感受图形大小有变化,组合有聚散及颜色深浅有对比美。	如何排列可以使图形更美观?
活动 5	尝试表现抽象作品	明确电脑绘画"抽象派"风格的表现方法。	探索"ArtRage"软件基本功能及"模板"工具的表现方法。	如何用"模板"工具将方形、圆形组合排列成独特的画面?

目标分解与教学设计

一、单元课时目标

表 7-13 "我和电脑交朋友"单元课时目标

课时	课题	课型	学习目标描述
第 1 课时	美丽的雪花	新授课	知道"ArtRage"绘图软件中基本工具的操作方法,初步学会用压感笔描绘自己喜欢的雪花形象。
第 2 课时	方圆之间	新授课	知道抽象画基本特点和"ArtRage"软件自带的"模板"样式,初步学会用方、圆进行排列组合形成独特的画面。

二、课时教学设计

第一课时：美丽的雪花

内容分析：

本单元结合区域"神笔溢彩"专题的整体规划，对上教版小学二年级美术第一学期第八单元"我和电脑交朋友"学习内容进行重构，由原来的一课时调整为两课时。第一课时为"美丽的雪花"，学习"ArtRage"软件中铅笔、笔刷、矩形、椭圆工具的基本操作方法，并尝试用鼠笔涂鸦自己喜欢的造型。第二课时为"方圆之间"，尝试用"ArtRage"软件中的方形、椭圆形等基本工具绘制一幅富有抽象韵味的电脑画作品。

学情分析：

我校二年级学生虽然首次接触电脑绘画学习，但是对学校安装的"创意神笔"设备操作体验很感兴趣。只是他们对电脑的基本操作方法了解不多，对"ArtRage"软件操作更是没有任何基础，好在学生已积累一些用手绘线条、形状和色彩去表现形象的能力。

已有基础：

在之前的学习过程中，二年级学生的手绘能力已经初步形成，他们能用点、线、面去表现简单的形象。

新知预判：

第一次接触"ArtRage"绘图软件基本工具的操作运用，对于二年级的学生来说难度较大。本课时主要让学生知道"ArtRage"绘图软件里的铅笔、笔刷、矩形、椭圆等基本工具的操作方法，初步体验用压感笔作画的乐趣。在学生用绘图软件进行电脑绘画时，教师要重点引导学生巧用这些工具去创意表现自己喜欢的形象，并注意画面的完整性，激励学生耐心、细致地观察和表现。

任务分析：

1. 引导学生认识绘图软件中的基本工具。

2. 激励学生尝试用"ArtRage"绘图软件中的基本工具进行涂鸦。

3. 引导学生体验"ArtRage"软件的独特功能，用压感笔描绘美丽的雪景。

教学目标：

知识与技能：知道"ArtRage"绘图软件中的基本工具的操作方法，初步学会用压感笔描绘自己喜欢的形象。

过程与方法：在尝试练习和教师演示过程中，学习用"ArtRage"绘图软件中的基本工具进行涂鸦的方法。

情感态度和价值观：体验"ArtRage"绘图软件的独特功能，激发探索电脑绘画的兴趣和创意表现的热情，感受现代科学技术给生活、学习带来的便利。

教学重点：

"ArtRage"绘图软件工具的基本操作方法。

教学难点：

用压感笔表现具体形象。

注意问题：

背景图的导入与笔刷的粗细变化。

教学准备：

学生：电脑及其绘图软件等。

教师：电脑及其绘图软件等，范作、学生优秀作品、多媒体课件等。

学习资源：

教师演示微视频、同龄人作品及教师范作等。

教学技术：

课堂示范与微视频演示结合、多媒体课件。

教 学 过 程	设 计 说 明
一、导入与体验 （一）情境导入：节气——"大雪"。（播放背景音乐：《二十四节气歌之大雪》） （二）引入新课：美丽的雪花。 （三）学生尝试使用"ArtRage"绘图软件中不同笔刷与调色盘等功能进行体验。	通过"大雪"节气情境，激发好奇心和求知欲。尝试体验"ArtRage"绘图软件的各项功能效果，引发对新知的探索热情。

续 表

教 学 过 程	设 计 说 明
二、交流与感受 (一)学生交流使用不同笔刷的效果与感受。 (二)教师介绍"ArtRage"绘图软件中的基本工具与功能：笔刷、调色盘等。 (三)教师小结：1. 操作简单；2. 涂色方便；3. 修改容易。 (四)图片欣赏：不同的雪景及雪花。 (五)学生讨论：不同雪景的笔刷选择。 (六)教师总结：积雪可以选择喷枪、滚筒等笔刷表现；小雪可以用油画棒等笔刷；雪花可以用钢笔、蜡笔等工具绘画。	交流知道"ArtRage"绘图软件基本工具中不同笔刷的效果与感受，通过欣赏不同雪景图片，讨论不同笔刷效果的选择表现，开拓电脑绘画创意表现的思路。
三、想象与实践 (一)创设情境：故宫的雪。 (二)教师示范：不同雪景与雪花的表现。 (三)欣赏同龄人优秀作品。 (四)提出练习： 练习内容：用压感笔画一画雪景。 练习要求：1. 基本工具操作正确；2. 雪景表现完整美观。 (五)学生创作，教师巡视指导。	在观察教师示范的过程中，发现电脑绘画的操作要点，培养观察、思考和模仿的能力。通过欣赏其他同学的优秀作品，画一画雪景，提升创作热情。
四、展示与评价 (一)情境展示：赏一赏"故宫的雪"。 (二)提出评价要求：1. 工具操作是否正确？2. 雪景是否完整美观？ (三)师生互评。 (四)拓展：电脑装饰画。	通过自评、互评的多元评价，积极参与学习评价活动。赏一赏"故宫的雪"情境，感受电脑绘画的成就感，增加对电脑绘画的学习兴趣。

第二课时：方圆之间

内容分析：

本课时学习内容承接本单元第一课时"美丽的雪花"所学的"ArtRage"软件中铅笔、笔刷、矩形、椭圆工具的基本操作方法，并用这些工具绘制一幅富有抽象韵味的电脑绘画作品，感受鼠笔的表现力，激发数字绘画的学习兴趣，培育创新能力。

学情分析：

有了第一课的电脑绘画学习，学生对"ArtRage"软件基本功能的操作体验兴趣已点燃，但他们对电脑及绘画软件的基本操作方法体验还比较浅表。

学习经历：

学生在本单元第一课时学习中，体验了"ArtRage"软件中铅笔、笔刷、矩形、椭圆工具的基本操作方法，也尝试画了一朵雪花，并通过排列组合形成美丽的雪景。

已有基础：

学生对学校美术创新实验室环境已熟悉，对"ArtRage"软件中基本工具的操作方法也有一定的了解，为单元第二课学习奠定了环境基础和技能基础。以往的绘画学习，为本课方圆组合和填色积累了审美判断和创意表现基础。

新知预判：

本课时核心是引导学生学会用压感笔画出不同大小的方和圆，并能通过组合、填色表现美的画面。电脑绘画工具的使用需要复习巩固，画面的创意表现需要教师加以示范引领，并通过创设情境去点燃学生创意表现的热情。

任务分析：

1. 欣赏名家名作。
2. 复习巩固"ArtRage"软件基本工具。
3. 学习用"模板"中的素材，尝试表现抽象画作品。

教学目标：

知识与技能：感知抽象画，知道"ArtRage"软件自带的"模板"样式，初步学会用方、圆进行排列组合形成独特的画面。

过程与方法：在欣赏名家名画及复习使用"ArtRage"工具的过程中，学习用"模板"中的素材进行创意表现的方法。

情感态度与价值观：体验"ArtRage"绘图软件多样的功能，感受用电脑绘画软件作画的趣味，激发对电脑美术的学习兴趣，培育自主创意能力。

教学重点：

"ArtRage"绘图软件工具中"模板"的操作方法。

教学难点：

方、圆之间的组合。

注意问题：

每步操作前需选中"工作"区域。

教学准备：

学生：电脑及其绘图软件等。

教师：电脑及其绘图软件等，范作、学生优秀作品、多媒体课件等。

学习资源：

教师演示微视频、同龄人作品及教师范作等。

教学技术：

课堂示范与微视频演示结合、多媒体课件。

教　学　过　程	设 计 说 明
一、欣赏与导入 (一) 名画导入，观看"名画"动画。 (二) 揭示课题：方圆之间。	通过"名画"动画的导入直观感受电脑带来的便利，集中注意力，激起求知和创作的欲望。
二、讨论与概括 (一) 简单认识抽象派。 (二) 作品对比欣赏。 (三) 名画欣赏，观察分析名画中的图形、大小、颜色的排列规律。	通过欣赏名画，分析抽象派的特点，增强自主探究能力，充分挖掘潜能。
三、观察与实践 (一) 认识"模板"工具。 教师示范：画矩形——填充——模板——圆形——颜色填充。 注意事项：每步操作前需选中"工作"区域。 (二) 欣赏同龄人优秀作品。 (三) 提出练习： 练习内容：以方形和圆形为主，绘制一幅"抽象派"电脑美术作品。 练习要求：1. 图形大小有变化；2. 图形组合有聚散；3. 颜色深浅有对比。 (四) 创设情境：附小抽象派大师美展。 (五) 学生创作，教师巡视指导。	在观察教师示范过程中，发现并概括绘画过程，培养自主探究的能力。通过情境创设"和抽象派大师对话"，激发创作热情，把自己当成艺术家。
四、展示与评价 (一) 情境展示：附小抽象派大师美术展。 (二) 提出评价要求：1. 图形排列是否大小有变化？2. 颜色搭配是否有深浅对比？ (三) 师生互评。	在大家的努力下完成了"和抽象派大师对话"，培养绘画成就感。课堂是有限的，希望学生离开课堂可以有更多的尝试。

三、单元评价与练习创意

表7-14　二年级电脑美术"美丽的雪花"学习评价表

学校：_____　执教：_____　时间：_____
班级：_____　组长姓名：_____　组员姓名：_____

课　题	多元评价	评价维度	评价内容	摘星情况
美丽的雪花	自己评	学业成果	合理使用软件设备	★★★
			软件工具操作正确	★★★
			雪花造型完整美观	★★★
	教师评			

表7-15　二年级电脑美术"方圆之间"学习评价表

学校：_____　执教：_____　时间：_____
班级：_____　组长姓名：_____　组员姓名：_____

课　题	多元评价	评价维度	评价内容	摘星情况
方圆之间	自己评	学业成果	合理使用软件设备	★★★
			图形大小有变化	★★★
			图形组合有聚散	★★★
			颜色深浅有对比	★★★
	教师评	综合评价		

（撰稿人：邹戈辉）

第八章
奇趣自然：在探究中感受自然的奥秘

自然的奥秘在于不断探索，自然的有趣在于不断创造。自然现象庞杂微妙，实验原理精彩纷呈，科学就隐藏在我们的日常生活中，它可以是碳酸饮料和曼妥思之间发生的奇妙反应，也可以是袋鼠妈妈辛苦哺育自己的孩子，更可以是悬崖峭壁上的小草倔强生长……它驻足在我们每一次对知识的渴求，让我们去发现和探索大自然的奇妙。自然科学是有趣的，认识科学本质，树立科学思想，崇尚科学精神，让我们一起爱上自然。

上海市青浦区教师进修学院附属小学自然学科组是一支乐观开朗、阳光向上的队伍，现有自然教师4人，其中硕士研究生1人，本科学历3人。虽然学科组师资都是青年教师，但大家都对教学充满热情，其中不乏有多次荣获各类市、区奖项和教学新秀荣誉称号的老师。团队除了进行日常教学活动，还在各自的领域大放光彩。自然学科组充分发挥团队合力，以《义务教育课程方案（2022年版）》和《上海市小学自然学科教学基本要求（试验本）》为依据，回归教育原点，构建"奇趣自然"，打造"奇趣课堂"，使学生在玩中学、感受自然的奇妙，在与同伴交流讨论中体会自然的奇趣，在活动与探究中发现自然的奇幻；在区域范围内起到很好的示范、辐射作用。

第一节　体验自然奇妙

自然课程是探究性课程，是重要的基础课程，它为学生后续探究大自然奥秘奠定了基础；对自然科学学科课程哲学的认识，体现了我校自然教育工作者对自然价值的认同。

一、学科价值观

《义务教育科学课程标准（2022年版）》指出，"义务教育科学课程是一门体现科学本质的综合性基础课程，具有实践性。科学课程有助于学生保持对自然现象的好奇心，从亲近自然走向亲近科学，初步从整体上认识自然世界，理解科学、技术、社会与环境的关系，发展基本的科学能力，形成基本的科学态度和社会责任感，逐步树立正确的世界观、人生观和价值观，为今后学习、生活以及终身发展奠定良好的基础"[①]。

基于这种认识，我们认为小学自然课程的核心价值是：培养提问的习惯，能够初步学习观察、调查、比较、分类、分析资料、得出结论等方法，能够利用科学方法和科学知识初步理解身边自然现象和解决某些简单的实际问题；培养对自然的好奇心及批判和创新意识、环境保护意识、合作意识、社会责任感，为今后的学习、生活以及终身发展奠定良好的基础。因此，我们以"在探究中感受自然奥秘"为课程核心理念，打造"探索与发现课堂"为具体平台，激发学生对自然的热爱之情，着力提高学生的综合能力，促进学生全面发展。

---

① 中华人民共和国教育部. 义务教育科学课程标准（2022年版）[S]. 北京：北京师范大学出版社，2022：1.

二、学科课程理念

《义务教育小学科学课程标准（2017年版）》中指出："科学素养是指了解必要的科学技术知识及其对社会与个人的影响，知道基本的科学方法，认识科学本质，树立科学思想，崇尚科学精神，并具备一定的运用它们处理实际问题、参与公共事务的能力。"① 基于此版本对科学素养的解释，《义务教育科学课程标准（2022年版）》提出："科学课程要培养的学生核心素养，主要是指学生在学习科学课程的过程中，逐步形成的适应个人终身发展和社会发展所需要的正确价值观、必备品格和关键能力，是科学课程育人价值的集中体现，包括科学观念、科学思维、探究实践、态度责任等方面。"②

我们团队借鉴《义务教育小学科学课程标准（2017年版）》和《义务教育科学课程标准（2022年版）》对科学素养的阐释，结合学校自然学科的实际情况，确立了"奇趣自然"学科课程，提出"在探究中感受自然的奥秘"学科课程理念，通过一系列观察、操作、实践等自然科学体验活动，培养学生的科学核心素养。

"奇趣自然"是面向全体学生、立足科学素养的学科课程，旨在让每一位学生都能在观察、实验、操作、记录等实践活动中感受自然的奇妙，了解物质科学、生命科学、地球与宇宙科学、技术与工程等领域的一些常见基础知识，培养创造精神和动手操作能力。

"奇趣自然"是合理安排进程、有序开展活动的学科课程。我们根据每个学段学生的认知特点，合理有序地安排课程内容，由浅入深、由表及里、由易到难，让每个学段的孩子都能在实践活动中获取对于他们年龄段来说最有用的科学知识，掌握一定的科学技能与方法。

"奇趣自然"是激发学习兴趣、加强探究能力的学科课程。其创设愉快、有

---

① 中华人民共和国教育部. 义务教育小学科学课程标准（2017年版）[S]. 北京：北京师范大学出版社，2017：1.
② 中华人民共和国教育部. 义务教育科学课程标准（2022年版）[S]. 北京：北京师范大学出版社，2022：4.

趣的教学氛围，从日常生活出发，设计学生喜爱、感兴趣的自然探究活动，在每一次观察记录活动中，激发学生的好奇心；在每一次实验操作活动中，加强学生的动手能力；在每一次体验实践活动中，培养学生的自主探究能力。

第二节 在探究中感受自然的奥秘

学科课程目标既是学科教学的起点，也是教学的方向。课程目标的设计以培养学生学科核心素养为重点，为学生发展奠定基础。

一、学科课程总体目标

根据《义务教育科学课程标准（2022年版）》总目标要求，结合对"奇趣自然"课程理念的深入理解，我们制定了学校自然学科课程总体目标，希望学生通过五年的自然学科学习，能够初步知道并解释身边自然现象的成因，学会用科学方法和知识解决生活中的实际问题；让学生在学习过程中始终保持学习兴趣，培养创新意识、环境保护意识、合作意识和社会责任感，为今后的学习、生活及终身发展奠定基础。"奇趣自然"总体目标为：

（1）掌握基本自然科学知识、形成初步的科学观念。初步认识科学本质；掌握相应的自然科学知识，初步形成基本的科学观念，并能利用知识来解释身边有关的自然现象、解决简单的实际问题。

（2）掌握基本的自然科学方法、形成初步的科学探究实践能力。掌握观察、实验、测量、记录等基本的科学探究方法；初步形成科学探究的意识；能根据生活中的实际问题，提出假设，制定探究计划等，形成初步的自主学习能力。

（3）树立基本的科学态度，形成正确的价值观和社会责任感。学习过程中具有对自然现象的好奇心和探究热情，能实事求是，敢于大胆质疑、追求创新，学会与他人合作和分享，热爱自然、珍爱生命，具有保护环境、节约资源的社会责任感。

二、学科课程年级目标

结合我校"奇趣自然"课程总目标，我们将课程年级目标按照《义务教育科学课程标准（2022年版）》的要求，分别从"科学观念""科学思维""探究实践""态度责任"四个板块入手，将"物质科学""生命科学""地球与宇宙科学""技术与工程"四个领域的内容进行了校本目标拓展；根据学生对自然科学知识的学习特征和认知规律，设置小学五个年级的学段目标如下。（见表8-1）

表8-1 "奇趣自然"课程学段目标表

年级	目标			
	科学观念	科学思维	探究实践	态度责任
1—2年级	• 认识常见物体的基本外部特征，认识生活中常见的材料。 • 认识常见的植物和动物，能简单描述其主要特征和生活习性。 • 能描述四季简单的特征，说出天气变化及其对人类生活的影响；知道地球是人类和动植物的共同家园。 • 知道自然物和人造物存在区别；知道常见简单科技产品的结构决定了其功能，知道简单的制作问题需要定义和界定。	• 能在教师指导下，通过口述、画图等方式描述事物的外在特征；能利用材料和工具，通过口述、绘画、画图等方式表达自己的想法。 • 能在教师指导下，辨别东西南北和上下左右；能比较事物之间外在特征的不同点和相同点；能对常见事物进行分类。 • 初步具有从不同角度提出观点的意识，能突破对常见物品功能的思维定式，利用发散思维、重组思维等提出不同想法。	• 能在教师指导下，通过观察和比较，提出问题，做出猜想，具有初步的提出问题和制订计划的意识。 • 能利用多种感官或简单的工具，观察对象的外部形态特征及现象，并能对这些特征和现象进行简单的比较、分类等。 • 具有简单交流、评价探究过程和结果的意识。 • 知道简单工具的功能和使用方法，能利用身边的材料和简单工具动手完成简单的任务，初步养成良好的学习习惯。	• 对常见自然现象或生活现象表现出直觉兴趣；能如实描述和记录观察到的信息；尝试从不同角度、以不同方式认识事物；愿意倾听他人的想法，乐于分享和表达自己的想法。 • 了解生活中常见的科技产品给人类生活带来的便利，知道科技产品有利也有弊；树立珍爱生命、节约资源和保护环境的意识。

第八章　奇趣自然：在探究中感受自然的奥秘　　　245

续 表

年级	目标			
	科学观念	科学思维	探究实践	态度责任
3—4年级	• 认识常见物体的特征和性能；认识生活中的力，知道力可以改变物体的运动状态，运动的物体具有能量；了解日常生活中能量存在的不同形式。 • 能区分植物和动物的主要特征，并能对植物和动物进行简单分类；认识动植物的结构。 • 认识太阳、地球和月球，知道它们之间的空间关系；知道人类生活离不开自然资源，能认识到节约自然资源和保护环境的重要性。 • 知道生活中的天然材料和人造材料存在区别；知道技术产品包含科学概念、原理；知道简单的设计问题存在限制条件，并有多种设计方案。	• 能在教师引导下，观察并描述具体事物的构成部分，并能找到它们之间共同的特征；能解释简单的科学现象。 • 能在教师引导下，比较事物的本质特征，根据不同的目的进行分类；能利用控制变量的方法进行简单的实验。 • 初步掌握重组思维、发散思维、突破定式等创造性思维，能基于具体事物外在特征展开想象，突破生活中常见问题的思维定式，提出有一定新颖性和合理性的观点，针对事物的外在特征进行设计，并对方案进行初步的科学分析。	• 能在教师引导下，通过对具体现象与事物的观察和比较提出探究问题，基于已有经验和知识制定简单探究计划。 • 能运用感官选择恰当的工具、仪器，观察并描述对象的外部形态特征及现象，并运用分析、比较、推理、概括等方法，分析结果，得出结论。 • 初步具有交流、反思以及评价探究过程和结果的意识。 • 掌握常见工具的使用方法；能拆开简单产品并复原，制作某种产品的简化实物模型并反映其中的部分科学原理；能发现作品的不足并进行改进。	• 乐于动手操作感兴趣的工具；知道科学学习与实践要实事求是，具有基于事实表达观点的意识；尝试运用不同思路和方法完成探究和实践；愿意分享自己的想法，乐于倾听他人观点，改进和完善探究活动。 • 了解科学技术对人类生活方式和生产方式有影响，人类的生活和生产可能对环境造成破坏；知道节约资源和保护环境的重要性。
5年级	• 初步认识常见物质形态之间的变化；知道自然界存在多种形式的能，不同形式的能可以相互转化。 • 认识细胞是生物体结构的基本单位；能简单描述生物与生物、生物与环境之间相互依存的关系，以及生物的多	• 通过分析、比较、抽象、概括等方法抓住简单事物的本质特征，能使用或建构模型解释有关的科学现象。 • 能掌握比较的方法和分类的基本要求；针对具体问题提出假设，基于交流情境提出观点，建立证据与假设或	• 能基于所学知识，提出可探究的科学问题和研究假设，制定比较完整的探究计划，设计控制变量的实验方案。 • 能运用观察、实验、查阅资料、实地调查、案例分析等方式获取信息，用科学语言、概念图、统计图表等记	• 表现出对现象发生原因的兴趣；能以事实为依据做出独立判断，乐于尝试运用多种思路和方法完成探究和实践；初步具有创新的兴趣，乐于与他人进行沟通交流和辩论，基于证据反思和调整探究活动。

续 表

年级	目标			
	科学观念	科学思维	探究实践	态度责任
	样性和进化现象。 • 知道太阳、地球和月球的周期性运动以及相关的自然现象，能认识到太空探索拓宽了人类的视野；知道自然灾害对人类的影响和防灾减灾常识；能认识到调整人类不合理的生产和生活方式可以减少对地球环境的影响。 • 知道利用技术与工程能提高生产效率和工作效率，知道技术与工程对科学发展有促进作用，知道简单工程存在一定约束条件及验收标准。	观点之间的联系；分析科学实验中的变量控制。 • 具有基于事物的结构、功能等展开想象的能力，能运用重组思维、发散思维、突破定式等创造性思维，基于科学原理提出有一定新颖性和合理性的观点；能进行初步的创意设计，并利用影像、文字或实物表达自己的创意。	录整理信息，表述探究结果，并运用分析、比较、推理、概括等方法得出科学探究的结论，判断结论与假设是否一致。 • 采用不同方式呈现探究的过程与结果，尝试运用科学原理进行解释，对探究活动进行过程性反思和总结性评价，完善探究报告。 • 能利用相关仪器设备进行观察并记录；应用所学科学原理设计并制作简单的装置，能进行模拟演示并简要解释；能根据证据改进实物模型的设计和制作。能自主制定和执行学习计划，掌握基本的学习方法，探索适合自身特点的学习策略，进行有效的总结和反思。	• 了解科学、技术、社会、环境之间的相互影响，以及科学研究和技术应用中需要考虑伦理道德；愿意采取行动保护环境、节约资源。

第三节　设计丰富的自然探究实践体验

在国家课程的基础上，基于小学生心理发展特点、学习认知规律等，学科组教师依据"奇趣自然"课程理念，在实施牛津版小学自然教材课程的基础上，设计丰富的自然教学内容，以满足不同层次学生的需求，通过各类课程开展丰富的学习与实践活动，激发学生学习自然的兴趣，加强他们的动手操作、探究实践能力，培养学生的科学核心素养，同时满足学生的个性化学习需求，为他们的学习和发展打下良好基础。

一、学科课程结构

《义务教育科学课程标准（2022年版）》指出："科学课程设置13个学科核心概念，是所有学生在义务教育阶段应该掌握的科学课程的核心内容。通过对学科核心概念的学习，理解物质与能量、结构与功能、系统与模型、稳定与变化4个跨学科概念。将科学观念、科学思维、探究实践、态度责任等核心素养的培养有机融入学科核心概念的学习过程中。"[1]我们除了实施国家课程外，结合我校"奇趣自然"课程理念，对应国家课程标准的四个概念，建构"奇妙物质""神秘生命""广阔宇宙""技术工坊"四个课程，从而形成"奇趣自然"课程群。（见图8-1）

各板块内容具体表述如下：

1. 奇妙物质

内容以物质科学知识为主，以观察、实验、探究为主要学习方式，有助于增

---

[1] 中华人民共和国教育部. 义务教育科学课程标准（2022年版）[S]. 北京：北京师范大学出版社，2022：16.

强学生探究物质世界奥秘的好奇心，形成"世界是物质的、物质是运动的"的观点，使学生感受到物质科学对促进社会进步、提高人类生活质量的重要作用，帮助学生初步养成乐于观察、注重事实、勇于探索的科学品质。

2. 神秘生命

内容以生命科学知识为主，通过观察动植物、微观世界，以及一些长周期养护探究活动，激发学生了解和认识自然界的兴趣，帮助学生初步形成生物体的结构与功能、局部与整体、多样性与共同性相统一的观点，产生热爱大自然、爱护生物的情感。

图 8-1 "奇趣自然"课程结构图

3. 广阔宇宙

内容以地球与宇宙知识为主，通过对太阳、月亮、地球、星座、天气现象、土壤、岩石等自然现象的观察、记录与探究，激发学生对地球和宇宙的探究热情，发展空间想象、模型思维、逻辑推理等能力，初步建立科学的宇宙观和自然观，以及人地协调的可持续发展观。

4. 技术工坊

内容以技术、工程与社会知识为主，通过观察、比较、实验等活动，提高学生对身边的工具、物品的操作能力，引导学生综合所学的各方面知识，尝试进行设计、制造和改进，提高学生解决生活中实际问题的能力，体验科学技术对个人生活和社会发展的影响。

二、学科课程设置

基于上述课程分类，除了基础课程外，我校一至五年级分学期设置了拓展课程。（见表 8-2）

表 8-2 "奇趣自然"课程设置表

	奇妙物质		神秘生命		广阔宇宙		技术工坊	
	课程名称	课程内容	课程名称	课程内容	课程名称	课程内容	课程名称	课程内容
一上	奇妙材料		走进自然	认识动植物	风云变幻	天气生活息息相关	灵巧双手	自制天气记录单
一下		各种各样的材料		动植物的养护		四季更替		旧物改造
二上	光热浮沉	漂浮与下沉	人的一生	我在长大	日月变化		精密实验	自制巧克力
二下		温度与生活		认识人的一生		太阳、地球与月亮		制作平衡瞭望塔
三上	水和空气		生物世界	动物们的习性	岩石矿物		慧心制作	制作传声筒
三下		空气的秘密		食物链的秘密		各种各样的岩石		制作听诊器
四上	食物秘密	食物与健康	生物生存	动植物的生活	无垠宇宙		创新设计	设计电磁铁
四下		能量旅行		探索感觉		探索神秘太空		设计"过冰鞋"
五上	物质生活	生活中的化学物质	生命密码		地球家园	大气变化影响生活	巧作工坊	提取食盐
五下		电的产生与利用		生命的传递		创建绿色生态环境		水的循环利用

第四节　充分参与自然的探索与实践

《义务教育科学课程标准（2022年版）》指出：科学教学要以促进学生核心素养发展为宗旨，以学生认知水平和已有经验为基础，加强教学内容整合，注重教学方法改革，精心设计教学活动。[①]"奇趣自然"就是根据学段特点，通过每一堂自然课，每一次科技节，每一次研学活动、社团活动、主题活动、探究活动等，让学生感受自然的奇妙，从而培养学生的探究与创新精神，进而提升科学学科素养。

一、落实"奇趣课堂"，筑牢自然科学基础

开展"奇趣课堂"的实践研究，推进课堂教学变革，以学生为主体，提升学生在课堂中的探究、动手操作的能力，激发他们的创新思维。"奇趣课堂"是"以生为本"的课堂，每堂课以学生为主体，注重学生在探究实验过程中操作和创新能力的发展；"奇趣课堂"是"团结合作"的课堂，课堂关注学生之间的合作交流、在每一次讨论中增强学生的语言表达、团队合作能力；"奇趣课堂"是"联系生活"的课堂，在每次观察实践活动中，培养学生从生活中发现问题、尝试解决问题的能力，让学生在更广阔的学习平台深入学习科学知识。

（1）主题教学，全员参与：以"奇趣自然"核心素养内容为主线，学科团队在国家课程的基础上，进行主题教学研讨活动，从"奇趣自然"的四大领域对拓展学习的内容进行分析，研讨制定教学目标，强化实验教学。

---

① 中华人民共和国教育部. 义务教育科学课程标准（2022年版）[S]. 北京：北京师范大学出版社，2022：118.

（2）明确内容，加强实施：从"奇妙物质""神秘生命""广阔宇宙""技术工坊"四大内容入手，明确教学内容，加强自然教学质量，通过"每周报告""拓展制作""组内交流"等途径完善教学内容。

（3）把握目标，找准主题：学科组教师针对历年来学校"绿色指标"反馈报告及教学五环节中的问题进行分析梳理，根据"奇趣课堂"的核心要素，确定研究重点，制定研究方案。

（4）提升技能，提高实效：以"一组一品"的形式开展"'奇趣课堂'我出招——教学微技能"实践研究。通过进行"师徒结对"、"骨干新秀"展示、"一组一品"小主题研究展示等形式开展交流分享交流成果，促进教师的共同发展。

（5）改进作业，减负增效：通过开展特殊课后活动作业的设计研究，着力激发学生的学习兴趣，促进学生的思维发展。完成"基于目标"的自然学科主题作业的设计文稿；初步开展学科探究作业设计研究，形成学校特色作业设计荟萃集。通过实践不断改进作业设计，帮助学生提升自主学习的能力，促进学生的思维发展。

二、设计"奇趣科技节"，畅游自然科学的海洋

"奇趣科技节"作为学校一年一度的科技节，结合学校"秋收季"活动，开展一系列有声有色有趣的科技综合活动，让大家体会自然科学学习的乐趣，提升学生的动手操作和实践的能力。在此，以"秋天，我们一起悦享丰收"青教院附小2020年"小青椒秋收季"综合实践主题活动为例。

1. 找秋天——寻觅秋天

类别：全校范围各年级集体比赛。

内容：全校分年级开展为期一周的"找秋"展示活动。

奖项设置：活动分年级在"秋收"开幕式上进行成果展示。

2. 记秋天——硕果飘香

类别：全校范围各年级比赛。

内容：全校分年级，结合各学科活动、年级活动重点，设计开展一项秋季活

动,体验"丰收"之乐。

奖项设置:活动分年级设一、二、三等奖若干。(见表8-3)

表8-3 "记秋天——硕果飘香"年级探究活动表

年级	探究主题	活动项目	活动形式	负责部门
一年级	节气+果实	学习单:寻找秋天的果实	探究单	科技组
		亲子活动:水果创意拼盆秀	比赛	大队部
二年级	节气+叶子	学习单:一片叶子的成长过程	探究单	科技组
		课外活动:下一场落叶雨	比赛	艺体组
三年级	节气+花朵	学习单:花朵的妙用	探究单	科技组
		实践活动:主题小报	比赛	语文组
四年级 五年级	节气+五谷	学习单:五谷的成长历程	探究单	科技组
		感恩活动:我为家人烹香米(四)	比赛	大队部
		实践活动:五谷创意拼贴画(五)	比赛	艺术组
		创意活动:小课题研究(五)	比赛	科技组

3. 晒秋天——欢庆丰收

类别:全校各年级以班级为单位进行晒秋活动。

内容:分年级结合学习单体验秋季研学活动。(见表8-4)

表8-4 "晒秋天——欢庆丰收"互动安排表

项目	主 要 内 容		对象	地点	负责
晒秋 活动	秋天的果实	年级展示:水果拼盘秀	一年级	学校 长廊	年级组
	秋天的叶子	年级展示:秋叶拼贴画	二年级		
	秋天的花朵	年级展示:欢乐下午茶	三年级		
	秋天的五谷	年级展示:金秋"丰"车秀	四年级		
		年级展示:五谷创意展	五年级		

三、推进"奇趣项目",点亮探究梦想

围绕上海市远东版小学自然学科教材,学科组教师根据教程中删减的一些基本常识性的内容,增加了一些与动手操作进行实验、学生自行设计制作教学器具等有关的内容。科学素养的形成是长期的,只有通过连贯进阶的科学学习与躬行实践才能达成。教师要为学生提供多样化的学习机会,如探究的机会、综合运用知识解决真实情境问题的机会、讨论辩论的机会、关心环境资源等有关议题的机会等。

总之,"奇趣自然"着力于通过合作与探究,逐步培养学生提出科学问题的能力、收集和处理信息的能力、获取新知识的能力、分析问题和解决问题的能力,以及交流与合作的能力等,发展学生的创造性、批判性思维和想象力;重视科学与人文的结合,培养学生基本的科学理论精神和热爱科学的品质。

(撰稿人:沈紫萱)

学科实践创意 | 陪你走过二十四节气

一、课程背景

二十四节气,被称为中国的"第五大发明",2016年被正式列入联合国教科文组织人类非物质文化遗产代表作名录。这一非遗接近我们的生活,虽然历经两千多年的传承,仍活跃于我们的日常生活。学生通过学习二十四节气,不仅可以找到身份认同,还会逐渐形成东方文化审美观,在国际舞台上也不自卑;与非物质文化遗产的接触,会逐渐在学生心中种下一颗既有科学又有文化的种子,这将是学生一生的财富。可见,二十四节气的学习,既是中华传统文化的传承,又能促进学生的全面发展。

学校秉持"与一百个世界相遇"的课程理念,确立了培养具有健康的身心素质、规范的行为习惯和扎实的知能基础的育人目标。扎实的知能基础是每一朵花开的"科学文化养料",学习二十四节气,可以让学生感受中国几千年科学文化的底蕴,以全新的视角审视今天的学习生活。结合学生的年龄和需求特点,我从中国传统文化——二十四节气——入手,开发了拓展课程"陪你走过二十四节气",符合学校育人目标的课程实施要求。另外,本人有一定的科学文化背景,对二十四节气非常感兴趣,已经开展了三年多的研究,通过学习和培训,积累了开展二十四节气课程的经验,也期望以课程的方式让学生在这里与一百个世界灿烂相遇。

二、课程目标

(1)通过亲历自然,初识二十四节气,熟知二十四节气的名称、时间和基本特点,初步感受优秀传统文化。

(2)通过小组合作搜集资料,通过故事表演、读诗等,知道节气能反映季节的变化,能指导农事活动等,从而构建小学天文和物候知识体系。

(3)通过参观走访、开展二十四节气实践活动,深入了解二十四节气与生活的密切联系,提高自我表现力,培养对二十四节气的热爱,增加对传统文化的认同感和民族自豪感。

三、课程内容

本课程分为"二十四节气简介""春雨惊春清谷天""夏满芒夏暑相连""秋

处露秋寒霜降""冬雪雪冬小大寒"和"主题展示活动"六个主题单元。

每个单元又分为若干课时，每课时内容结合校园环境文化和二十四节气相关专业知识，运用多种形式引导学生体验学习二十四节气。每一环节不仅帮助学生更好地走进生活、关注生活和学会生活，培养学生自主探究的能力，而且促进学生德智体美劳全面发展，增强其创新能力和团队合作能力，同时也激发学生对中国传统文化的兴趣和认同感，增强民族自豪感。课程具体内容见表8-5。

表8-5 "陪你走过二十四节气"课程内容

单元内容	教学内容安排	教学目标	课时安排
二十四节气简介	了解二十四节气的由来及其名称含义，学唱二十四节气歌，体验鲜活的优秀传统文化。	了解节气的由来，知道二十四节气的名称，体会中国劳动人民对生活的热情和赞美。	3课时
春雨惊春清谷天	开展自主探究，了解对应节气的气候、农事和习俗等特点，初步了解节气相关的一些事实，感受节气的魅力，了解认识节气的一般过程。	了解春天节气的由来和习俗，能仔细观察节气的天气特点并进行记录。提前记录青浦的天气情况，绘制图表，训练总结、归纳和分析数据的能力。	6课时
夏满芒夏暑相连	通过查阅资料、视频学习、采访长辈等多种形式开展夏天节气的学习，在学习活动中体验农事活动等，感受大自然的神奇。同时通过录制视频展示夏天节气。	通过观察"一米菜园"农作物，了解节气作物的生长特点。通过"一米菜园"的农事体验活动，加强劳动能力，体会劳动人民的辛苦，懂得珍惜现在的生活。	6课时
秋处露秋寒霜降	通过秋天节气的探究学习，了解秋天节气中的传统节日的习俗，玩一玩对应节气下的传统游戏，尝试创编更有趣而且有益身心健康的游戏。	能主动查阅资料了解秋天的传统节气，提高自主探究的能力。能积极与伙伴合作，尝试用多种方式展示自己小组的探究成果。	6课时
冬雪雪冬小大寒	通过冬天的节气相关的一些活动，如学唱小雪节气歌曲、绘画大雪美景等活动，了解冬天节气的文化，陶冶情操，增加民族自豪感。	学会欣赏有关大雪节气或雪景方面的画面，掌握绘制雪景的一般方法。在表现大雪节气的绘画中，体验植物在雪景画作中的视觉作用。	6课时
主题展示活动	通过教师引导，根据所学简单创作自己的节目进行展示，形成良好的团队协作意识。	在小组合作交流中，掌握必要的二十四节气小节目的创编知识和技能，能够主动选择节目内容和节目形式进行展示。	1课时

四、课程实施

(1) 选课及人数：学生自主选课和教师选择相结合，20人为宜。

(2) 原则：教师引导和学生自主学习相结合，理论学习与实践练习相结合，科学性和趣味性相结合。

(3) 学习方式：自主学习，小组合作学习，小组探究学习，个人才艺展示，小组展示，集体表演。

(4) 其他说明：在教学中尽量贴近学生的实际学习能力情况，在练习与合作交流中给予学生充足时间。在小组展示和集体表演中，引导学生大胆地表现自我。结合现代化教育教学模式，融入多媒体视觉感知，着重教学引导，激发学生的学习兴趣，为学生营造快乐的氛围。

五、课程评价

1. 基本要求

(1) 技能掌握和实践相结合原则：关注学生对节气探究的一般过程和基本要素灵活运用的能力，激发学生探究的兴趣。

(2) 技术学习与文化理解相结合原则：关注学生二十四节气文化、精神的培养和实践活动参与度，促进学生身心和谐发展。

(3) 小组合作和个人展示相结合原则：关注学生自我表现和合作能力的培养，注重提高学生的创新能力和集体荣誉感。

2. 评价内容标准和方式

表8-6 "陪你走过二十四节气"课程评价内容标准和方式

评价标准 \ 评价内容	★★★	★★	★
节气知识与文化	说出二十四节气的天文、气候和农业生产等特点，会用学到的二十四节气知识文化指导家庭生活中的衣食住行等方面。	知道二十四节气的天文、气候和农业生产等特点，在教师的引导下，用学到的二十四节气知识文化指导家庭生活中的衣食住行等方面。	了解二十四节气的天文、气候和农业生产等特点，知道二十四节气与我们生活中衣食住行等方面息息相关。

续 表

评价标准＼评价内容	★★★	★★	★
节气实践活动	主动参与节气实践活动，并积极完成实践活动，在活动中敢于分享实践成果，并将其成果继续完善。	参与节气实践活动，并按要求完成实践活动，在活动中能分享活动成果。	按要求参与并完成实践活动，能够跟随小组分享实践成果。
学习态度	积极参加讨论和小组合作，善于表达自己的观点或建议，能够主动进行探究学习，乐于分享学习成果。	能够参与学习和合作，适时表达自己的看法，按要求完成学习任务。	按要求参与学习，能够跟随同学完成相关学习要求。

注：节气知识与文化：获4—5次★★★，考评为优秀；获2—3次★★，考评为良好；其余为合格。

节气实践活动：获2次★★★，考评为优秀；获1次★★，考评为良好；其余为合格。

学习态度：获2次★★★，考评为优秀；获1次★★，考评为良好；其余为合格。

（撰稿人：刘娣）

后 记

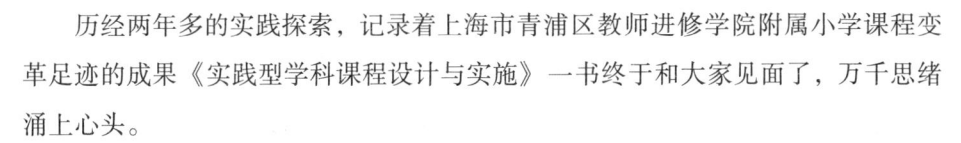

历经两年多的实践探索，记录着上海市青浦区教师进修学院附属小学课程变革足迹的成果《实践型学科课程设计与实施》一书终于和大家见面了，万千思绪涌上心头。

上海市青浦区教师进修学院附属小学是一所2017年成立的新学校。开办以来，学校承续学院"进德修业 明理至善"理念以及"行动教育"文化，以"明理笃行"为校训，践行"明理教育"，提出了"让每一个生命澄澈明亮"的办学理念和"办一所澄澈明亮的学校"的发展愿景。2020年，基于本校的办学理念和学生核心素养的培养目标，学校申报了"基于'明理教育'理念的'小青椒'课程建构与实施的实践与研究"项目，被列为青浦区教育科研重大项目。

众所周知，课程建设并非易事，从目标制定到框架搭建，再到有序推进，学校课程得以不断丰富和完善。这一变革过程是聚沙成塔的征程，是培养孩子、锻炼教师和成就学校的过程。

在项目研究过程中，我们对学校课程体系建设有了更深刻的认识。本书共八章，分别是"醇美语文""智慧数学""原味英语""至善德法""情美音乐""趣味体育""斑斓美术""奇趣自然"，每一章均呈现了学科群课程建设方案、大单元教学设计和课程纲要。

从本书策划到定稿，我们经历了难忘的过程。蓦然回首，过去的一段时光紧张、充实又充满感动。多少次夜深人静时，灯火辉煌的办公室里留下教师们奋笔疾书的身影；多少个周末的直播间，项目组还在热烈研讨、记录着团队的执着与追求；多少个日日夜夜，专家指导着我们一次次撰稿、一遍遍修改……特别感谢上海市教育科学研究院杨四耕教授的悉心指导，感谢区教育局、区教师进修学院领导和专家对本课题研究的大力支持帮助！感谢辛勤耕耘的老师们，"小青椒"课程凝聚着你们的智慧与汗水！感谢可爱的"小青椒"和"椒爸椒妈们"赋予的生命力与创造力！

上海市青浦区教师进修学院附属小学校长

陈文芳

2023 年 7 月 20 日